Hans-Hermann Hoppe

Über den demokratischen Untergang und die Wege aus der Ausweglosigkeit

Reden, Aufsätze und Interviews wider den links-grünen Zeitgeist

Für meine Enkelkinder

Hans-Hermann Hoppe

Über den demokratischen Untergang und die Wege aus der Ausweglosigkeit

Reden, Aufsätze und Interviews
wider den links-grünen Zeitgeist

HOLZINGER-VERLAG

Hubert W. Holzinger Verlag
http://www.holzinger-verlag.de

Berlin, 2020

Redaktion: Kurt Kowalsky

Titelentwurf: Robin Schäfer

Titelbild: „*Isaaks Opferung*“ von Caravaggio

Druck und Bindung: Steinmeier GmbH, Deiningen

ISBN: 978-3-926396-79-2

12,00 Euro

Inhaltsverzeichnis

Über den Autor

Prof. Dr. Hans-Hermann Hoppe, Jahrgang 1949; Studium an der Universität des Saarlandes, Saarbrücken, der Johann Wolfgang Goethe-Universität, Frankfurt am Main, und der University of Michigan, Ann Arbor; Promotion (1974, unter Jürgen Habermas) und Habilitation (1981, unter Karl-Otto Hondrich) an der Johann Wolfgang Goethe-Universität; Heisenberg-Stipendiat der Deutschen Forschungsgemeinschaft (1981–1986).

Von 1986 bis zu seiner Emeritierung 2008 lehrte Hoppe als Professor of Economics an der University of Nevada, Las Vegas. Er lebt heute mit seiner Frau, der Ökonomin Dr. Gülcin Imre Hoppe, als Privatgelehrter in Istanbul.

Hoppe ist Distinguished Fellow des Ludwig von Mises Institute in Auburn, Alabama, und Gründer und Präsident der Property and Freedom Society.

2006 wurde ihm der Gary S. Schlarbaum Prize for Lifetime Achievement in the Cause of Liberty verliehen und 2009, anlässlich seines 60. Geburtstags, erschien eine Festschrift zu seinen Ehren: Jörg Guido Hülsmann/Stephan Kinsella (Hg.), *Property, Freedom & Society*.

Hoppe ist ein prominenter Vertreter der Österreichischen Schule der Ökonomie und libertärer Philosoph. Zu seinen Büchern gehören u. a. *Die Kritik der kausalwissenschaftlichen Sozialforschung*, *Eigentum, Anarchie und Staat*, *Der Wettbewerb der Gauner*, *A Theory of Socialism and Capitalism*, *The Economics and Ethics of Private Property*, *The Myth of National Defense*, *Democracy: The God That Failed*, *The Great Fiction*, *A Short History of Man* und *Getting Libertarianism Right*.

Hoppe hat rund um die Erde gelehrt, und seine Schriften sind in mehr als 30 Sprachen übersetzt worden. Unter www.HansHoppe.com sind die meisten seiner Schriften sowie viele seiner öffentlichen Vorträge elektronisch verfügbar.

Vorwort

Hans-Hermann Hoppe: ein deutsches Genie

Vor etwa zehn Jahren veröffentlichte der britische Journalist, Kultur- und Kunsthistoriker und Psychologe Peter Watson ein umfangreiches Werk, dessen Titel, *The German Genius*, in der deutschen Version *Der deutsche Genius: Eine Geistes- und Kulturgeschichte von Bach bis Benedikt XVI.* lautet. Darin beschreibt der Autor, welche Rolle deutsche Intellektuelle, Künstler, Wissenschaftler und so weiter der verschiedensten Sparten in den vergangenen 500 Jahren in der Geistesgeschichte des Abendlandes spielten. Kurz: Ihre Rolle war überall hervorragend, führend und bahnbrechend. Da Watson, Thomas Mann folgend, über die Grenzen des deutschen Staates hinausblickte und alle Regionen und Länder betrachtete, in denen sich die Einwohner der »deutsch sprechenden und deutsch denkenden Sphäre« zugehörig fühlten, gibt es praktisch kein Betätigungsfeld des menschlichen Geistes, in dem im vergangenen halben Jahrtausend kein Deutscher prägend mitwirkte. Es zählen dann nämlich zu dieser illustren Runde genialer Denker, Entdecker und Erfinder auch zum Beispiel der Formulierer der Vererbungsregeln Gregor Mendel und der Begründer der Psychoanalyse Sigmund Freud, die beide in Mähren geboren wurden. Und es zählen dann natürlich auch zwei der wichtigsten Vertreter der Österreichischen Schule der Nationalökonomie dazu, nämlich Ludwig von Mises und Friedrich August von Hayek.

In der Tradition der beiden Letztgenannten, und ebenbürtig mit ihnen, steht im frühen 21. Jahrhundert ein weiteres Mitglied der »deutsch denkenden Sphäre«, der Autor des vorliegenden Buches Hans-Hermann Hoppe. Er ist der heute weltweit unumstritten führende Gelehrte der Österreichischen Schule. Auch wenn seine Ideen, selbst innerhalb dieser Denktradition, nicht unumstritten sind: Er ist der einflussreichste Schüler des äußerst produktiven amerikanischen Ökonomen, Historikers und Philosophen Murray Rothbard (1926–1995), der wiederum der einflussreichste Schüler von Mises war, welcher, 1940 vor den Nationalsozialisten fliehend, in den USA im Exil einen zweiten intellektuellen Frühling erlebte.

Hoppe verdient diesen olympischen Rang vor allem aus zwei Gründen; zum einen aufgrund seiner »Argumentationsethik«. Mit dieser perfektionierte er das von Mises aufgestellte Handlungsaxiom, welches unwiderlegbar das Selbsteigentum des Menschen am eigenen Körper und den mit seiner Hilfe entstandenen Gütern und Leistungen feststellt. Mit seinem Argumentationsaxiom pflockte Hoppe ein unumstößliches geistiges Fundament für die Privatrechtsgesellschaft, die »anarchokapitalistische« Gesellschaft freier Individuen, ein. Rothbard höchstselbst adelte das diesbezügliche Werk seines Schülers im Jahr 1988 als »blendenden Durchbruch für die politische Philosophie im Allgemeinen und für den Libertarismus im Besonderen«. Im entsprechenden Artikel unter dem Titel *Beyond Is And Ought* schrieb der Amerikaner weiter, es sei Hoppe gelungen, »die berühmte Dichotomie von Ist/Soll, Fakt/Wert zu überwinden, die die Philosophie seit den Tagen der Scholastiker geplagt hat und die den modernen Libertarismus in eine ermüdende Sackgasse geführt hatte. Und nicht nur das: Hans Hoppe hat es geschafft, die Argumente für anarchokapitalistische, lockeanische Rechte in einer beispiellos kompromisslosen Art und Weise zu etablieren, die meine eigene Naturrechtsposition im Vergleich dazu fast kümmerlich erscheinen lässt.«

Der zweite Grund für die Ebenbürtigkeit Hoppes mit Mises, Hayek und den vielen anderen historischen Genies der Sphäre deutschen Denkens sind seine erwähnte Kompromisslosigkeit und radikale Konsequenz. Hoppe erkennt den Staat kompromisslos als Ausbeutungsmaschine und bezeichnet alle, die sich seiner bemächtigen (wollen), konsequent als Räuberbande. Wem diese Ansicht zu radikal ist, der muss schon sehr tief in die ökonomische, philosophische oder gar theologische Argumentationskiste greifen, um einen Legitimationsgrund für den Staat zu finden, der auch nur halbwegs der Wucht hoppeanischer Fundamentalkritik standhält. Wie auch immer man zu Hoppe steht: Eine seriöse Auseinandersetzung mit seiner Staatskritik ist nach einem Jahrhundert gesellschaftsklempnerischer Arroganz und Hybris, die in von Staaten zu verantwortendem Massenelend und Massenmord endete, nicht nur angebracht, sondern möglicherweise sogar überlebensnotwendig für die Menschheit.

Dass der im niedersächsischen Peine aufgewachsene Hoppe seine intellektuell formativen Jahre nicht in seiner Geburtsheimat, sondern in den USA verbrachte, ist eine Spätfolge des unsäglichen und bis heute anhaltenden Flurschadens, den in den vergangenen 140 Jahren eben diese Arroganz und Hybris, nämlich die verschiedensten Formen des Sozialismus gerade im deutschen Geistesleben, anrichteten und bis heute anrichten.

Von den bedeutenden Strömungen, die in der Zeit des Nationalsozialismus in die äußere oder innere Emigration getrieben wurden, kehrte in prägendem Maße nur die üble, neosozialistische Frankfurter Schule zurück, die das zerstörerische Werk ihrer verfeindeten (national-)sozialistischen Brüder im Geiste fortsetzte. Selbst ein von Mises mindestens indirekt beeinflusster Wirtschaftsminister und späterer Bundeskanzler, der »Vater des Wirtschaftswunders« Ludwig Erhard, vermochte es nicht, ihrem Einfluss etwas langfristig Wirksames entgegenzusetzen. Nach Ende seiner Amtszeit als Regierungschef ging jener neosozialistische »lange Marsch durch die Institutionen« erst richtig los, der heute seinem vorhersehbar tyrannischen und blutrünstigen Höhepunkt entgegenstrebt.

Es ist daher mindestens eine Ironie, wenn nicht gar ein Fingerzeig des Schicksals, dass Hoppes Doktorvater kein Geringerer als Jürgen Habermas war, der immer noch führende Kopf in der Tradition der Frankfurter Schule. Habermas, den Hoppe im vorliegenden Buch den »Hohepriester des sozialdemokratischen Etatismus und des politisch korrekten Gutmenschentums« in Deutschland bezeichnet, musste mit ansehen, wie einer seiner brillantesten Zöglinge den von Mao inspirierten und von Habermas sicherlich begrüßten, jedenfalls nie auch nur ansatzweise kritisierten »langen Marsch« nicht nur abbrach, sondern aktiv bekämpfte. Und wiederum ist es eine Ironie, oder gar ein Fingerzeig des Schicksals, dass Hoppe, wie von Mises vor ihm, aufgrund seiner – offensichtlich auf kompromisslose Wahrheitsliebe zurückzuführende – Zuwendung zur Österreichischen Schule akademisch in der »deutsch denkenden Sphäre« kein Bein mehr auf den Boden bekam und dass er dann statt dessen in den USA, unter den Fittichen des Mises-Schülers Rothbard, eine zunächst kleine, aber höchst dankbare akademische Gemeinde ideologisch Gleichgesinnter fand.

So schloss sich ein Kreis: Ein im watsonschen Sinn »deutsches« Genie, Ludwig von Mises, verpflanzte notgedrungen, auf der Flucht vor einem speziell deutschen Sozialismus, mit vielen anderen einen Teil der »deutsch denkenden Sphäre« jenseits des Atlantiks. Jahrzehnte später fand ein anderes deutsches Genie die Frucht misesscher Arbeit, ein festes geistiges Fundament für Freiheit und Wohlstand, vor und entwickelte es im Nährboden »österreichisch« geprägter Amerikaner weiter und tiefer als je zuvor.

Seine Werke wurden in mehrere Sprachen übersetzt, darunter auch ins Deutsche. So brachte Hoppe um die Jahrhundertwende dem versprengten Rest der Anhänger des Libertarismus, des »echten« und »radikalen« Liberalismus, in seiner Heimat neue argumentative Munition. Seine handlungslogische Schlussfolgerung, dass eine freie Gesellschaft ohne staatliche Intervention eine kulturell konservative sein würde, entzündete innerhalb dieses Milieus, wie schon zuvor in den USA, einen heftigen Richtungsstreit, in dem bislang seine Anhänger die Oberhand behielten.

Sie gewannen nicht nur, sie gewannen auch hinzu. Hoppes Werke überzeugten eine nicht geringe Anzahl von Menschen in der »deutsch denkenden Sphäre« vom Libertarismus, die bislang diesem Gedankengebäude, aufgrund seines damals tendenziell kulturell linken Images totaler Entgrenzung, fern und ablehnend gegenübergestanden hatten. Nach meiner persönlichen Beobachtung sind es heute gerade junge Leute unter den Libertären, die ein besonderes Faible für Hoppe entwickelt haben. Das ist nicht überraschend: Der »lange Marsch« hat eine kulturelle Hegemonie der Linken errichtet. Da diese Hegemonie – innerlich unsicher, da ideologisch auf tönernen Füßen stehend – nicht den geringsten Widerspruch duldet, orientiert sich das Establishment, in einer positiven Rückkopplungsschleife gefangen, immer schärfer links. Habermas-Schüler Hoppe, der seine Pappenheimer offenbar kannte und kennt wie kein anderer, wusste schon vor Jahrzehnten, wohin der Hase läuft und wo dieses Nagetier heute enden würde. Unter der intelligenten Jugend, die mehr als alle anderen unter dem bleiernen Konformitätsdruck einer selbst ernannten, sich völlig ungerechtfertigterweise »progressiv« dünkenden Elite leidet, die ihr das Selbstdenken und damit die Selbstachtung abzugewöhnen trachtet, genießt Hoppe daher ein höchstmögliches Maß an Glaubwürdigkeit.

Der vorliegende Band vermittelt uns einen weiten und tiefen Einblick in die Gedankenwelt Hans-Hermann Hoppes. Wer Anteil nehmen möchte an der Fortentwicklung der Menschheit in Freiheit, Frieden und Wohlstand, tut gut daran, sich die Gedankenwelt dieses deutschen Genies unserer Zeit ernsthaft zu Gemüte zu führen.

Robert Grözinger,
im September 2020

70 Jahre *Human Action*. Mein Weg zur Wiener Schule

Rede zur Jubiläumskonferenz im Palais Coburg in Wien

Heutzutage ist es nicht mehr selten, dass schon 20- oder 30-jährige Personen oder Personinnen meinen, der Welt ihre Erinnerungen mitteilen zu müssen. Auch im schon fortgeschrittenen Alter ziehe ich es dagegen vor, nicht öffentlich über persönliche Dinge und Erlebnisse in meinem Leben zu sprechen, sondern dies allenfalls Unterhaltungen im privaten Kreis vorzubehalten.

Doch möchte ich anlässlich dieses Ereignisses etwas über meine intellektuelle Entwicklung erzählen: über meine Entwicklung von einem Kind seiner Zeit, das durch seine Begegnung mit Ludwig von Mises und der Österreichischen Schule der Ökonomie zu einem scheinbar aus der Zeit gefallenen intellektuellen Exoten – manche würden sagen: gefährlichen Verrückten – wurde. Und dazu gehört auch ein wenig biografischer Hintergrund.

Ich wurde 1949 im Nachkriegsdeutschland geboren, im selben Jahr, in dem auch Ludwig von Mises‘ Hauptwerk *Human Action* erschien, das ich fast 30 Jahre später entdecken sollte, das mich in meiner intellektuellen Entwicklung entscheidend geprägt hat und das heute, bei diesem Anlass, erstmals auch in deutscher Übersetzung präsentiert werden soll.

Meine Eltern waren beide Flüchtlinge aus dem Gebiet der DDR, die es nach dem Krieg in ein kleines niedersächsisches Dorf verschlagen hatte. Mein Vater war selbstständiger Schneidermeister – neben vielem anderen übrigens eine Gemeinsamkeit mit Roland Baader, dessen Vater ebenfalls Schneidermeister war –, der nach der Kriegsgefangenschaft nicht wieder in seine sowjetisch besetzte Heimatstadt zurückkehrte. Die Familie meiner Mutter, die später als Grundschullehrerin tätig werden sollte, war 1946 von den Sowjets als sogenannte »ostelbische Junker« enteignet und nur mit einem Rucksack ausgerüstet von Haus und Hof vertrieben worden. Bis zu unserem Umzug in die nahegelegene Kreisstadt, sieben Jahre nach meiner Geburt, lebten wir in großer Armut, mit einem außerhalb der winzigen Werkstattwohnung liegenden Plumpsklo.

Doch davon merkte ich als Bub eigentlich nichts. Im Gegenteil, ich erinnere mich an meine ersten Jahre als kleiner Dorfjunge als eine überaus glückliche Zeit. Seit den frühen 1950er-Jahren ging es dann für meine Familie, dank des enormen Fleißes meiner Eltern und ihrer zeitlebens praktizierten eisernen Spardisziplin, Jahr für Jahr wirtschaftlich merkbar bergauf.

In meinem Elternhaus wurde regelmäßig die Lokalausgabe der *Hannoverschen Allgemeinen* gelesen, und an jedem Montag flatterte der *Spiegel* ins Haus. Es gab auch eine Reihe von Büchern, klassische Literatur wie Lessing, Goethe, Schiller, Kleist und Fontane und moderne wie Thomas und Heinrich Mann, Max Frisch, Heinrich Böll und Günter Grass. Außerdem gab es auch ein paar Werke zur deutschen, europäischen und antiken Geschichte sowie diverse Nachschlagewerke und Atlanten. Meine Eltern waren selbst eifrige Leser und ermunterten mich stets zum Lesen, wobei mich – und das ist bis auf den heutigen Tag so geblieben – Geschichte immer mehr faszinierte als Literatur. Einen Fernseher gab es bei uns bis zu meinem 16. oder 17. Lebensjahr nicht. Aber meine Eltern waren keine Intellektuellen, die mich in meiner Lektüre hätten anleiten und disziplinieren und mein Urteilsvermögen hätten schärfen können. Und das gleiche Urteil würde ich auch über meine Gymnasiallehrer fällen, die fast ausnahmslos der Kriegs- und Vorkriegsgeneration entstammten. Der schulische Geschichtsunterricht bestärkte mein Interesse am Studium der Geschichte, im Biologieunterricht wurde ich auf Konrad Lorenz und die Ethologie aufmerksam, und der Religionsunterricht, der von einem protestantischen Theologen erteilt wurde, erweckte erstmals mein Interesse an der Philosophie.

Nicht zuletzt dieses aufkeimende Interesse an philosophischen Fragen erzeugte aber auch eine zunehmende intellektuelle Unzufriedenheit und Desorientierung. Viele Antworten und Erklärungen, denen ich bei meinen Fragen begegnete, erschienen mir beliebig, mehr Meinung als Wissen, widersprüchlich oder inkonsistent. Woher rührten diese Widersprüche und Streitigkeiten, anhand welcher Kriterien ließen diese sich möglicherweise auflösen und entscheiden, oder gab es vielleicht gar keine eindeutige Antwort auf bestimmte Fragen? Vor allem aber vermisste ich so etwas wie eine intellektuelle Systematik, eine Gesamtschau aller Dinge und Zusammenhänge, und es waren insbesondere dieses Bedürfnis und die Suche nach einer Lösung, die mich – zunächst und für einige Jahre – zu einem typischen Kind meiner Zeit machten:

der Zeit der studentischen Rebellion, die in den späten 1960er-Jahren, während meiner beiden letzten Schuljahre, einsetzte und 1968, im Jahr, in dem ich mein Universitätsstudium aufnahm, ihren Höhepunkt erreichte und deren geistige Produkte später als die »68er-Generation« bezeichnet werden sollten.

Angeregt durch die führenden Köpfe der Studentenrebellion, begann ich zunächst Marx und dann die Theoretiker der Neuen Linken, die sogenannten Kulturmarxisten der Frankfurter Schule, zu studieren: Marcuse, Fromm, Horkheimer, Adorno, Habermas und so weiter, in der Annahme, bei ihnen eine Antwort auf meine Fragen zu finden. Ich wurde (vorübergehend) zum Sozialisten, wenn auch nicht zu einem Anhänger des »real existierenden Sozialismus«, wie er in der DDR praktiziert wurde, den ich aus eigener Erfahrung von regelmäßigen Verwandtenbesuchen her kannte und dessen ärmlich-erbärmliche Mangelwirtschaft sowie seine Proletenführer mich abstießen. Ich wurde zum Anhänger eines, wie es hieß, »humanen demokratischen Sozialismus«, geleitet von einer vermeintlich weisen Philosophenelite. So kam es dann auch, dass Jürgen Habermas, zu jener Zeit der aufgehende junge Star der Neuen Linken und heute der Hohepriester des sozialdemokratischen Etatismus und des politisch korrekten Gutmenschentums, mein wichtigster erster Philosophielehrer und Doktorvater wurde. 1974, im Jahr meiner Promotion, war meine sozialistische Phase freilich schon vorbei, und bezeichnenderweise hatte auch meine Dissertation über ein erkenntnistheoretisches Thema – eine Kritik des Empirismus – nichts mit Sozialismus oder »links« zu tun.

Auf meine kurze linke Phase folgte eine ebenso kurze »moderate« Phase. Anstelle der Frankfurter Schule richtete sich meine intellektuelle Neugier nun vermehrt auf die Wiener Schule. Genauer: auf den sogenannten »Wiener Kreis« um Moritz Schlick und noch spezifischer auf die am Rand dieses Kreises der logischen Positivisten angesiedelte Philosophie Karl Poppers. Der Kern der popperschen Philosophie, die bis heute insbesondere auch im außerakademischen Bereich wohl am weitesten verbreitete und einflussreichste Weltanschauung, besteht in der folgenden Doppelthese: Alle Aussagen über die Realität sind hypothetischer Natur, das heißt, sie sind durch Erfahrung widerlegbar beziehungsweise falsifizierbar. Umgekehrt sind alle nichthypothetischen, aprioristischen oder apodiktischen Aussagen, also Aussagen, die man prinzipiell nicht zur Falsifizierung freigibt, Aussagen ohne Realitätsbezug. Ich war keineswegs bereit, die Allgemeingültigkeit dieser These zu akzeptieren. (Übrigens: Handelt es sich dabei selbst um eine hypothetische oder aber um eine apodiktische Aussage?) Schon bei der Arbeit an meiner Doktordissertation war ich auf Paul Lorenzen und die sogenannte Erlanger Schule gestoßen, die die Gültigkeit der Popper-These gerade im Bereich der Naturwissenschaften höchst zweifelhaft erscheinen ließ. Denn ist es nicht zwecks Überprüfung einer Hypothese bezüglich kausaler Zusammenhänge erforderlich, zunächst einmal Daten zu erheben und zu messen und kontrollierte Experimente durchzuführen? Kommt das Wissen hinsichtlich der Konstruktion von Messinstrumenten und der Durchführung kontrollierter Experimente nicht methodisch vor dem Hypothesentest? Und verdankt sich die Falsifizierbarkeit der Hypothesen dann nicht gerade der Nichtfalsifizierbarkeit der Messgerätekonstruktion und der Methodik des Experimentierens?

Ich erachte die Wichtigkeit dieser Fragen heute als größer, als ich es damals tat, aber dies ist nicht der Ort oder die Gelegenheit, um diesem Thema nachzugehen (oder überhaupt für höhere Philosophie). Damals (und so auch heute) galt mein Hauptinteresse den Sozialwissenschaften, und was die anging, war ich zunächst bereit, Popper weitgehend zu folgen. Wie Popper meinte ich, dass es sich bei sozialwissenschaftlichen Aussagen generell um hypothetische, prinzipiell falsifizierbare Wenn-dann-Aussagen handele und dass praktische Sozialforschung darum, wie Popper es ausdrückte, »soziale Stückwerk-Technologie« sein müsse. Man müsse seine Hypothesen immer erst ausprobieren, um sie dann entweder vorläufig (aber nie endgültig) zu bewähren oder aber zu falsifizieren und zu revidieren. Nicht-falsifizierbare Aussagen dagegen, zumal mit Realitätsbezug, also über wirkliche Gegenstände, gebe es in den Sozialwissenschaften nicht.

Heute erachte ich diese scheinbar so tolerante und erfahrungsoffene Popper-These nicht nur für falsch, sondern ich halte sie für geradezu verhängnisvoll oder gar gefährlich.

Zunächst ein kleines Beispiel aus der Alltagserfahrung, um ihren Irrtum zu demonstrieren: Niemand wird die Aussage »eine Person kann sich nicht gleichzeitig an zwei verschiedenen Orten aufhalten« zur Falsifizierung freigeben wollen. Wir akzeptieren sie stattdessen als eine »apodiktische« oder »a priori« wahre Behauptung. Und doch hat sie zweifellos einen Realitätsbezug, wie jeder Krimifreund weiß. Denn wenn Herr Meier am 1. Januar 2019 in Wien erdolcht wurde und Herr Müller sich zu diesem Zeitpunkt in New York aufgehalten hat, dann kommt Herr Müller als Mörder nicht in Betracht. Und nicht nur hypothetisch nicht, sondern eindeutig und kategorisch nicht. Die genannte Aussage bildet die Grundlage des sogenannten Alibiprinzips, das uns im Alltagsleben immer wieder unfehlbare Hilfe leistet.

Mein vollständiger Bruch mit dem Popperismus ergab sich dann während der Arbeit an meiner Habilitationsschrift über die Grundlagen der Soziologie und der Ökonomie. Zum einen wurde mir dabei klar, dass man bei der Erklärung menschlichen Handelns prinzipiell nicht ohne die Kategorien Wahl, Zweck beziehungsweise Ziel, Mittel, Erfolg und Misserfolg auskommen kann, wohingegen Naturereignisse und natürliche Abläufe und Prozesse »sind, wie sie sind« und kausal, ohne jeden Bezug auf Wahl, Ziel, Mittel, Erfolg oder Misserfolg erklärt werden müssen. Zum anderen, weniger offensichtlich und von ungleich größerer Tragweite, wurde mir klar, dass die Wissenschaften vom menschlichen Handeln einen Teilbereich enthalten: die Ökonomie (im Unterschied zur Geschichte und Soziologie), in dem man sehr wohl apodiktische Aussagen und Urteile fällen kann, derart, dass man etwas nicht erst ausprobieren muss, um zu wissen, wie es endet, sondern wo man das Ergebnis schon von vornherein, »a priori«, kennt und mit Sicherheit vorauszusagen in der Lage ist.

Beim Studium der Ökonomie stieß ich zum Beispiel auf die Quantitätstheorie des Geldes, die gemäß einer Vermehrung der Geldmenge zu einer Reduzierung der Kaufkraft pro Geldeinheit führt. Für mich war es offensichtlich, dass es sich bei dieser Aussage um eine logisch wahre Aussage handelt, die durch keinerlei »Erfahrungsdaten« falsifiziert werden kann, und gleichwohl um eine Aussage mit eindeutigem Realitätsbezug über wirkliche Dinge. Doch wo immer ich mich in der zeitgenössischen Literatur auch umsah, ob »links« bei Paul Samuelson oder »rechts« bei Milton Friedman: Die gesamte Ökonomenzunft war, um es salopp zu sagen, auf die Wiener Philosophie des logischen Positivismus beziehungsweise Popperismus »abgefahren«, derzufolge solche apodiktisch wahren Realaussagen unmöglich oder wissenschaftlich unzulässig sind. Für sie handelte es sich bei dieser Aussage stattdessen entweder um eine bloße Tautologie, eine Definition von Wörtern durch andere Wörter (ohne jeden Realitätsbezug), oder aber es drehte sich um eine zu testende, empirisch falsifizierbare Hypothese.

Die intellektuelle Spannung und Irritation, die sich aus dieser offenkundigen Unstimmigkeit zunächst ergaben, lösten sich jedoch schnell zu meiner vollen Zufriedenheit auf. Auf verschlungenen Pfaden war ich bei meinen Studien schließlich – in der Bibliothek der University of Michigan – auf Mises' *Human Action* gestoßen. Mises bestätigte darin nicht nur mein Urteil über den logischen Charakter zentraler ökonomischer Aussagen, er präsentierte darüber hinaus ein ganzes System apodiktischer beziehungsweise aprioristischer Aussagen (die von ihm sogenannte »Praxeologie«) und erklärte außerdem die Irrtümer und verhängnisvollen Konsequenzen der positivistischen Philosophie Wiener Provenienz, mit deren zentralen Protagonisten er als ihr Zeitgenosse aufs Engste vertraut war.

Die Entdeckung Mises' und unmittelbar anschließend daran auch die seiner amerikanischen Schüler, insbesondere Murray Rothbards, brachte für mich so einerseits eine große intellektuelle Erleichterung – da gab es endlich die lang ersehnte integrierte, stimmige Gesamtschau aller Dinge, eine Architektonik des menschlichen Wissens! –, auf der anderen Seite aber brachte sie auch viel Ärger und Enttäuschung mit sich und führte zu einer zunehmenden Entfremdung vom akademisch-universitären Betrieb und der vorherrschenden öffentlichen Meinung.

Diese zwiespältige Entwicklung – zunehmende intellektuelle Gewissheit auf der einen Seite, gekoppelt mit vermehrter sozialer Entfremdung auf der anderen – lässt sich anhand einer kleinen Beispielliste apodiktischer oder quasiapodiktischer Aussagen illustrieren und erläutern, wie sie die Mises-Rothbard-Schule – die sogenannten »Austro-Libertarians« – zutage gefördert hat. Zu jedem der folgenden Beispiele gibt es eine ausführlichere Erklärung, inwiefern es sich bei der betreffenden Aussage nicht um eine im popperschen Sinne falsifizierbare Aussage handelt, aber ich vertraue hier einfach darauf, dass dieser Umstand jeweils unmittelbar, intuitiv einsichtig ist und dass jedenfalls die geballte Kraft der diversen Beispiele ausreicht, um zu erkennen, dass man beileibe nicht alles erst ausprobieren und tolerieren muss, um zu wissen, wie es endet (und auch, wie es definitiv nicht endet).

So ergibt sich aus der schon erwähnten Quantitätstheorie zum Beispiel die Aussage, dass es unmöglich ist, den gesellschaftlichen Wohlstand durch eine Geldmengenvermehrung zu erhöhen. Wie anders sollte man sonst erklären, dass es trotz der bestehenden Möglichkeit einer beliebigen Papiergeldvermehrung weiterhin, unverändert und immer noch irgendwo Armut gibt? Eine Geldmengenvermehrung kann immer nur eine Umverteilung eines gegebenen Bestands an Wohlfahrtsgütern bewirken. Sie begünstigt die Erst- und Frühverfüger des neuen, zusätzlichen Geldes auf Kosten der Letzt- und Spätverfüger.

Und weiter mit einer ganzen Batterie von Aussagen ähnlicher, das heißt: apodiktischer oder quasiapodiktischer Qualität: Menschliches Handeln ist das bewusste Anstreben als wertvoll erachteter Ziele mit knappen Mitteln. Niemand kann absichtsvoll nicht handeln. Jede Handlung trachtet danach, das subjektive Wohlbefinden des Handelnden zu erhöhen. Eine größere Menge eines Gutes wird stets einer kleineren Menge desselben Gutes vorgezogen. Die frühere Erreichung eines gegebenen Ziels mit gegebenen Mitteln wird einer späteren Erreichung desselben vorgezogen. Produktion muss dem Konsum stets vorausgehen. Nur wer spart – also weniger ausgibt, als er einnimmt –, kann seinen Wohlstand dauerhaft steigern (außer er stiehlt). Was heute konsumiert wird, kann morgen nicht noch einmal konsumiert werden. Preisfestsetzungen oberhalb des Marktpreises, wie zum Beispiel Mindestlöhne, führen zu unverkäuflichen Überschüssen, das heißt zu erzwungener Arbeitslosigkeit. Preisfestsetzungen unterhalb des Markträumungspreises wie zum Beispiel Miethöchstgrenzen führen zu Verknappung und andauerndem Mangel an Mietwohnraum. Ohne Privateigentum an Produktionsfaktoren – wie im klassischen Sozialismus – kann es keine Faktorpreise geben, und ohne Faktorpreise ist eine Wirtschaftsrechnung unmöglich. Steuern – Zwangsabgaben – sind eine Belastung für Einkommensproduzenten und/oder Vermögensbesitzer und reduzieren Produktion und Vermögensbildung. Keine Form der Besteuerung ist mit dem Grundsatz der Gleichheit vor dem Gesetz vereinbar, denn jede Besteuerung involviert die Schaffung zweier ungleicher Personenklassen mit konträren Interessen: die der (Netto-)Steuerzahler einerseits, für die Steuern eine Last sind, die man zu verringern trachtet, und auf der anderen Seite die Klasse der (Netto-)Steuerempfänger beziehungsweise -konsumenten, für die Steuern *qua* Einkommensquelle eine Lust sind, die man umgekehrt möglichst zu steigern trachtet. Demokratie (Mehrheitsherrschaft) ist unvereinbar mit Privateigentum (Individualeigentum und Selbstbestimmung) und führt zu schleichendem Sozialismus, das heißt zu andauernder Umverteilung und fortschreitender Aushöhlung aller privaten Eigentumsrechte. Was auch immer durch Steuern subventioniert wird, wie zum Beispiel das Faulenzen oder das Tun von Dingen, für die es keine einträgliche Kundennachfrage gibt, das wird durch die Subvention zusätzlich ermuntert und verstärkt. Wer für Rückzahlung und Tilgung durch ihn oder seine Mitwirkung aufgenommener sogenannter öffentlicher Schulden nicht persönlich haftbar ist, so wie dies heute bei sämtlichen Politikern und Parlamentariern der Fall ist, der wird sich leichtfertig und bedenkenlos zum eigenen gegenwärtigen Vorteil und zulasten einer unpersönlichen zukünftigen Öffentlichkeit verschulden. Wer auch immer ein mit Staatsgewalt durchgesetztes territoriales Gelddruckmonopol innehat, wie alle sogenannten Zentralbanken, wird von diesem Privileg auch Gebrauch machen und, auch und selbst wenn eine Geldmengenvermehrung den gesellschaftlichen Wohlstand insgesamt nie erhöhen, sondern immer nur umverteilen kann, dennoch stets und immerzu mehr und mehr neues Geld zum eigenen Vorteil und dem seiner direkten Teilhaber und nächsten Geschäftspartner drucken. Und schließlich auch noch dies: Wer oder welche Institution auch immer ein territoriales Gewalt- und Rechtsprechungsmonopol innehat, wie es tatsächlich sämtliche Staaten für sich in Anspruch nehmen, der wird auch davon Gebrauch machen. Das heißt, er wird nicht nur selbst Gewalt ausüben, sondern er wird seine Gewaltausübung *qua* ultimativer Rechtsprecher dann auch noch für rechtens erklären. Und bei allen Konflikten und Streitigkeiten einer Privatperson mit Repräsentanten dieser Institution (dem Staat) entscheidet keine unabhängige, neutrale dritte Partei über Gut und Böse beziehungsweise Schuld und Unschuld der Kontrahenten, sondern immer und stets ein Angestellter, also ein abhängiger Vertreter einer der beiden Konfliktparteien (des Staates) selbst, mit einem entsprechenden, zuverlässig voraussagbaren parteiischen, »staatstragenden«, Ergebnis.

Die Liste derartiger apodiktischer oder quasiapodiktischer Aussagen ließe sich unschwer fortsetzen, aber sie sollte ausreichend lang sein, um zu erkennen, welcher Art Konsequenzen aus diesem Ensemble elementarer sozialwissenschaftlicher Einsichten erwachsen.

Offenkundig stehen diese Einsichten nämlich in einem eklatanten Spannungsverhältnis zur sozialen Realität. In dieser Realität gibt es Gewaltmonopole, Gelddruckmonopole, Steuern, Steuerzahler und Steuerkonsumenten, steuerlich subventioniertes Nichts- und unnützes Tun, Mehrheitsherrschaft (Demokratie), öffentliche Schulden, haftungsbefreite Politiker und Parlamentarier, Kapitalaufzehrung (Konsum ohne Sparen), Eigentumsumverteilung, Mindestlöhne und Miethöchstpreise.

Und mehr noch: All diese Tatbestände und Einrichtungen sind nicht etwa ständiger Kritik ausgesetzt. Im Gegenteil, sie werden, fast eintönig und von überallher, als selbstverständlich, richtig, gut und weise dargestellt und angepriesen.

Die Konsequenz dieser Einsichten und ihres Vergleichs mit der sozialen Realität sollte klar sein. Um es auf Neudeutsch zu sagen: Man ist – und ich selbst war – zunächst einfach nur einmal »baff«. Mir wurde zunehmend klar, welch eklatanter Irrsinn in der gegenwärtigen Welt herrscht. Und ich war »baff« über die Zeit und Mühe, die es mich gekostet hatte, um zu dieser doch eigentlich offenkundigen Einsicht zu gelangen.

Und für diesen Irrsinn gab es ersichtlich zweierlei Gründe. Einmal war da schlicht und einfach menschliche Dummheit. Zwar mochten die Zwecke, die man angeblich verfolgte, wohlmeinender Art sein, aber man irrte sich in der Wahl der Mittel. So war es zum Beispiel dumm, Arbeitslosigkeit durch Mindestlöhne oder Wohnraumknappheit durch Mietpreisbremsen bekämpfen zu wollen. Es war dumm, von einer Geldmengenvermehrung mehr allgemeinen Wohlstand oder von einer Kreditausweitung (ohne vermehrtes Sparen) mehr Wirtschaftswachstum zu erwarten. Es war dumm, Demokratie als Mittel zum Zweck des Eigentumsschutzes einzuführen. Und von Dummheit zeugte es auch, von der Einrichtung eines Gewalt- und Rechtsmonopolisten (also eines Staates) eine Verminderung von Gewalt oder gar Gerechtigkeit, das heißt: unparteiische Konfliktregelungen, zu erwarten. Denn Steuern, also Gewaltandrohung und Gewaltanwendung, und Parteilichkeit bei Konfliktlösungen sind ja Wesensmerkmale eines jeden Staates.

Doch waren es (leider) keineswegs nur Dummheit beziehungsweise Unwissenheit, die für die Herrschaft des Irrsinns verantwortlich waren. Ebenso ersichtlich gab es auch bewusste Täuschung, Lug und Betrug. Es gab auch Lügner und Betrüger, die all dies wussten. Die wussten, dass die gerade genannten Maßnahmen und Einrichtungen nicht und niemals zu den von ihren einfältigeren Zeitgenossen erhofften wohltätigen Resultaten führen konnten, und die diese dennoch oder gerade deswegen propagierten und tatkräftig unterstützten, weil sie selbst und ihre Freunde und Anhänger von ihnen profitieren konnten – wenn auch immer nur auf Kosten und zum Leidwesen anderer. Und natürlich wurde mir auch unmittelbar klar, um welche Personen und Personenkreise es sich bei diesen Gaunern und ihren Günstlingen handelte.

Und noch etwas begriff ich durch mein Studium von Mises' und seiner Schule: den Grund für die Popularität und die liebevolle Förderung des Popperismus insbesondere in diesen Kreisen. Denn nicht nur erlaubt diese Philosophie, jede irrsinnige Behauptung zunächst einmal für hypothetisch möglich zu erachten und jeden Unsinn darum erst einmal ausprobieren zu dürfen. Vielmehr gestattet sie auch, ganz entgegen ihrer angeblichen Erfahrungsempfänglichkeit und -offenheit, jeden Unsinn mit billigen Ausreden vor einer Widerlegung zu schützen. Wenn Mindestlöhne nicht zur Verringerung der Arbeitslosigkeit oder zum Rückgang der Armut führen, dann deshalb, weil sie nicht hoch genug sind. Wenn eine Geldmengen- oder Kreditausweitung nicht zu vermehrtem Wohlstand führt, dann deshalb, weil sie zu gering ausgefallen ist. Wenn der Sozialismus zu Verarmung statt Wohlstand führt, dann nur deshalb, weil er von den falschen Personen exekutiert wurde oder der Klimawandel oder irgendeine andere »intervenierende Variable« dazwischengekommen ist, und so weiter und so fort.

All dieses Wissen und Verstehen und die innere Ruhe, Genugtuung und, ja, Freude, die man, die ich, durch meine Begegnung mit dem Werk von Mises' erfuhr, hatten aber, wie schon angedeutet, auch ihren Preis. Denn wer erst mal seinen Mises begriffen und die Welt mit »österreichischen Augen« zu sehen gelernt hat, der merkt auch ganz schnell, jedenfalls wenn er sich hierzu bekennt, dass er damit in vielerlei Hinsicht ziemlich einsam und isoliert dasteht.

Nicht nur alle Politgauner hatte man damit gegen sich, sondern auch weite Teile ihrer diversen Günstlinge, insbesondere das gesamte, fast ausschließlich steuerfinanzierte akademisch-universitäre Establishment, in das ich Eingang zu finden suchte. Eine akademische Karriere war schwierig, wenn nicht unmöglich, und es erforderte beträchtlichen Mut, Kampfeswillen und Opferbereitschaft, um angesichts dessen nicht zu resignieren und aufzugeben. In Deutschland – von Österreich gar nicht zu reden – befand ich mich zu diesem Zeitpunkt allein auf weiter Flur. Ich beschloss von daher, nach Amerika umzusiedeln. Und so wurde von Mises für mich nicht nur zu einem intellektuellen, sondern auch zu einem persönlichen Vorbild.

Von Mises war eine reguläre akademische Karriere in Österreich verwehrt geblieben. Er sah sich nach der Machtergreifung der Nationalsozialisten zur Emigration in die USA gezwungen. Auch dort, im Kernland des Kapitalismus, war es für ihn schwer, Fuß zu fassen. Aber sein Mut und Kampfeswille waren ungebrochen, und es gelang ihm, seinem Werk zunehmend Gehör zu verschaffen und eine neue Generation von Schülern, insbesondere den genialen Murray Rothbard, heranzuziehen. Auch Rothbard hatte man zeitlebens Steine in den Weg gelegt, und seine akademische Karriere war nur recht holprig verlaufen. Aber es war Rothbard, der mich in den USA nun unter seine Fittiche nahm, mir zur Erlangung einer Professur verhalf und mich insbesondere mit dem 1982 von Lew Rockwell gegründeten und von ihm, Rothbard, als akademischem Leiter inspirierten »Ludwig von Mises Institute« in Verbindung brachte.

Dem Werk des Mises-Instituts, mit dem ich auf diese Weise von seinen bescheidenen Anfängen bis auf den heutigen Tag aufs Engste verbunden geblieben bin und das inzwischen unter der Leitung des unvergleichlichen Lew Rockwell zu einer Institution mit weltweiter Ausstrahlung und weltweiten Verbindungen herangewachsen ist, ist es ganz wesentlich zu verdanken, dass eine Veranstaltung wie diese hier heute auch in Österreich wieder stattfinden kann. Dank seiner Arbeit sind die Namen und das Werk von Mises' und Rothbards heute weit bekannter als zu ihren Lebzeiten. Tatsächlich gibt es mittlerweile kein Land auf der Welt mehr, in dem es nicht auch Misesianer und Rothbardianer gibt. Auch meine eigenen Schriften gibt es inzwischen in mehr als 30 Sprachen. Und es ist sicher auch ein Indikator für den Fortschritt, den die Österreichische Schule inzwischen gemacht hat, wenn zu einem Vortrag, den ich kürzlich ausgerechnet in Moskau gehalten habe, 1.500 Zuhörer erschienen sind und ein paar Hundert mehr darüber hinaus sogar aus Platzmangel abgewiesen werden mussten.

Trotz dieses unbestreitbaren Fortschritts kann man sich aber natürlich nicht darüber hinwegtäuschen, dass die Österreichische Schule misesscher Provenienz nach wie vor eine intellektuelle Außenseiterposition darstellt. In der Tat: Gerade als Austrian hat man derzeit, jedenfalls kurz- und mittelfristig, allen Grund, pessimistisch hinsichtlich der weiteren Entwicklung der westlichen Welt zu sein. Denn wir durchleben gerade eine Periode, in der der normale Irrsinn, den ich schon angesprochen habe, noch einmal durch die wahnwitzige Doktrin politischer Korrektheit und einen krankhaften, quasireligiösen Klimawahn infantiler sogenannter Klimaschützer potenziert wird, angesichts derer man oft nicht mehr weiß, ob man einfach nur aufheulen und weinen oder aber sich kaputtlachen soll.

Aber totzukriegen ist die Von-Mises-Schule heute jedenfalls nicht mehr. Und wenn die Wahrheit letztendlich siegen wird, weil nur, was wahr ist, auch dauerhaft und reibungslos funktioniert, dann kommt auch die Stunde der Österreichischen Schule. Venceremos!

Veröffentlicht 15.12.2019

Interview »Der Übergang vom Minimalstaatler zum Anarchokapitalisten ist nicht mehr als das Ergebnis einer halben Stunde intensiven, vorurteilsfreien Nachdenkens.«

Herr Hoppe, wenn Sie auf die letzten 150 Jahre des »klassischen Liberalismus« zurückblicken, was stellen Sie fest?

Zuerst eine kurze Anmerkung hinsichtlich der *Ziele* des klassischen Liberalismus und dann zur Frage von *Erfolg* oder *Versagen*.

Das zentrale *Ziel* des klassischen Liberalismus war die Durchsetzung der Rechtsgleichheit aller Personen – jedermann ist vor dem Recht gleich, im Gegensatz zu allen seinerzeit bestehenden fürstlichen oder feudalen Privilegien! – und, damit logisch verbunden, des gleichen Rechts jeder Person auf Privateigentum an allen von ihr durch ursprüngliche Aneignung, Produktion oder freiwilligen Tausch erworbenen bzw. hergestellten Gütern sowie der Vertrags- und Handelsfreiheit.

Was nun den *Erfolg* angeht, so wird man sagen müssen: Ziel total verfehlt. Wir sind heute von der Erreichung dieser klassisch liberalen Ziele weiter entfernt, als wir es vor 150 oder 100 Jahren waren. Darüber darf uns der seither eingetretene unermessliche technische Fortschritt nicht hinwegtäuschen. Statt sich liberalen Zielen zu nähern, hat sich die westliche Welt, die den Liberalismus als eine intellektuelle Bewegung hervorgebracht hat, immer stärker dem entgegengesetzten, kommunistischen Ziel der Abschaffung des Privateigentums und der Errichtung einer »Gemeinwirtschaft« genähert.

Nun zur Illustration: Vor 150 Jahren galten die Forderungen, die im kommunistischen Manifest erhoben wurden, noch als unerhört und schlicht abwegig. Zum Beispiel die Forderung nach einem uneingeschränkten allgemeinen Wahlrecht (ab 21), die Forderung nach Bezahlung gewählter »Volksvertreter« aus Steuermitteln, die Forderung nach »unentgeltlicher«, d. h. steuerfinanzierter »Volkserziehung« und »Gerechtigkeitspflege«, die Forderung nach einem staatlich garantierten Mindesteinkommen, die Forderung nach einer staatlichen Zentralbank und einer Papierwährung, die Forderung nach einer starken Progressivbesteuerung von Einkommen und Vermögen oder die Forderung nach einer Beschränkung des Erbrechts.

Heutzutage ist dies alles verwirklicht und gilt geradezu als selbstverständlich. Selbst die Vertreter sogenannter liberaler Parteien, namentlich etwa der FDP, sind heute so betrachtet ausnahmslos Kommunisten.

Das werden die Vertreter der Politik nicht gerne hören. Gibt es im Rückblick nichts Positives zu berichten?

Doch, das gibt es. Der immer eklatantere Misserfolg des Liberalismus in der Praxis hat zu einer grundlegenden theoretischen Erneuerung und Weiterentwicklung des klassischen Liberalismus in Gestalt des modernen Libertarismus geführt. Exemplarisch ist diese theoretische Weiterentwicklung im Übergang von Ludwig von Mises als dem »letzten Ritter des Liberalismus«, wie ihn Guido Hülsmann in seiner großen Mises-Biografie bezeichnet hat, zu Mises' bedeutendstem Schüler, Murray Rothbard, und dem von ihm begründeten neuen Libertarismus vollzogen worden.

Wenn man sein erklärtes *Ziel*, d. h. die Rechtsgleichheit und den Schutz des Privateigentums, offenkundig nicht erreicht, ja ihm nicht einmal systematisch näherkommt, dann muss dies seinen Grund in der Wahl falscher *Mittel* haben. Und der Grundfehler, so hat Rothbard und die ihm nachfolgende intellektuelle Tradition gezeigt, ist ebenso fundamental wie einfach.

Worin besteht dieser Grundfehler?

Wenn man Rechtsgleichheit und den Schutz des Privateigentums will, dann darf man nicht und niemals gleichzeitig einen Staat – und schon gar nicht einen demokratischen Staat – und staatliche Steuern fordern oder befürworten! Denn beides ist *per definitionem* mit Rechtsgleichheit und Eigentumsschutz unvereinbar. Beide Einrichtungen spalten eine Gesellschaft logisch unvermeidbar in zwei antagonistische Rechtsklassen. In Personen höheren und niederen Rangs. Übermenschen und Untermenschen. Von *Herrschern*, die selbst Recht setzen und über sich selbst richten dürfen, und *Beherrschten*, die dem von anderen gesetzten Recht (Gesetz) unterworfen sind und von ihnen gerichtet werden. Und gleichzeitig: von *Ausbeutern* oder *Parasiten*, die von durch andere Personen erwirtschafteten Steuern leben und diese für ihre eigenen Zwecke verwenden dürfen, und *Ausgebeuteten* oder *Produzenten*, die dieses Steueraufkommen zu erarbeiten haben, aber nicht für ihre eigenen Zwecke nutzen dürfen.

Und noch etwas hat Rothbard gezeigt. Utilitaristische Argumente zugunsten des Liberalismus sind gut und schön. Tatsächlich führt eine liberal(-er) gestaltete Gesellschaft auch zu größerem Wohlstand, insbesondere für die Ärmsten und Minderbemittelsten. Aber als motivierende Kraft reichen solche Argumente nicht aus. Sie müssen ergänzt und unterfüttert werden mit stärkeren, in der menschlichen Psyche tiefer verankerten *moralischen* Argumenten. Mit dem Ruf nach *Gerechtigkeit* und dem Aufbegehren und Aufschrei gegen Unrecht, ungeachtet der Person, die dieses Unrecht begeht. Und dazu gehörten an vorderster Front das stete Erkennen und Benennen des Staates als einer moralischen Ungeheuerlichkeit und seiner Repräsentanten als einer Bande von Rechtsbrechern, Räubern und ihrer Günstlinge.

Was ist der Hauptgrund, dass sich eine Regierung, ein Staat nicht beschränken lässt?

Die Frage führt unmittelbar zurück zum Thema der Rechtsgleichheit. Eine Handlungsbeschränkung ist nur dann eine wirkliche Beschränkung, wenn sie allgemein gültig ist, also für jedermann gilt. Das ist z. B. so mit der üblicherweise schon im Kindesalter gelernten Handlungsmaxime: »Was du nicht willst, das man dir tu', das füg' auch keinem andern zu.« Diese Maxime beinhaltet eine Handlungsbeschränkung, und sie ist allgemein gültig. Sie gilt ausnahmslos, für jede Person gleichermaßen. Und nur darum ist sie eine wirkliche Beschränkung.

Ganz anders sieht die Sache aus, und der Begriff der Beschränkung nimmt eine völlig andere Bedeutung an – und da sind wir wieder beim Thema Staat –, wenn man als Handlungsmaxime z. B. vorgibt: Du, und niemand außer dir, darfst Gesetze machen und andere aufgrund dieser Gesetze richten. Oder: Nur du allein darfst von anderen Steuern verlangen und auch eintreiben. Oder: Du, niemand sonst, darfst Papiergeld drucken und als gesetzliches Zahlungsmittel deklarieren.

Hierbei handelt es sich ersichtlich nicht um Rechtsmaxime, sondern um Privilegien. Man kann diese Maxime gar nicht verallgemeinern derart, dass jede Person gleichermaßen Gesetze erlassen, Steuern erheben oder Geld drucken kann, ohne damit ein wirtschaftliches und soziales Chaos herbeizuführen. Nur als Sondergesetze oder Ausnahmegesetze, d. h. als Gesetze, die eine Person oder Personengruppe gegenüber einer anderen systematisch auszeichnen und bevorteilen, sind sie überhaupt praktisch durchführbar.

Man könnte hier einwenden, dass es so einfach nicht ist, dass sich diese Privilegierten nach Gutdünken bedienen …

Natürlich können diese privilegierten Personen oder Personengruppen sich dann selbst bestimmten Beschränkungen unterwerfen. Man kann sich z. B. eine Verfassung geben und Steuer- und Zentralbankgesetze verabschieden. Aber die Interpretation dieser Verfassung und Gesetze und die Entscheidung darüber, ob ein Verfassungs- oder Gesetzesbruch vorliegt und wie er gegebenenfalls zu behandeln ist, liegt immer und ausschließlich bei der von vornherein bestimmten privilegierten Personengruppe. Diese Art der Selbstbeschränkung ist also und bleibt immer nur Willkür. Sie ist im besten Fall nicht mehr als das nichteinklagbare Versprechen der privilegierten Personen – der Herrscherklasse – an alle anderen, nicht privilegierten Personen – der Untertanenklasse – es nicht zu schlimm zu treiben mit der Gesetzesmacherei, den Steuern und dem Gelddrucken.

Die einzige wirkliche Beschränkung, der natürliche Drang einer privilegierten Person oder Institution danach, ihr Privileg auch zum eigenen Vorteil auszunutzen (und immer neue Gesetze zu machen, immer höhere Steuern zu erheben und immer mehr Geld zu drucken) tatsächlich unterworfen ist, besteht in *äußeren*, außerhalb ihrer Kontrolle liegenden sozialen oder wirtschaftlichen Ereignissen. *Jede* Willkür ist begrenzt durch die Wirksamkeit wirtschaftlicher und sozialer Gesetzmäßigkeiten. Manches *kann* man nicht mit Aussicht auf Erfolg wollen. Zuviel Gesetze oder Gesetzesänderungen können zu Aufständen führen. Eine zu hohe Steuerrate kann zu verminderten Steuereinkünften führen. Eine zu große Geldvermehrung kann zur Hyperinflation führen. All das sollte man aus Gründen der »Staats-Raison«, d. h. zum Zweck des Privilegienerhalts, möglichst vermeiden.

Aber – und das ist der Punkt: All diese »Beschränkungen« haben nichts, aber auch gar nichts mit den universellen, allgemeingültigen

Handlungsbeschränkungen zu tun, wie sie in der gerade zitierten Goldenen Regel zum Ausdruck kommen. Ob selbst beschränkte Willkür oder naturbeschränkte Willkür, es handelt sich nicht um Recht, sondern immer um subjektive Willkür.

In dem jüngst erschienenen Buch *Mythos Anarchokapitalismus* schreiben die Autoren, Liberalismus und Anarchismus seien grundsätzliche Gegensätze und könnten nicht für die gleichen Ziele kämpfen. Sie gehen soweit und bezeichnen die anarchistischen Terrorgruppen der 1970er-Jahre – gemeint ist hier wohl die RAF – als »Glaubensgenossen« der Anarchokapitalisten. Was sagen Sie dazu?

Fangen wir mit dem zweiten Teil der Frage an. Während es, wie ich eingangs unter Hinweis auf das Kommunistische Manifest angedeutet habe, tatsächlich gute Gründe dafür gibt, die ›selbstverständlich‹ steuerfinanzierten Funktionäre angeblich liberaler Parteien der Gegenwart, wie etwa der FDP, als Kommunisten zu bezeichnen, ist die Behauptung einer »Glaubensbrüderschaft« von RAF (Baader/Meinhof/Ensslin) und Anarchokapitalismus (Rothbard) so abwegig, ja geradezu absurd, dass man den Autoren entweder totale Unkenntnis oder mangelnden Verstand zuschreiben muss.

Was nun das Verhältnis von Liberalismus und Anarchismus generell angeht, ist die Sachlage so: Es ist zunächst einmal auch falsch, wie behauptet, einen grundsätzlichen Gegensatz hinsichtlich der Zielsetzung beider Doktrinen feststellen zu wollen. Beide haben als Ziel die Rechtsgleichheit, d. h. die gleiche Freiheit aller Personen. Beide wollen den Klassenunterschied von Herrschern und Beherrschten aufheben. Diese grundsätzliche Affinität beider Lehren ist in der Geistesgeschichte auch immer wieder festgestellt worden.

Und wo findet sich dann die Unterscheidung?

Ein Unterschied beider Geistesrichtungen besteht allein hinsichtlich der vorgeschlagenen *Mittel* zur Zielerreichung.

Über den diesbezüglichen Fehler des klassischen Liberalismus habe ich schon gesprochen: Es ist von vornherein abwegig, dieses Ziel durch die Einrichtung eines demokratischen Steuerstaats erreichen zu wollen.

Im Vergleich dazu hatte der klassische Anarchismus europäischer Provenienz (Bakunin, Kropotkin) mit seiner kategorischen Ablehnung der Institution eines Staates – und auch in seiner fulminanten Kritik des orthodoxen, marxistischen Sozialismus – zunächst einmal recht. Aber auch der klassische Anarchismus war noch in zwei zentrale Irrtümer verstrickt, die eigentlich erst, in Anknüpfung an frühere amerikanische Anarchisten wie L. Spooner und B. Tucker, durch die Arbeiten Rothbards und der von ihm begründeten Denktradition des modernen Anarchokapitalismus und Libertarismus grundlegend aufgeklärt und beseitigt wurden.

Zum einen verfügte der klassische Anarchismus über keine ausgearbeitete Rechtstheorie – eine Ethik der Freiheit –, die ihm erlaubt hätte, beim Versuch der Abschaffung des Staates zwischen legitimer bzw. rechtmäßiger (weil defensiver) und illegitimer bzw. unrechtmäßiger (weil aggressiver) Gewalt klar zu unterscheiden. Das Ergebnis dieses Mangels waren und sind die berühmt-berüchtigten Bombenleger-Brandstifter-Anarchisten – und der daraus resultierende schwerwiegende Schaden für das eigentliche Anliegen des Anarchismus im öffentlichen Bewusstsein.

Und zum anderen war der klassische Anarchismus durch den Irrglauben an eine weitgehende *natürliche* Gleichheit aller Personen und Harmonie menschlicher Interessen gekennzeichnet. Und dieser Irrglaube verleitete den Anarchismus dann, wenn auch nicht zur Ablehnung allen Privateigentums so doch zumindest zur Ablehnung des Privateigentums an Grund und Boden. Zumindest Grund und Boden sollten *Gemein*eigentum sein. Aber Gemeineigentum funktioniert nur, solange es eine andauernde Interessenharmonie sämtlicher Eigentümer gibt. Und eine solche ist bekanntermaßen nicht einmal unter Eheleuten garantiert. Immer dann jedoch, wenn zwei oder mehr Personen unterschiedliche Vorstellungen davon haben, was mit ihrem Eigentum gemacht werden soll, muss es zum Konflikt kommen. Entweder zum Kampf oder zur Herrschaft einer Person über eine andere. Dann hat man also wieder das, was der Anarchismus vermeintlich gerade abschaffen will: eine Spaltung der Gesellschaft in zwei antagonistische Rechtsklassen. Um dies zu vermeiden – und das ist die fundamentale Einsicht des Anarchokapitalismus oder Privateigentumsanarchismus – muss es also immer die Möglichkeit der Trennung des Gemeineigentums in separates Privateigentum geben. Auch im Fall der Ehe muss es, um Kampf und Herrschaft generell auszuschließen, die Möglichkeit der Scheidung und der Gütertrennung geben.

In *Liberalismus* schreibt Mises: »Eine liberale Regierung ist eine contradictio in adjecto«, also ein Widerspruch in sich. Im gleichen Buch räumt Mises jedem Individuum ein Selbstbestimmungsrecht ein, aus dem Verbund eines Staates auszuscheiden. Er relativiert dieses Recht nur in der Hinsicht, dass er es nicht für durchführbar hält, dass Einzelne ausscheiden. Hatte Mises hier selbst Zweifel, dass ein Staat, eine Regierung sich nicht beschränken lässt? Nicht wenige lesen hier heraus, dass Mises in seinem tiefsten Inneren ein Anarchokapitalist war. Wie sehen Sie das?

Da sind wir gleich wieder beim Thema Trennung. Nur diesmal in Gestalt der Sezession. Und ja, mit seinem Zugeständnis eines prinzipiell uneingeschränkten Sezessionsrechts hat Mises im Grunde die Grenze vom klassisch liberalen Minimalstaatler zum Anarchokapitalisten überschritten. Das hat Rothbard so gesehen, und so sehe auch ich es. Denn ein Staat, der eine unbeschränkte Sezession zulässt, ist kein Staat mehr, sondern ein freiwilliger Verband, in den man ein- und eben auch austreten kann.

Leider, im Unterschied zu seinen früheren Werken – nicht nur in *Liberalismus*, sondern auch im noch früheren *Nation, Staat und Wirtschaft* – hat Mises das Thema Sezession dann jedoch in seinen späteren großen Werken, insbesondere *Human Action,* komplett ausgeblendet und damit, so muss man es wohl sagen, schlichtweg unterschlagen. Dort bekennt sich Mises stets, erkennbar bemüht und geradezu widerwillig, aber dennoch eindeutig, zum Staat und Nichtanarchisten. (Merke: Nicht immer, durchgängig und in jeder Hinsicht, ist das spätere Werk eines Autors ein Fortschritt gegenüber seinem früheren Werk. Es besteht auch die Möglichkeit intellektueller Rückschritte. Im gegebenen Fall fällt der spätere Mises hinter den früheren Mises zurück.)

Man muss freilich hinzufügen, wie schon in der Frage angedeutet, dass auch der frühere Mises den vollen Durchbruch zum Anarchokapitalismus nicht ganz geschafft hat und damit ein großes Schlupfloch für eine durchgehend etatistische Mises-Deutung gelassen hat. Denn Mises schränkt das prinzipiell unbeschränkte Sezessionsrecht insofern ein, als er jedenfalls die denkbar weitestgehende Sezession von *Einzel*-Haushalten (im Unterschied zur Sezession ganzer Gemeinden) für *praktisch undurchführbar* erklärt. Mises begründet diese Behauptung nicht systematisch. Ein paar Schlagwörter genügen. Die Aussage erscheint ihm offensichtlich. Aber warum?

Tatsächlich entpuppt sich diese Aussage bei näherem Hinsehen regelmäßig als Irrtum und Täuschung.

Um nur kurz den scheinbar schwerwiegendsten Einwand gegen die Durchführbarkeit einer Sezession von Einzelhaushalten zu betrachten: den Einwand, dass diese Haushalte ja dann vom umliegenden Gemeinde- oder Staatsgebiet eingeschlossen und umzingelt seien. Zur Erledigung dieses Einwands muss man sich nur klarmachen, dass mit jedem Grundeigentumserwerb praktisch zeitgleich auch immer Wegerechte, Grunddienstbarkeiten etc. erworben werden und diese Zu- und Ausgangsrechte natürlich auch nach einer Sezession, von ihr gänzlich unberührt fortdauern. Eine Untersuchung aus libertärer Sicht zur Entwicklung und der privatrechtlichen Regelung und Behandlung von Wegerechten wäre übrigens einmal ein lohnendes Dissertationsthema!

Noch eine abschließende Frage, ich weiß, das ist etwas spekulativ, aber glauben Sie, Mises würde heute anders denken, wenn er sehen könnte, zu welch monströsen Gebilden sich Staaten und Regierungen entwickelt haben?

Mit Sicherheit. Nicht, was die Wirksamkeit der von ihm mit unübertrefflicher Klarheit dargelegten und erklärten ökonomischen Gesetzmäßigkeiten angeht, natürlich. Aber Mises wäre sicher überrascht über das tatsächliche Ausmaß, in dem die politischen Eliten der »westlichen Welt« meinen, sich über diese Gesetze hinwegsetzen zu können. Kurz: über das Wachstum und das schiere Ausmaß an politischer Dummheit und Fahrlässigkeit. Und sicher wäre seine Einschätzung der Demokratie darum heute eine ganz andere und sehr viel skeptischere als seinerzeit.

Ob Mises angesichts der gegenwärtigen Zustände zum bekennenden Anarchokapitalisten geworden wäre? Das hängt wohl davon ab, ob man sich den wiedererweckten Mises als jüngeren oder älteren Mann vorstellt. Ältere, in sich gesetzte Menschen sind eher selten bereit, etwas Neues auf- und anzunehmen. Für jüngere, anderen und neuen Ideen gegenüber noch offener stehende Menschen dagegen ist der Übergang vom Minimalstaatler zum Anarchokapitalisten oft nicht mehr als das Ergebnis einer halben Stunde intensiven, vor-urteilsfreien Nachdenkens.

Vielen Dank, Herr Hoppe.

Das Interview wurde im Januar 2016 per E-Mail geführt. Die Fragen stellte Andreas Marquart.

Ein lebensnaher Libertarismus

»Der Libertarismus ist logisch mit fast jeder Haltung gegenüber Kultur, Gesellschaft, Religion oder moralischen Prinzipien vereinbar. Streng logisch kann die libertäre politische Doktrin von allen anderen Erwägungen abgetrennt werden; logischerweise kann man Hedonist, Libertinist, unmoralisch, ein militanter Feind der Religion im Allgemeinen und des Christentums im Besonderen – und in der Tat sind die meisten Libertären genau das – und dennoch ein konsequenter Anhänger libertärer Politik sein. In der Tat kann man, streng logisch betrachtet, politisch ein konsequenter Anhänger von Eigentumsrechten sein und in der Praxis ein Schnorrer, Betrüger, Kleinkrimineller und Gauner, als welche sich allzu viele Libertäre entpuppen. Streng logisch gesehen kann man diese Dinge tun, aber psychologisch, soziologisch und in der Praxis funktioniert das einfach nicht.«

Murray Rothbard, »Big-Government Libertarians« in: L. Rockwell (Hg.), *The Irrepressible Rothbard*, Auburn (AL): Ludwig von Mises Institut 2000, S. 101

Lassen Sie mich mit ein paar Bemerkungen zum Libertarismus als einer rein deduktiven Theorie beginnen.

Wenn es keine Knappheit in der Welt gäbe, wären menschliche Konflikte unmöglich. Zwischenmenschliche Konflikte sind immer und überall Konflikte um knappe Dinge. Ich will mit einer gegebenen Sache X machen und Sie wollen mit der gleichen Sache Y machen.

Wegen solcher Konflikte – und weil wir in der Lage sind, miteinander zu kommunizieren und zu streiten – suchen wir nach Verhaltensnormen mit dem Ziel, diese Konflikte zu vermeiden. Der Zweck von Normen ist die Konfliktvermeidung. Wenn wir Konflikte nicht vermeiden wollten, wäre die Suche nach Verhaltensnormen sinnlos. Wir würden einfach streiten und kämpfen.

In Ermangelung einer perfekten Harmonie aller Interessen können Konflikte bezüglich knapper Ressourcen nur vermieden werden, wenn alle knappen Ressourcen als privates, exklusives Eigentum einer bestimmten Person zugewiesen werden. Nur dann kann ich, mit *meinen* eigenen Dingen, unabhängig von Ihnen, mit *Ihren* eigenen Dingen, handeln, ohne dass Sie und ich miteinander in Konflikt geraten.

Aber wer besitzt welche knappe Ressource als sein Privateigentum und wer nicht? Erstens: Jeder Mensch besitzt seinen physischen Körper, den nur er und kein anderer *unmittelbar* kontrolliert (ich kann Ihren Körper nur mittelbar kontrollieren, indem ich zuerst meinen Körper unmittelbar kontrolliere und umgekehrt) und den nur er auch und insbesondere dann unmittelbar kontrolliert, wenn er über die anstehende Frage *argumentiert und debattiert*. Andernfalls, wenn die Körpereigentümerschaft an einen mittelbaren Körperbeherrscher übertragen würde, würde ein Konflikt unvermeidlich werden, da der unmittelbare Körperbeherrscher seine unmittelbare Kontrolle über seinen Körper, solange er lebt, nicht aufgeben *kann*; und insbesondere wäre es andernfalls unmöglich, dass zwei Personen, als Anwärter in jedem Eigentumsstreit, jemals über die Frage *argumentieren und debattieren* könnten, wessen Wille vorherrschen soll, da das Argumentieren und Debattieren *voraussetzen*, dass sowohl der Befürworter als auch der Gegner die ausschließliche Kontrolle über ihren jeweiligen Körper haben und so *von sich aus* und ohne Kampf (in einer konfliktfreien Form der Interaktion) zum richtigen Urteil gelangen.

Und zweitens, was die knappen Ressourcen betrifft, die *nur* mittelbar kontrolliert werden können (die mit unserem eigenen, naturgegebenen, d. h. nicht angeeigneten Körper angeeignet werden müssen): Die ausschließliche Kontrolle (das Eigentum) wird von der Person erworben und dieser zugewiesen, die sich die betreffende Ressource *zuerst* angeeignet hat oder die sie durch freiwilligen (konfliktfreien) Tausch von ihrem *vorherigen* Eigentümer erworben hat. Denn nur der *erste* Aneigner einer Ressource (und alle späteren Eigentümer, die mit ihm durch eine Kette von freiwilligen Tauschgeschäften verbunden sind) kann sie möglicherweise konfliktfrei, d. h. friedlich erwerben und die Kontrolle über sie erlangen. Andernfalls, wenn die ausschließliche Kontrolle stattdessen *Nachzüglern* übertragen wird, werden Konflikte nicht vermieden, sondern, im Widerspruch zum eigentlichen Zweck der Normen, unvermeidlich und dauerhaft gemacht.

Lassen Sie mich betonen, dass ich diese Theorie als im Wesentlichen unwiderlegbar, als *a priori* wahr ansehe. Meiner Einschätzung nach stellt diese Theorie eine der größten – wenn nicht die größte – Errungenschaft des sozialwissenschaftlichen Denkens dar. Sie formuliert und kodifiziert die unumstößlichen Grundregeln für alle Menschen, überall, die in Frieden zusammenleben wollen.

Und doch: Diese Theorie sagt uns nicht sehr viel über das wirkliche Leben aus. Sie sagt uns zwar, dass alle realen Gesellschaften, soweit sie durch friedliche Beziehungen gekennzeichnet sind, sich bewusst oder unbewusst an diese Regeln halten und sich so von rationaler Einsicht leiten lassen. Aber sie sagt uns nicht, inwieweit dies der Fall ist. Sie sagt uns auch nicht, selbst wenn die Einhaltung dieser Regeln vollständig wäre, wie die Menschen tatsächlich zusammenleben. Sie sagt uns nicht, wie nahe oder weit voneinander entfernt sie leben, ob, wann, wie häufig und wie lange und zu welchen Zwecken sie sich treffen und interagieren usw. Um hier eine Analogie zu verwenden: Das Wissen um die libertäre Theorie – die Regeln friedlicher Interaktionen – ist wie das Wissen um die Regeln der Logik – die Regeln des richtigen Denkens und Schlussfolgerns. Doch so wenig uns das Wissen um die Logik, trotz ihrer Unentbehrlichkeit für korrektes Denken, über das tatsächliche menschliche Denken sagt, über tatsächliche Worte, Ideen, Argumente, Rückschlüsse und Schlussfolgerungen, die verwendet und gezogen werden, so wenig sagt uns die Logik der friedlichen Interaktion (Libertarismus) etwas über das tatsächliche menschliche Leben und Handeln. Daraus folgt: So wie jeder Logiker, der sein Wissen sinnvoll nutzen will, seine Aufmerksamkeit auf das wirkliche Denken und Argumentieren richten muss, so muss ein libertärer Theoretiker seine Aufmerksamkeit auf die Handlungen realer Menschen richten. Anstatt nur Theoretiker zu sein, muss er auch Soziologe und Psychologe werden und die »empirische« soziale Wirklichkeit, d. h. die Welt, wie sie wirklich ist, berücksichtigen.

Damit komme ich zum Thema »links« und »rechts«.

Der Unterschied zwischen der Rechten und der Linken ist, wie Paul Gottfried oft bemerkt hat, eine grundsätzliche Meinungsverschiedenheit in einer *empirischen* Frage. Die Rechte erkennt die Existenz individueller menschlicher Unterschiede und Verschiedenheiten als *Tatsache* an und akzeptiert sie als natürlich, während die Linke die Existenz solcher Unterschiede und Verschiedenheiten leugnet oder versucht, sie wegzuerklären, und sie auf jeden Fall als etwas Unnatürliches betrachtet, das korrigiert werden muss, um einen natürlichen Zustand menschlicher *Gleichheit* herzustellen.

Die Rechte anerkennt die Existenz individueller menschlicher Unterschiede nicht nur im Hinblick auf die physische Lage und Beschaffenheit der menschlichen Umwelt und des individuellen menschlichen

Körpers (Größe, Stärke, Gewicht, Alter, Geschlecht, Haut-, Haar- oder Augenfarbe, Gesichtszüge usw. usf.). Noch wichtiger ist, dass die Rechte auch die Existenz von Unterschieden in der *geistigen* Verfassung der Menschen anerkennt, d. h. in ihren kognitiven Fähigkeiten, Begabungen, psychologischen Dispositionen und Motivationen. Sie erkennt die Existenz von hellen und stumpfen, klugen und dummen, kurzsichtigen und weitsichtigen, geschäftigen und faulen, aggressiven und friedlichen, fügsamen und erfinderischen, impulsiven und geduldigen, behutsamen und unvorsichtigen Menschen usw. usf. an. Die Rechte erkennt an, dass diese geistigen Unterschiede, die sich aus der Wechselwirkung zwischen der physischen Umwelt und dem physischen menschlichen Körper ergeben, das Ergebnis *sowohl* umweltbedingter *als auch* physiologischer und biologischer Faktoren sind. Die Rechte anerkennt ferner, dass Menschen sowohl physisch im geografischen Raum als auch emotional durch Blut (biologische Gemeinsamkeiten und Beziehungen), durch Sprache und Religion sowie durch Sitten und Gebräuche miteinander verbunden (oder voneinander getrennt) sind. Darüber hinaus erkennt die Rechte nicht nur die Existenz dieser Unterschiede und Diversitäten an. Sie ist sich auch bewusst, dass das Ergebnis von Input-Unterschieden wiederum unterschiedlich ausfallen und zu Menschen mit viel oder wenig Besitz, zu Reichen und Armen und zu Menschen mit hohem oder niedrigem sozialen Status, Rang, Einfluss oder Autorität führen wird. Und sie akzeptiert diese unterschiedlichen Ergebnisse der verschiedenen Inputs als normal und natürlich.

Die Linke hingegen ist von der grundlegenden *Gleichheit* des Menschen überzeugt, dass alle Menschen »gleich geschaffen« sind. Sie leugnet natürlich nicht das Offensichtliche: dass es umweltbezogene und physiologische Unterschiede gibt, d. h., dass einige Menschen in den Bergen und andere am Meer leben oder dass einige Menschen groß und andere klein sind, einige weiß und andere schwarz, einige männlich und andere weiblich usw. Aber die Linke leugnet die Existenz *geistiger* Unterschiede oder, soweit diese zu offensichtlich sind, um ganz geleugnet zu werden, versucht sie, sie als »zufällig« wegzuerklären. Das heißt, die Linke erklärt solche Unterschiede entweder als ausschließlich umweltbedingt, sodass eine Veränderung der Umweltbedingungen (z. B. der Umzug einer Person von den Bergen ans Meer und umgekehrt oder die gleiche prä- und postnatale Betreuung jeder Person) ein gleiches Ergebnis hervorrufen würde, oder sie bestreitet, dass diese Unterschiede (auch) durch einige – vergleichsweise hartnäckige – biologische Faktoren verursacht werden. Oder aber in den Fällen, in denen nicht geleugnet werden kann, dass biologische Faktoren eine kausale Rolle bei der Bestimmung von Erfolg oder Misserfolg im Leben (Geld und Ruhm) spielen, wie etwa wenn ein 1,50 Meter großer Mann keine olympische Goldmedaille im 100-Meter-Lauf gewinnen oder ein dickes und hässliches Mädchen nicht Miss Universum werden kann, betrachtet die Linke diese Unterschiede als puren Zufall und das daraus resultierende Ergebnis des individuellen Erfolgs oder Misserfolgs als unverdient. In jedem Fall, ob durch vorteilhafte oder nachteilige Umweltbedingungen oder biologische Eigenschaften verursacht, sind alle beobachtbaren individuellen menschlichen Unterschiede auszugleichen. Und wo dies nicht wörtlich getan werden kann, da wir nicht Berge und Meere versetzen oder einen großen Mann klein oder einen schwarzen Mann weiß machen können, besteht die Linke darauf, dass die unverdienterweise »Glücklichen« die »Unglücklichen« kompensieren müssen, sodass jeder Mensch, in Übereinstimmung mit der natürlichen Gleichheit aller Menschen, eine »Gleichstellung im Leben« erhält.

Mit dieser kurzen Charakterisierung der Rechten und der Linken komme ich auf das Thema des Libertarismus zurück. Ist die libertäre Theorie mit der Weltanschauung der Rechten vereinbar? Und: Ist der Libertarismus mit linken Ansichten vereinbar?

Was die Rechte betrifft, so ist die Antwort ein klares »Ja«. Jeder Libertäre, der mit der gesellschaftlichen Realität nur vage vertraut ist, wird keine Schwierigkeiten haben, die grundlegende Wahrheit der rechten Weltanschauung anzuerkennen. Er kann, und im Lichte der empirischen Evidenz muss er sogar, der empirischen Behauptung der Rechten hinsichtlich der grundlegenden nicht nur physischen, sondern auch geistigen Ungleichheit des Menschen zustimmen; und er kann insbesondere auch der normativen »Laissez faire«-Behauptung der Rechten zustimmen, d. h., dass diese natürliche menschliche Ungleichheit unweigerlich auch zu ungleichen Ergebnissen führen wird und dass nichts dagegen getan werden kann oder sollte.

Es gibt jedoch einen wichtigen Vorbehalt. Während die Rechte *alle* menschlichen Ungleichheiten, sei es von den Ausgangspunkten oder von den Ergebnissen her, als natürlich akzeptieren mag, würde der Libertäre darauf bestehen, dass nur jene Ungleichheiten natürlich, d. h.

gegen die Eingriffe unzulässig sind, die durch Befolgung der eingangs erwähnten Grundregeln friedlicher menschlicher Interaktion entstanden sind. Ungleichheiten, die das Ergebnis von *Verstößen* gegen diese Regeln sind, *erfordern* jedoch korrigierende Maßnahmen und *sollten* beseitigt werden. Darüber hinaus würde der Libertäre darauf bestehen, dass es unter den zahllosen beobachtbaren menschlichen Ungleichheiten empirisch gesehen eine ganze Reihe gibt, die das Ergebnis solcher Regelverletzungen *sind*, wie zum Beispiel reiche Menschen, die ihr Vermögen nicht harter Arbeit, Voraussicht, unternehmerischem Talent oder einer freiwilligen Schenkung oder Erbschaft verdanken, sondern Raub, Betrug oder staatlich gewährten monopolistischen Privilegien. Die in solchen Fällen erforderlichen Korrekturmaßnahmen sind jedoch nicht durch Gleichmacherei motiviert, sondern durch den Wunsch nach *Restitution*: Der (und nur der), der nachweisen kann, dass er beraubt, betrogen oder rechtlich benachteiligt wurde, sollte von denjenigen (und nur denjenigen), die diese Verbrechen gegen ihn und sein Eigentum begangen haben, wieder entschädigt werden, auch in Fällen, in denen Restitution zu einer noch größeren Ungleichheit führen würde (z. B. wenn ein armer Mann einen reichen Mann betrogen hat und ihm Restitution schuldet).

Was dagegen die Linke betrifft, so ist die Antwort ein ebenso nachdrückliches »Nein«. Die empirische Behauptung der Linken, dass es keine signifikanten geistigen Unterschiede zwischen Individuen und damit implizit auch zwischen verschiedenen Personengruppen gebe und dass das, was als ein solcher *erscheine*, allein auf Umweltfaktoren zurückzuführen sei und verschwände, wenn nur die Umwelt ausgeglichen würde, wird von allen Alltagserfahrungen und Bergen empirischer Sozialforschung widerlegt. Menschen sind nicht gleich und können nicht gleich werden, und was auch immer man in dieser Hinsicht versucht, Ungleichheiten werden immer wieder auftauchen. Es sind jedoch insbesondere die implizite *normative* Behauptung und die aktivistische Agenda der Linken, die sie mit dem Libertarismus unvereinbar macht. Das linke Ziel, jeden gleichzustellen oder seine »Stellung im Leben« anzugleichen, ist unvereinbar mit dem Privateigentum, sei es am eigenen Körper oder an äußeren Dingen. Statt einer friedlichen Zusammenarbeit führt es zu endlosen Konflikten und zur entschieden *un*egalitären Etablierung einer permanenten herrschenden Klasse, die über das übrige Volk als dessen »Material« herrscht, das gleichgestellt werden soll.

»Da«, wie Murray Rothbard es formuliert hat, »keine zwei Menschen in irgendeiner Weise in ihrer Natur oder in den Ergebnissen einer freiwilligen Gesellschaft uniform oder ›gleich‹ sind, erfordert die Herbeiführung und Aufrechterhaltung einer solchen Gleichheit notwendigerweise die dauerhafte Auferlegung einer mit verheerender Zwangsgewalt ausgestatteten Machtelite.«[1]

Es gibt unzählige Unterschiede zwischen individuellen Menschen; und es gibt noch mehr Unterschiede zwischen verschiedenen Gruppen von Individuen, da jedes Individuum in unzählige verschiedene Gruppen eingepasst werden kann. Es ist die Machtelite, die bestimmt, welche dieser Unterschiede, ob von Individuen oder von Gruppen, als vorteilhaft und günstig oder nachteilig und ungünstig (oder aber als irrelevant) zu zählen sind. Es ist die Machtelite, die bestimmt, mit welcher Methode – unter zahllosen – das »Ausgleichen« der Begünstigten und der Benachteiligten tatsächlich zu bewerkstelligen ist, d. h., was und wie viel den Begünstigten zu »nehmen« und den Benachteiligten zu »geben« ist, um Gleichheit zu erreichen. Insbesondere ist es die Machtelite, die, indem sie sich selbst als zu den Benachteiligten gehörend definiert, bestimmt, was und wie viel sie den Begünstigten nimmt und *für sich selbst behält*. Welche Gleichheit auch immer dann erreicht wird: Da unzählige neue Unterschiede und Ungleichheiten immer wieder neu entstehen, kann die Ausgleichsarbeit der Machtelite nie zu einem natürlichen Abschluss kommen, sondern muss ewig und endlos weitergehen.

Die egalitäre Weltsicht der Linken ist jedoch nicht nur mit dem *Libertarismus* unvereinbar. Sie ist so realitätsfremd, dass man sich fragen muss, wie *irgendwer* sie ernst nehmen kann. Der Mann auf der Straße glaubt mit Sicherheit nicht an die Gleichheit aller Menschen. Ein klarer gesunder Menschenverstand und gesunde Vorurteile stehen dem im Wege. Und ich bin noch zuversichtlicher, dass keiner der eigentlichen Verfechter der Gleichheitslehre wirklich, tief im Inneren, glaubt, was er verkündet. Wie konnte dann aber die linke Weltanschauung zur vorherrschenden Ideologie unserer Zeit werden?

Zumindest für einen Libertären sollte die Antwort offensichtlich sein: Die egalitäre Doktrin erlangte diesen Status nicht, weil sie wahr ist,

---

1 »Egalitarianism and the Elites«, in: Review of Austrian Economics, Vol. 8, No. 2, 1995, S. 45.

sondern weil sie die perfekte intellektuelle Deckung für das Streben nach totalitärer Gesellschaftskontrolle durch eine herrschende Elite bietet. Die herrschende Elite nahm daher die Hilfe der »Intelligenzia« (oder der »schwatzenden Klasse«) in Anspruch. Sie wurde auf die Gehaltsliste gesetzt oder anderweitig subventioniert und lieferte im Gegenzug die erwünschte egalitäre Botschaft (von der sie weiß, dass sie falsch ist, von der sie jedoch weiß, dass sie für ihre eigenen Beschäftigungsaussichten von enormem Nutzen ist). Und so findet man die enthusiastischsten Befürworter des egalitären Unsinns in der intellektuellen Klasse.[2]

Angesichts der offensichtlichen Unvereinbarkeit von Libertarismus und dem von der Linken bekundeten Egalitarismus muss es daher überraschen – und zeugt es von der immensen ideologischen Macht der herrschenden Eliten und ihrer Hofintellektuellen –, dass viele, die sich heute als Libertäre bezeichnen, Teil der Linken sind und sich als solche betrachten. Wie ist so etwas möglich?

Was diese Linkslibertären ideologisch eint, sind ihre aktive Förderung verschiedener »Antidiskriminierungs«-Programme und ihr Eintreten für eine Politik der »freien und nichtdiskriminierenden« Einwanderung.[3]

Diese »Libertären«, so Rothbard, »sind leidenschaftlich davon überzeugt, dass zwar nicht jeder Einzelne jedem anderen ›gleich‹ sein mag, dass aber jede denkbare Gruppe, jede ethnische Gruppe, jede Rasse,

---

2 Murray Rothbard hat sie aufgelistet: »Akademiker, Meinungsbildner, Journalisten, Schriftsteller, Medieneliten, Sozialarbeiter, Bürokraten, Berater, Psychologen, Personalberater und vor allem für den immer intensiver werdenden neuen Gruppenegalitarismus ein wahres Heer von ›Therapeuten‹ und Sensitivitätstrainern. Und natürlich Ideologen und Forscher, die neue Gruppen erfinden und entdecken, die egalitarisiert werden müssen.« (Ebd., S. 51)

3 Was die Frage betrifft, wer unter den heutigen sogenannten Libertären zu den Linken zu zählen ist, so gibt es einen Lackmustest: die während der US-Präsidentschaftsvorwahlen von 2008 und 2012 eingenommene Position zu Dr. Ron Paul, der mit Abstand der reinste aller Libertären ist, der jemals nationale und sogar internationale Aufmerksamkeit und Anerkennung erlangt hat. Libertäre innerhalb des Washingtoner »Beltway« um Cato, George Mason, Reason und verschiedene andere Gruppierungen des »Kochtopus« qualifizierten Ron Paul ab oder griffen ihn sogar wegen seines »Rassismus« und seines Mangels an sozialer »Sensibilität« und »Toleranz« an, d. h., kurz gesagt: weil er ein aufrechter »rechter Bürgerlicher« ist, der ein vorbildliches persönliches und berufliches Leben führt.

jedes Geschlecht oder in einigen Fällen jede Spezies tatsächlich ›gleich‹ sind und gemacht werden müssen, dass jeder ›Rechte‹ hat, die nicht durch irgendeine Form von ›Diskriminierung‹ beschnitten werden dürfen.«[4]

Wie aber lässt sich dieser Antidiskriminierungsstandpunkt mit dem Privateigentum in Einklang bringen, das alle Libertären als Eckpfeiler ihrer Philosophie betrachten sollen und das immerhin *exklusives* Eigentum bedeutet und damit *logischerweise Diskriminierung impliziert*?

Traditionelle Linke haben dieses Problem natürlich nicht. Sie denken nicht an oder kümmern sich nicht um Privateigentum. Da jeder jedem anderen gleich ist, gehört die Welt und alles auf und in ihr allen gleichermaßen – alles Eigentum ist »Gemeingut« – und als gleichberechtigter Miteigentümer der Welt hat natürlich jeder ein gleiches »Recht auf Zugang« überall und zu allem. Ohne eine perfekte Harmonie aller Interessen ist es jedoch *nicht* möglich, dass jeder gleiches Eigentum und gleichen Zugang überall und zu allem hat, *ohne dass es zu einem dauerhaften Konflikt kommt*. Um diese Zwickmühle zu vermeiden, ist es daher notwendig, einen Staat, d. h. einen territorialen Monopolisten der letztgültigen Entscheidungsfindung, einzusetzen. Das heißt, »Gemeineigentum« bedarf eines Staates und soll »Staatseigentum« werden. Es ist der Staat, der letztlich nicht nur bestimmt, wer was besitzt; und es ist dann auch der Staat, der letztlich die räumliche Verteilung aller Menschen bestimmt: wer wo wohnen soll und sich treffen und Zugang zu wem haben darf – und zum Teufel mit dem Privateigentum. Schließlich sind *sie* es, die Linken, die den Staat kontrollieren würden.

Aber dieser Fluchtweg steht niemandem offen, der sich selbst als Libertären bezeichnet. Er muss das Privateigentum ernst nehmen.

Psychologisch oder soziologisch lässt sich die Anziehungskraft der Nichtdiskriminierungspolitik auf Libertäre dadurch erklären, dass eine überproportional große Zahl von Libertären Außenseiter oder einfach nur merkwürdig sind – oder um es mit Rothbards Worten zu sagen: »Hedonisten, Libertinisten, unmoralische, militante Feinde der Religion

---

4 Murray Rothbard, »Big-Government Libertarians«, in: L. Rockwell (Hg.), *The Irrepressible Rothbard*, Auburn (AL): Ludwig-von-Mises-Institute 2000, S. 101.

…, Schnorrer, Betrüger, Kleinkriminelle und Gauner« – die sich zum Libertarismus wegen seiner angeblichen »Toleranz« gegenüber Außenseitern und Ausreißern hingezogen fühlten und ihn nun als Vehikel nutzen wollen, um sich von jeglicher Diskriminierung zu befreien, die im alltäglichen Leben üblicherweise ihresgleichen widerfährt. Aber wie machen sie das »logisch«? Linkslibertäre, sentimentale Libertäre und humanitär-kosmopolitische Libertäre sind nicht bloß Linke. Sie wissen um die zentrale Bedeutung des Privateigentums. Doch wie können sie den Begriff des Privateigentums scheinbar *logisch* mit ihrer Unterstützung der Antidiskriminierungspolitik und insbesondere mit ihrer Propagierung einer Politik der diskriminierungsfreien Einwanderung vereinbaren?

Die kurze Antwort lautet: indem man das *gesamte* derzeitige Privateigentum und seine Verteilung unter individuellen Personen unter moralischen Verdacht stellt. Mit dieser Behauptung begehen die Linkslibertären einen der nicht libertären Rechten entgegengesetzten Irrtum. Wie bereits angedeutet, begeht die nicht libertäre Rechte den Fehler, alle (oder zumindest fast alle) gegenwärtigen Besitztümer, insbesondere auch die Besitztümer des Staates, als natürlich und gerecht zu betrachten. In deutlichem Gegensatz dazu würde ein Libertärer erkennen und darauf bestehen, dass einige derzeitige Eigentumsbestände und alle (oder zumindest die meisten) Staatsbestände nachweislich unnatürlich und ungerecht sind und als solche der Rückgabe oder Entschädigung bedürfen. Umgekehrt behaupten die Linkslibertären, dass nicht nur alle oder die meisten *Staats*besitztümer unnatürlich und ungerecht sind (aus diesem Eingeständnis leiten sie ihren Anspruch auf die Bezeichnung »libertär« ab), sondern dass auch alle oder die meisten privaten Besitztümer unnatürlich und ungerecht sind. Und zur Untermauerung dieser letzteren Behauptung weisen sie auf die Tatsache hin, dass alle gegenwärtigen privaten Besitztümer und ihre Verteilung auf verschiedene Personen durch frühere staatliche Maßnahmen und Gesetze beeinflusst, verändert und verzerrt worden sind und dass alles anders wäre und niemand sich an der gleichen Stelle und in der gleichen Position wie heute befinden würde, wenn es nicht solche vorangegangenen staatlichen Eingriffe gegeben hätte.

Diese Feststellung ist ohne Zweifel richtig. Der Staat hat in seiner langen Geschichte einige Menschen reicher und andere ärmer gemacht, als sie es sonst gewesen wären. Er hat einige Menschen getötet und andere überleben lassen. Er hat Menschen von einem Ort zum anderen bewegt. Er förderte einige Berufe, Industrien oder Regionen und verhinderte oder verzögerte und veränderte die Entwicklung anderer. Er verlieh einigen Menschen Privilegien und Monopole und diskriminierte und benachteiligte andere rechtlich und so weiter und so fort. Die Liste vergangener Ungerechtigkeiten, von Gewinnern und Verlierern, Tätern und Opfern, ist endlos.

Aber aus dieser unbestreitbaren Tatsache folgt jedoch nicht, dass alle oder die meisten aktuellen Besitztümer moralisch verdächtig und berichtigungsbedürftig sind. Sicherlich muss *Staats*eigentum zurückgegeben werden, weil es zu Unrecht erworben wurde. Es sollte seinen natürlichen Eigentümern zurückgegeben werden, d. h. den Personen (oder ihren Erben), die gezwungen wurden, dieses »öffentliche« Eigentum zu »finanzieren«, indem sie Teile ihres eigenen Privateigentums an den Staat abtraten. Ich werde mich hier jedoch nicht mit diesem speziellen »Privatisierungs«-Thema befassen.[5] Es geht vielmehr um die weitergehende Behauptung, dass vergangene Ungerechtigkeiten auch alle *gegenwärtigen privaten* Besitztümer moralisch verdächtig machen, was nicht folgt und was sicher nicht stimmt. Tatsächlich sind die meisten privaten Besitztümer wahrscheinlich gerechtfertigt, ungeachtet ihrer Geschichte – es sei denn, ein konkreter Kläger kann beweisen, dass sie es nicht sind. Die Beweislast liegt jedoch bei demjenigen, der die aktuellen Eigentumsbestände und ihre Verteilung infrage stellt. Er muss nachweisen, dass er im Besitz eines älteren Rechtstitels an dem fraglichen Vermögen ist als sein gegenwärtiger Eigentümer. Andernfalls, wenn ein Kläger dies nicht beweisen kann, soll alles so bleiben, wie es derzeit ist.

Oder, um konkreter und realistischer zu sein: Aus der Tatsache, dass Peter oder Paul oder ihre Eltern als Mitglieder irgendeiner denkbaren Personengruppe in der Vergangenheit ermordet, vertrieben, beraubt, überfallen oder rechtlich diskriminiert wurden und dass ihr gegenwärtiger Besitz und ihre gegenwärtige gesellschaftliche Stellung ohne diese Ungerechtigkeiten in der Vergangenheit anders gewesen wären, folgt nicht, dass irgendein gegenwärtiges Mitglied dieser Gruppe einen ge-

5 Siehe zu diesem Thema Hans-Hermann Hoppe, »Of Private, Common and Public Property and the Rationale for Total Privatization«, in: *Libertarian Papers*, Vol. 3., No. 1, 2011. http://libertarianpapers.org/articles/2011/lp-3-1.pdf.

rechten Anspruch (auf Entschädigung) auf den gegenwärtigen Besitz eines anderen (weder von innerhalb noch von außerhalb seiner Gruppe) hat. Vielmehr müssten Peter oder Paul jeweils in einem Fall nach dem anderen zeigen, dass er persönlich einen besseren, weil älteren Anspruch auf ein bestimmtes Stück Eigentum hat als irgendein gegenwärtiger, namentlich genannter und identifizierter Eigentümer und mutmaßlicher Täter. Sicherlich gibt es eine beträchtliche Anzahl von Fällen, in denen dies möglich ist und Rückerstattung oder Entschädigung geschuldet wird. Aber ebenso sicher ist, dass mit dieser Beweislast, die jedem Anfechter einer aktuellen Eigentumsverteilung auferlegt wird, nicht viel für eine egalitäre Nichtdiskriminisierungsagenda gewonnen werden kann. Im Gegenteil, in der heutigen westlichen Welt, die voll von »Affirmative action«-Gesetzen ist, die verschiedenen »geschützten Gruppen« auf Kosten verschiedener anderer, entsprechend ungeschützter und diskriminierter Gruppen rechtliche Privilegien zuerkennen, würden *mehr* – nicht weniger – Diskriminierung und Ungleichheiten entstehen, wenn, wie es die Gerechtigkeit erfordern würde, jeder, der tatsächlich einen solchen individualisierten Beweis für seine Viktimisierung erbringen *könnte*, vom Staat tatsächlich die Erlaubnis erhalten würde, dies zu tun und seinen Viktimisierer zu verklagen und Wiedergutmachung von ihm zu verlangen.

Aber die Linkslibertären – die sentimentalen und humanitär-kosmopolitischen Libertären – sind nicht gerade als »Kämpfer« gegen »Affirmative action« bekannt. Vielmehr, und ganz im Gegenteil: Um zu der von ihnen erwünschten Schlussfolgerung zu gelangen, lockern sie das Erfordernis auf, dass jemand, der sich als Opfer ausgibt, einen individualisierten Beweis für seine Viktimisierung erbringen muss, oder sie verzichten ganz darauf. Um ihren intellektuellen Status als Libertäre aufrechtzuerhalten, tun die Linkslibertären dies in der Regel still und heimlich oder sogar unwissentlich, aber in Wirklichkeit ersetzen sie, indem sie diese grundlegende Forderung nach Gerechtigkeit aufgeben, Privateigentum und Eigentumsrechte und Rechtsverletzungen durch den konfusen Begriff der »Bürgerrechte« und »Bürgerrechtsverletzungen« und individuelle Rechte durch »Gruppenrechte« und werden so zu heimlichen Sozialisten. Angesichts der Tatsache, dass der Staat alle Privateigentumsbestände und -verteilungen gestört und verzerrt hat, jedoch ohne das Erfordernis eines individualisierten Viktimisierungsnachweises, kann jeder und jede erdenkliche Gruppe leicht und ohne allzu große intellektuelle Anstrengung gegenüber jedem anderen oder jeder anderen Gruppe irgendwie einen »Opferstatus« beanspruchen.[6]

Von der Last des individualisierten Opfernachweises befreit, sind die Linkslibertären in ihrer »Entdeckung« neuer »Opfer« und »Viktimisierer« gemäß ihren eigenen, vorausgesetzten egalitären Annahmen im Wesentlichen uneingeschränkt. Immerhin erkennen sie den Staat als institutionellen Viktimisierer und Eindringling in private Eigentumsrechte an (daraus leitet sich wiederum ihr Anspruch ab, »Libertäre« zu sein). Aber sie sehen weit mehr institutionelle und strukturelle Ungerechtigkeiten und soziale Verzerrungen, weit mehr Opfer und Viktimisierer und weit mehr Bedarf an Rückerstattung, Entschädigung und damit einhergehender Eigentumsumverteilung in der heutigen Welt als nur die vom Staat begangenen und verursachten Ungerechtigkeiten und Verzerrungen, die durch Schrumpfung und schließlich Abbau und Privatisierung aller staatlichen Besitztümer und Funktionen gelöst und berichtigt werden müssen. Selbst wenn der Staat abgebaut würde, würden als späte und dauerhafte Auswirkungen seiner langen Vorgeschichte oder bestimmter vorstaatlicher Zustände andere institutionelle Verzerrungen bestehen bleiben, die zur Schaffung einer gerechten Gesellschaft korrigiert werden müssten.

Die Ansichten der Linkslibertären sind in dieser Hinsicht nicht ganz einheitlich, aber sie unterscheiden sich in der Regel nur wenig von denen, die von Kulturmarxisten vertreten werden. Sie setzen eine weitgehend »flache« und »horizontale« Gesellschaft von »Gleichen« als »natürlich« gegeben voraus, ohne viel, wenn überhaupt, empirische Unterstützung, und sogar gegen überwältigende Beweise des Gegenteils, d. h., sie gehen von im Wesentlichen universell und weltweit homogenen,

6 Bezeichnenderweise wurde diese schleichende Verwandlung des Libertarismus in einen heimlichen Sozialismus über den verwirrenden Begriff der »Bürgerrechte« bereits vor Jahrzehnten von Murray Rothbard identifiziert. Um ihn zu zitieren: »In der gesamten offiziellen libertären Bewegung [der Linkslibertären] wurden die ›Bürgerrechte‹ unkritisch akzeptiert, wobei die echten Privateigentumsrechte vollkommen außer Acht gelassen wurden. In einigen Fällen wurde das ›Recht, nicht diskriminiert zu werden‹, ausdrücklich anerkannt. In anderen Fällen gehen Libertäre, wenn sie ihre neu gefundenen Prinzipien mit ihren alten Prinzipien in Einklang bringen wollen und keine Abneigung gegen Spitzfindigkeiten oder gar Absurdität zeigen, den hinterhältigeren Weg, den die American Civil Liberties Union beschritten hat: Wenn auch nur eine kleinste Spur an staatlicher Beteiligung vorhanden ist, sei es die Nutzung der öffentlichen Straßen oder ein bisschen Finanzierung durch den Steuerzahler, dann muss das sogenannte ›Recht‹ auf ›gleichen Zugang‹ entweder das Privateigentum oder jegliche Art von gesundem Menschenverstand außer Kraft setzen.« (Rothbard, »Big-Government Libertarians«, S. 102 f.)

gleichgesinnten und -begabten Menschen mit mehr oder weniger ähnlichem sozialem und wirtschaftlichem Status und Ansehen aus, und sie betrachten alle systematischen Abweichungen von diesem Modell als das Ergebnis von Diskriminierung und als Gründe für irgendeine Form von Entschädigung und Restitution. Dementsprechend wird die hierarchische Struktur der traditionellen Familien, der Geschlechterrollen und der Arbeitsteilung zwischen Männern und Frauen als unnatürlich angesehen. Alle sozialen Hierarchien und vertikalen Rangordnungen von Autoritäten, von Häuptlingen und Clanchefs, von Mäzenen, Adligen, Aristokraten und Königen, von Bischöfen und Kardinälen, von »Chefs« im Allgemeinen und von ihren jeweiligen Handlangern oder Untergebenen werden sogar mit Misstrauen betrachtet. Ebenso werden alle großen oder »exzessiven« Unterschiede in Einkommen und Vermögen – der sogenannten »wirtschaftlichen Macht« – und die Existenz sowohl einer unterdrückten Unterschicht als auch einer Oberschicht von superreichen Individuen und Familien als unnatürlich angesehen. Auch große Industrie- und Finanzkonzerne und Konglomerate gelten als künstliche Geschöpfe des Staates. Und ebenfalls verdächtig, unnatürlich und korrekturbedürftig seien alle exklusiven Verbände, Gesellschaften, Gemeinden, Kirchen und Vereine sowie jede territoriale Segregation, Trennung und Sezession, unabhängig davon, ob sie auf Klasse, Geschlecht, Rasse, Ethnie, Abstammung, Sprache, Religion, Beruf, Interessen, Bräuchen oder Tradition beruhen.

Von diesem Blickwinkel aus lassen sich die »Opfer«-Gruppen und ihre »Viktimisierer« leicht identifizieren. Es stellt sich heraus, dass die »Opfer« die große Mehrheit der Menschheit ausmachen. Jeder und jede denkbare Gruppe ist ein »Opfer«, mit Ausnahme des kleinen Teils der Menschheit, der sich aus weißen (einschließlich nordasiatischen) heterosexuellen Männern zusammensetzt, die ein traditionelles, bürgerliches Familienleben führen. Sie und vor allem die Kreativsten und Erfolgreichsten unter ihnen (interessanterweise mit Ausnahme der reichen Sport- oder Unterhaltungsprominenz) sind die »Viktimisierer« aller anderen.

Während diese Sicht der Menschheitsgeschichte angesichts der erstaunlichen zivilisatorischen Errungenschaften, die von genau dieser Minderheit von »Viktimisierern« ausgehen, bizarr erscheint, deckt sie sich fast vollständig mit der Viktimologie, die auch von Kulturmarxisten propagiert wird. Beide Gruppen unterscheiden sich nur darin, welche *Ursache* sie für diesen ähnlich identifizierten, beschriebenen und beklagten »strukturellen Zustand der Viktimisierung« sehen. Für die Kulturmarxisten ist die Ursache für diesen Zustand das Privateigentum und der ungezügelte Kapitalismus, der auf privaten Eigentumsrechten basiert. Für sie ist die Antwort auf die Frage, wie die angerichteten Schäden repariert werden können, klar und einfach. Alle notwendigen Wiedergutmachungen, Entschädigungen und Umverteilungen seien vom Staat zu leisten, den vermutlich *sie* kontrollieren.

Diese ist eine für die Linkslibertären unbrauchbare Antwort. Eigentlich sollen sie für das Privateigentum und die Privatisierung von Staatseigentum sein. Sie können den Staat nicht die Restitution machen lassen, weil sie als Libertäre den Staat demontieren und schließlich abschaffen wollen. Doch sie wollen *mehr* Restitution als nur die, die sich aus der Privatisierung des gesamten sogenannten Staatseigentums ergibt. Die Abschaffung des Staates ist für sie nicht genug, um eine gerechte Gesellschaft zu schaffen. Es sei mehr nötig, um die gerade erwähnte große Mehrheit der Opfer zu entschädigen.

Aber was? Und auf welcher Grundlage? Immer dann, wenn es individualbezogene Beweise für eine Viktimisierung gibt, d. h., wenn eine Person A nachweisen kann, dass eine andere Person B in das Eigentum von A eingedrungen ist oder dieses genommen hat oder umgekehrt, besteht kein Problem! Der Fall ist klar. Aber was schulden die »Viktimisierer« ihren »Opfern« sonst noch, und aus welchen Gründen, wenn ein solcher Beweis fehlt? Wie lässt sich feststellen, wer wem wie viel und wovon was schuldet? Und wie lässt sich dieses Restitutionsprogramm in Abwesenheit eines Staates umsetzen, ohne dabei die privaten Eigentumsrechte eines anderen mit Füßen zu treten? Dies stellt das zentrale intellektuelle Problem für jeden selbst ernannten Links*libertären* dar.

Es überrascht nicht, dass die Antwort, die sie auf diese Herausforderung geben, ausweichend und vage ausfällt. Soweit ich das beurteilen kann, handelt es sich um kaum mehr als eine Ermahnung. Ein scharfer Beobachter der intellektuellen Szene hat sie folgendermaßen zusammengefasst: »Seid nett!« Genauer gesagt: Ihr, ihr kleine Gruppe von »Viktimisierern«, müsst immer besonders »nett«, vergebend und integrativ sein gegenüber allen Mitgliedern der großen Mehrheit der »Opfer«, d. h. der langen und vertrauten Liste von allen außer weißen, heterosexuellen Männern! Und was die Durchsetzung betrifft: Alle »Viktimisierer«, die einem Mitglied der Opferklasse nicht den gebührenden Respekt entgegenbringen, d. h.

Viktimisierer, die »böse«, unversöhnlich oder ausschließend sind oder die »böse« oder respektlose Dinge über ihn sagen, müssen öffentlich gemieden, gedemütigt und durch Beschämung zum Gehorsam gebracht werden!

Auf den ersten Blick oder beim ersten Hören mag dieser Vorschlag, wie man Restitution betreiben kann – wie man es von »netten« Menschen erwarten kann, – nun gut gemeint, harmlos und einfach »nett« erscheinen. Tatsächlich ist er jedoch alles andere als ein »netter« und harmloser Ratschlag. Er ist falsch und gefährlich.

Zunächst: *Warum* sollte jemand besonders nett zu jemand anderem sein – abgesehen davon, die jeweiligen privaten Eigentumsrechte an bestimmten spezifizierten physischen Mitteln (Gütern) zu achten? Nett zu sein, ist eine bewusste Handlung und erfordert, wie alle Handlungen, Anstrengung. Es gibt Opportunitätskosten. Die gleiche Anstrengung könnte auch anderweitig zur Wirkung gebracht werden. Tatsächlich werden viele, wenn nicht sogar die meisten unserer Aktivitäten allein und in Stille durchgeführt, ohne direkte Interaktion mit anderen wie z. B., wenn wir unser Essen zubereiten, unser Auto fahren oder lesen und schreiben. Zeit, die wir der »Nettigkeit gegenüber anderen« widmen, ist verlorene Zeit für andere, möglicherweise lohnendere Dinge. Außerdem muss die Nettigkeit berechtigt sein. Warum sollte ich nett zu Menschen sein, die mich unfreundlich behandeln? Nettigkeit muss verdient sein. Unterschiedslose Nettigkeit vermindert und löscht letztlich die Unterscheidung zwischen verdienstvollem und fehlerhaftem Verhalten aus. Unwürdigen Menschen wird zu viel und verdienstvollen Menschen zu wenig Nettigkeit entgegengebracht, sodass das allgemeine Niveau der Bosheit steigt und das öffentliche Leben immer unangenehmer wird.

Darüber hinaus gibt es auch wirklich bösartige Menschen, die wirklichen Privateigentümern wirklich böse Dinge antun, vor allem, wie jeder Libertäre zugeben müsste, die herrschenden Eliten, die den Staatsapparat leiten. Man ist sicherlich nicht verpflichtet, *ihnen* gegenüber nett zu sein! Jedoch, wenn man die große Mehrheit der »Opfer« mit zusätzlicher Liebe, Fürsorge und Aufmerksamkeit belohnt, erreicht man genau dies: Weniger Zeit und Mühe werden darauf verwendet, böses Verhalten gegenüber denjenigen an den Tag zu legen, die es eigentlich am meisten verdienen. Universelle »Nettigkeit« schwächt also die Macht des Staates nicht, sondern stärkt sie.

Und warum ist es gerade die kleine Minderheit weißer, heterosexueller Männer und vor allem ihre erfolgreichsten Mitglieder, die der großen

Mehrheit aller anderen Menschen eine gewisse Extragüte schuldet? Warum nicht andersherum? Schließlich stammen die meisten, wenn nicht sogar alle technischen Erfindungen, Maschinen, Werkzeuge und Geräte, die heute allüberall in Gebrauch sind und von denen unser heutiger Lebensstandard und Komfort weitgehend und entscheidend abhängt, von *ihnen*. Alle anderen Menschen haben im Großen und Ganzen nur das nachgeahmt, was *sie zuerst* erfunden und konstruiert hatten. Alle anderen haben das in den Produkten der Erfinder verkörperte Wissen kostenlos geerbt. Und ist nicht der typische weiße, hierarchisch gegliederte Familienhaushalt mit Vater, Mutter, ihren gemeinsamen Kindern und zukünftigen Erben und ihrem »bürgerlichen« Verhalten und Lebensstil – also alles, was die Linke verunglimpft und verleumdet – das wirtschaftlich erfolgreichste Modell sozialer Organisation, das die Welt je gesehen hat, mit der größten Anhäufung von Kapitalgütern (Reichtum) und dem höchsten durchschnittlichen Lebensstandard? Und liegt es nicht allein an den großen wirtschaftlichen Leistungen dieser Minderheit von »Viktimisierern«, dass eine stetig wachsende Zahl von »Opfern« integriert werden und an den Vorteilen eines weltweiten Netzwerks der Arbeitsteilung teilhaben konnte? Und ist es nicht allein dem Erfolg des traditionellen weißen, bürgerlichen Familienmodells zu verdanken, dass sich überhaupt sogenannte alternative Lebensstile herausbilden und über die Zeit erhalten konnten? Verdanken also die meisten der heutigen »Opfer« nicht buchstäblich ihr Leben und ihren heutigen Lebensunterhalt den Errungenschaften ihrer angeblichen »Viktimisierer«?

Warum zollen die »Opfer« ihren »Viktimisierern« keinen besonderen Respekt? Warum werden wirtschaftliche Errungenschaften und Erfolge statt Misserfolge besonders geehrt, und warum werden traditionelle, »normale« Lebensweisen und Verhaltensweisen nicht besonders gelobt statt irgendeine abnormale Alternative, die als notwendige Voraussetzung für ihr eigenes Fortbestehen eine vorherrschende Umgebungsgesellschaft von »normalen« Menschen mit »normalen« Lebensstilen erfordert?

Auf die offensichtliche Antwort auf diese rhetorischen Fragen werde ich gleich zu sprechen kommen. Zuvor muss jedoch noch ein zweiter – strategischer – Fehler in dem linkslibertären Vorschlag der besonderen Nettigkeit gegenüber »historischen Opfern« kurz angesprochen werden.

Interessanterweise unterscheiden sich die sowohl von den Linkslibertären als auch von den Kulturmarxisten identifizierten »Opfer«-Gruppen kaum oder gar nicht von den Gruppen, die als »unterprivilegiert« und auch als vom Staat entschädigungsbedürftig identifiziert wurden. Während dies für Kulturmarxisten kein Problem darstellt und als ein Indikator für das Ausmaß der Kontrolle, die sie bereits über den Staatsapparat gewonnen haben, interpretiert werden kann, sollte dieses Zusammentreffen für Links*libertäre* Anlass zu intellektueller Besorgnis geben. Warum sollte der *Staat* dasselbe oder ein ähnliches Ziel der »Nichtdiskriminierung« von »Opfern« durch »Viktimisierer« verfolgen, das auch sie erreichen wollen, wenn auch nur mit anderen Mitteln? Linkslibertäre sind sich dieser Frage normalerweise nicht bewusst. Und doch sollte jedem, der nur etwas gesunden Menschenverstand hat, die Antwort offensichtlich sein.

Um die totale Kontrolle über jede einzelne Person zu erreichen, muss der Staat eine Teile-und-herrsche-Politik verfolgen. Er muss alle anderen, rivalisierenden Zentren gesellschaftlicher Autorität schwächen, untergraben und schließlich zerstören. Vor allem aber muss er den traditionellen, patriarchalischen Familienhaushalt und vor allem den unabhängigen, wohlhabenden Familienhaushalt als autonome Entscheidungszentren schwächen, indem er Konflikte zwischen Ehefrauen und Ehemännern, Kindern und Eltern, Frauen und Männern, Reichen und Armen sät und gesetzlich regelt. Ebenso müssen alle hierarchischen Ordnungen und Ränge der gesellschaftlichen Autorität, alle ausschließenden Vereinigungen und alle persönlichen Loyalitäten und Bindungen – sei es zu einer bestimmten Familie, Gemeinschaft, Ethnie, einem Stamm, einer Nation, Sprache, Religion, Sitte oder Tradition – mit Ausnahme der Bindung an einen bestimmten Staat als Staatsbürger-Subjekt und Passinhaber geschwächt und letztlich zerstört werden.

Und was gibt es hierfür Zweckdienlicheres als den Erlass von Antidiskriminierungsgesetzen!

Durch die Ächtung jeglicher Diskriminierung aufgrund des Geschlechts, der sexuellen Orientierung, des Alters, der Rasse, der Religion, der nationalen Herkunft usw. usf. wird eine große Zahl von Menschen zu staatlich anerkannten »Opfern« erklärt. Antidiskriminierungsgesetze sind also ein offizieller Aufruf an alle »Opfer«, Schuld zu finden und sich beim Staat über ihre eigenen »Lieblings«-»Unterdrücker«, insbesondere die wohlhabenderen unter ihnen, und ihre »unterdrückerischen« Machenschaften zu beschweren, d. h. ihren »Sexismus«, ihre »Homophobie«, ihren »Chauvinismus«, ihren »Nativismus«, ihren »Rassismus«, ihre »Fremdenfeindlichkeit« oder was auch immer, und dass der Staat auf solche Klagen antwortet, indem er die »Unterdrücker« zurechtstutzt, d. h., indem er sie nach und nach ihres Eigentums und ihrer Autorität beraubt und dementsprechend seine eigene monopolistische Macht gegenüber einer zunehmend geschwächten, fragmentierten, fraktionierten und enthomogenisierten Gesellschaft ausweitet und stärkt.

Ironischerweise und im Gegensatz zu ihrem selbst erklärten Ziel, den Staat schrumpfen oder gar eliminieren zu wollen, werden die Linkslibertären mit ihrer eigentümlichen, egalitären Viktimologie zu Komplizen des Staates und tragen wirksam zur Ausweitung seiner Macht bei. In der Tat ist die linkslibertäre Vision einer diskriminierungsfreien multikulturellen Gesellschaft, um es mit Peter Brimelows Worten zu sagen, Viagra für den Staat.

Damit komme ich zu meinem abschließenden Thema.

Die Rolle des Linkslibertarismus als Viagra für den Staat wird noch deutlicher, wenn man seine Position in der zunehmend virulenten Frage der Migration betrachtet. Linkslibertäre sind typischerweise glühende Verfechter insbesondere einer Politik der »freien und nichtdiskriminierenden« Einwanderung. Wenn sie die Einwanderungspolitik des Staates kritisieren, dann nicht deshalb, weil die Einreisebeschränkungen des Staates die falschen Beschränkungen sind, d. h. nicht dem Schutz der Eigentumsrechte der einheimischen Bürger dienen, sondern weil der Staat der Einwanderung überhaupt irgendwelche Beschränkungen auferlegt.

Aber aus welchen Gründen sollte es ein Recht auf uneingeschränkte, »freie« Einwanderung geben? Niemand hat das Recht, sich an einen Ort zu begeben, der bereits von jemand anderem besetzt ist, es sei denn, er wurde von dem gegenwärtigen Bewohner eingeladen. Und wenn alle Orte bereits besetzt sind, ist jede Migration nur eine Migration auf Einladung. Nur im Fall eines unberührten, jungfräulichen Landes besteht ein Recht auf »freie« Einwanderung.

Es gibt nur zwei Möglichkeiten, um diese Schlussfolgerung zu umgehen und den Begriff der »freien« Einwanderung noch zu retten. Die erste besteht darin, alle derzeitigen Ortbesetzer und Berufe unter moralischen Verdacht zu stellen. Zu diesem Zweck wird viel aus der Tatsache gemacht, dass alle derzeitigen Ortbesetzungen durch frühere staatliche Maßnahmen, Krieg und Eroberung beeinflusst waren. Und in der Tat wurden Staatsgrenzen gezogen und neu gezogen, Menschen vertrieben, deportiert, getötet und umgesiedelt, und staatlich finanzierte Infrastrukturprojekte (Straßen, öffentliche Verkehrsmittel usw. usf.) haben den Wert und den relativen Preis fast aller Orte beeinflusst und die Reiseentfernung und -kosten zwischen ihnen verändert. Wie bereits in einem etwas anderen Zusammenhang erläutert, folgt aus dieser unbestreitbaren Tatsache jedoch nicht, dass jeder gegenwärtige Bewohner eines Ortes einen Anspruch darauf hat, an einen anderen Ort zu ziehen (außer natürlich, wenn er diesen Ort besitzt oder die Erlaubnis des gegenwärtigen Eigentümers hat). Die Welt gehört nicht jedem.

Der zweite mögliche Ausweg ist die Behauptung, dass alles sogenannte öffentliche Eigentum – das Eigentum, das von der lokalen, regionalen oder zentralen Regierung kontrolliert wird – einem unbewohnten Land mit freiem und uneingeschränktem Zugang gleichkommt. Doch das ist sicherlich falsch. Aus der Tatsache, dass Staatseigentum unrechtmäßig ist, weil es auf früheren Enteignungen beruht, folgt nicht, dass es sich um Fremdeigentum handelt und für alle frei zugänglich ist. Es wurde durch lokale, regionale, nationale oder föderale Steuerzahlungen finanziert, und es sind also die Zahler dieser Steuern und niemand sonst, die die rechtmäßigen Eigentümer des gesamten öffentlichen Eigentums sind. Sie können ihr Recht nicht wahrnehmen – dieses Recht wurde vom Staat angemaßt –, aber sie sind die rechtmäßigen Eigentümer.

In einer Welt, in der alle Orte in Privatbesitz sind, verschwindet das Einwanderungsproblem. Es gibt kein Recht auf Einwanderung. Es gibt nur das Recht, mit verschiedenen Orten Handel zu treiben, sie zu kaufen oder zu mieten. Doch wie sieht es mit der Einwanderung in der realen Welt aus, in der öffentliches Eigentum von lokalen, regionalen oder zentralen Staatsregierungen verwaltet wird?

Zunächst einmal: Wie würde die Einwanderungspolitik aussehen, wenn der Staat, wie er es eigentlich tun sollte, als *Treuhänder* des öffentlichen Eigentums der Steuerzahler-Eigentümer fungieren würde? Wie sähe Einwanderung aus, wenn der Staat wie der Verwalter des Gemeinschaftseigentums handeln würde, das den Mitgliedern einer Hauseigentümergemeinschaft oder einer bewachten Gemeinschaft gemeinsam gehört und von ihnen finanziert wird?

Zumindest im Prinzip ist die Antwort klar. Ein Treuhänder würde sich in Bezug auf Einwanderung vom »Vollkostenprinzip« leiten lassen. Das heißt, der Einwanderer oder sein einladender Einwohner sollte die vollen Kosten für die Nutzung aller öffentlichen Güter oder Einrichtungen durch den

Einwanderer während seiner Anwesenheit tragen. Die Kosten des Gemeinschaftseigentums, das von den ansässigen Steuerzahlern finanziert wird, sollten durch die Anwesenheit von Einwanderern nicht steigen oder seine Qualität sinken. Im Gegenteil, wenn möglich sollte die Anwesenheit eines Einwanderers den ansässigen Eigentümern einen Gewinn einbringen, entweder in Form von niedrigeren Steuern oder Gemeinschaftsgebühren oder einer höheren Qualität des Gemeinschaftseigentums (und damit insgesamt höheren Immobilienwerten).

Was die Anwendung des Vollkostenprinzips im Einzelnen beinhaltet, hängt von den historischen Gegebenheiten, d. h. insbesondere vom Einwanderungsdruck, ab. Ist der Druck gering, kann der erste Zugang auf öffentlichen Straßen für »Ausländer« völlig unbeschränkt sein, und alle Kosten, die insofern mit Einwanderern verbunden sind, werden in Erwartung inländischer Gewinne vollständig von den Inländern absorbiert. Alle weitergehenden Diskriminierungen würden den einzelnen ansässigen Eigentümern überlassen. (Dies ist übrigens so ziemlich der Stand der Dinge, wie er bis zum Ersten Weltkrieg in der westlichen Welt vorherrschte.) Aber selbst dann würde die gleiche Großzügigkeit höchstwahrscheinlich nicht auf die Nutzung öffentlicher Krankenhäuser, Schulen, Universitäten, Wohnungen, Schwimmbäder, Parks usw. durch Einwanderer ausgedehnt werden. Der Zugang zu solchen Einrichtungen wäre für Einwanderer nicht »frei«. Im Gegenteil, den Einwanderern würde für ihre Nutzung ein höherer Preis berechnet als den im Inland ansässigen Eigentümern, die diese Einrichtungen finanziert haben, um die inländische Steuerlast zu senken. Und wenn ein vorübergehender Besucher-Immigrant einen dauerhaften Wohnsitz erlangen möchte, könnte von ihm erwartet werden, dass er einen Eintrittspreis zahlt, der an die derzeitigen Eigentümer als Entschädigung für die zusätzliche Nutzung ihres Gemeinschaftseigentums überwiesen wird.

Andererseits, wenn der Einwanderungsdruck hoch ist – wie derzeit in der gesamten westlichen, von weißen, heterosexuellen Männern dominierten Welt – müssen möglicherweise restriktivere Maßnahmen zum gleichen Zweck eingesetzt werden, um das private und gemeinschaftliche Eigentum der inländischen Eigentümer zu schützen. Es kann Identitätskontrollen nicht nur an den Einreisehäfen, sondern auch auf lokaler Ebene geben, um bekannte Kriminelle und anderweitig unerwünschtes Gesindel fernzuhalten. Und abgesehen von den spezifischen Beschränkungen, die einzelne gebietsansässige Eigentümer den Besuchern hinsichtlich der Nutzung ihrer verschiedenen Privatgrundstücke auferlegen, kann es auch allgemeinere lokale Einreisebeschränkungen geben. Einige besonders attraktive Gemeinden können für jeden Besucher eine Eintrittsgebühr verlangen (mit Ausnahme der von den Einwohnern eingeladenen Gäste), die an die Eigentümer der Wohngebiete überwiesen wird, oder einen bestimmten Verhaltenskodex in Bezug auf das gesamte Gemeindeeigentum verlangen. Und die Anforderungen an den dauerhaften Wohnsitz in Gemeindeeigentum können für einige Gemeinden sehr restriktiv sein und eine intensive Prüfung und einen hohen Eintrittspreis erfordern, wie es heute noch in einigen Schweizer Gemeinden der Fall ist.

Jedoch, selbstverständlich: Das ist *nicht* das, was der *Staat* tut. Die Einwanderungspolitik der Staaten, die mit dem höchsten Einwanderungsdruck konfrontiert sind, der USA und Westeuropas, hat wenig Ähnlichkeit mit dem Handeln eines Treuhänders. Sie folgt nicht dem Vollkostenprinzip. Sie sagen dem Einwanderer im Wesentlichen nicht, er solle »zahlen oder gehen«. Im Gegenteil, sie sagen ihm: »Wenn du einmal drin bist, kannst du bleiben und nicht nur alle Straßen, sondern auch alle Arten von öffentlichen Einrichtungen und Dienstleistungen kostenlos oder zu ermäßigten Preisen nutzen, selbst wenn du *nicht* zahlst«. Das heißt, sie subventionieren Einwanderer – oder besser gesagt: Sie zwingen die einheimischen Steuerzahler, sie zu subventionieren. Insbesondere subventionieren sie auch inländische Arbeitgeber, die billigere ausländische Arbeitskräfte importieren. Denn solche Arbeitgeber können einen Teil der Gesamtkosten, die mit ihrer Beschäftigung verbunden sind – die kostenlose Nutzung aller inländischen öffentlichen Güter und Einrichtungen durch seine ausländischen Angestellten – an andere inländische Steuerzahler auslagern. Und sie subventionieren die Einwanderung (Binnenmigration) auf Kosten der ansässigen Steuerzahler noch weiter, indem sie – mittels Nichtdiskriminierungsgesetzen – nicht nur alle internen, lokalen Einreisebeschränkungen verbieten, sondern auch und in zunehmendem Maße alle Beschränkungen hinsichtlich der Einreise und Nutzung allen inländischen *Privat*eigentums.

Und was die erstmalige Einreise von Einwanderern betrifft, sei es als Besucher oder als dauerhafter Einwohner, so diskriminieren Staaten nicht aufgrund *individueller* Merkmale (wie es ein Treuhänder und wie es, in Bezug auf sein eigenes Eigentum, jeder Privateigentümer tun würde), sondern aufgrund von *Gruppen* oder *Klassen* von Menschen, d. h. aufgrund von Nationalität, Ethnizität usw. Sie wenden keinen einheitlichen Zulassungsstandard an: Überprüfung der Identität des Einwanderers,

Durchführung einer Art Kreditprüfung bei ihm und eventuell Erhebung einer Eintrittsgebühr. Stattdessen lassen sie einige Klassen von Ausländern kostenlos und ohne Visumspflicht einreisen, als wären sie rückkehrende Einwohner. So steht es z. B. allen Rumänen oder Bulgaren unabhängig von ihren individuellen Merkmalen frei, nach Deutschland oder in die Niederlande einzuwandern und sich dort aufzuhalten, um alle öffentlichen Güter und Einrichtungen zu nutzen, auch wenn sie nicht zahlen und auf Kosten der deutschen oder niederländischen Steuerzahler leben. Ähnliches gilt für Puerto-Ricaner gegenüber den USA und US-Steuerzahlern und auch für Mexikaner, die effektiv als ungebetene und nicht identifizierte Eindringlinge illegal in die USA einreisen dürfen. Auf der anderen Seite unterliegen andere Gruppen von Ausländern akribischen Visabeschränkungen. So müssen sich beispielsweise alle Türken, wiederum unabhängig von ihren individuellen Merkmalen, einem einschüchternden Visaverfahren unterziehen und können gänzlich daran gehindert werden, nach Deutschland oder in die Niederlande zu reisen, selbst wenn sie eingeladen wurden und über ausreichende Mittel verfügen, um alle mit ihrer Anwesenheit verbundenen Kosten zu tragen.

Einheimische Eigentümer-Steuerzahler werden somit zweimal geschädigt: einmal durch die unterschiedslose Einbeziehung bestimmter Gruppen von Einwanderern, auch wenn sie *nicht* zahlen können, und zum anderen durch den unterschiedslosen Ausschluss anderer Gruppen von Einwanderern, auch wenn sie zahlen *können*.

Linkslibertäre kritisieren diese Einwanderungspolitik nicht, weil sie der eines Treuhänders von öffentlichem Eigentum, das letztlich im Besitz privater inländischer Steuerzahler-Eigentümer ist, widerspricht, d. h., nicht das Vollkostenprinzip anwendet und damit *zu Unrecht* diskriminiert, sondern weil sie überhaupt diskriminiert. Freie, nicht diskriminierende Zuwanderung bedeutet für sie, dass die visumfreie Einreise und der dauerhafte Aufenthalt für alle, d. h. für jeden potenziellen Zuwanderer zu gleichen Bedingungen möglich gemacht wird, unabhängig von individuellen Merkmalen oder der Fähigkeit, für die vollen Kosten des Aufenthalts aufzukommen. Jeder ist eingeladen, sich z. B. in Deutschland, den Niederlanden, der Schweiz oder den USA aufzuhalten und alle inländischen öffentlichen Einrichtungen und Dienstleistungen kostenlos zu nutzen.

Zugegeben, die Linkslibertären erkennen einige der Konsequenzen, die diese Politik in der heutigen Welt hätte. Ohne andere, interne oder lokale

Einreisebeschränkungen bezüglich der Nutzung von inländischen öffentlichen Gütern und Dienstleistungen und zunehmend auch ohne alle Einreisebeschränkungen bezüglich der Nutzung von inländischem Privateigentum (aufgrund unzähliger Antidiskriminierungsgesetze) wäre das vorhersehbare Ergebnis ein massiver Zustrom von Einwanderern aus der Dritten und Zweiten Welt in die USA und nach Westeuropa und der rasche Zusammenbruch des gegenwärtigen inländischen Systems »staatlicher Wohlfahrt«. Die Steuern müssten drastisch erhöht werden (wodurch die produktive Wirtschaft weiter schrumpfen würde), und das öffentliche Eigentum und die öffentlichen Dienstleistungen würden sich dramatisch verschlechtern. Eine Finanzkrise von beispiellosem Ausmaß wäre die Folge.

Doch warum sollte dies ein erstrebenswertes Ziel für jemanden sein, der sich selbst als libertär bezeichnet? Es ist richtig, dass das steuerfinanzierte öffentliche Wohlfahrtssystem mit Stumpf und Stiel ausradiert werden sollte. Aber die unvermeidliche Krise, die eine »freie« Einwanderungspolitik mit sich bringen würde, führt nicht zu *diesem* Ergebnis. Ganz im Gegenteil: Wie jeder weiß, der mit der Geschichte nur vage vertraut ist, werden Krisen in der Regel von Staaten genutzt und oft absichtlich herbeigeführt, um die eigene Macht weiter zu vergrößern. Und sicherlich wäre die durch eine »freie« Einwanderungspolitik erzeugte Krise eine außergewöhnliche.

Was Linkslibertäre in ihrer nonchalanten oder sogar wohlwollenden Einschätzung der vorhersehbaren Krise typischerweise ignorieren, ist die Tatsache, dass die Immigranten, die den Zusammenbruch verursacht haben, noch immer physisch anwesend sind, wenn er eintritt. Für Linkslibertäre stellt diese Tatsache aufgrund ihrer egalitären Vorurteile kein Problem dar. Für sie sind alle Menschen mehr oder weniger gleich, und daher hat ein Anstieg der Zahl der Einwanderer nicht mehr Auswirkungen als eine Zunahme der einheimischen Bevölkerung durch eine höhere Geburtenrate. Für jeden Sozialrealisten, ja für jeden Menschen mit gesundem Menschenverstand ist diese Prämisse jedoch offenkundig falsch und potenziell gefährlich. Eine Million mehr in Deutschland lebende Nigerianer oder Araber oder eine Million mehr in den USA lebende Mexikaner oder Hutus oder Tutsis ist etwas ganz anderes als eine Million mehr einheimische Deutsche oder Amerikaner. Da Millionen von Einwanderern aus der Dritten und Zweiten Welt anwesend sind, wenn die Krise zuschlägt und die Überweisungen ausbleiben, ist es höchst unwahrscheinlich, dass es zu einem friedlichen Ergebnis kommt und eine natürliche, auf Privateigentum basierende Gesellschaftsordnung entsteht.

Vielmehr ist es viel wahrscheinlicher und sogar fast sicher, dass stattdessen Bürgerkrieg, Plünderungen, Vandalismus und Stammes- oder ethnische Bandenkriege ausbrechen werden – und der Ruf nach einem diktatorischen Staat immer unmissverständlicher werden wird.

Warum, so könnte man fragen, übernimmt der Staat dann nicht die linkslibertäre »freie« Einwanderungspolitik und ergreift die Gelegenheit, die die vorhersehbare Krise bietet, um seine eigene Macht weiter zu stärken? Durch seine interne Nichtdiskriminierungspolitik und auch durch seine aktuelle Einwanderungspolitik hat der Staat bereits viel getan, um die einheimische Bevölkerung zu fragmentieren und so seine eigene Macht zu stärken. Eine Politik der »freien Einwanderung« würde eine weitere, enorme Dosis an nichtdiskriminierendem »Multikulturalismus« hinzufügen. Sie würde die Tendenz zur gesellschaftlichen Enthomogenisierung, Spaltung und Fragmentierung weiter verstärken und die traditionelle, von weißen, heterosexuellen Männern dominierte »bürgerliche« Gesellschaftsordnung und Kultur, die mit dem »Westen« assoziiert wird, weiter schwächen.

Die Antwort auf die Frage »Warum nicht?« erscheint jedoch einfach. Im Gegensatz zu den Linkslibertären sind die herrschenden Eliten immer noch realistisch genug, um zu erkennen, dass die vorhersehbare Krise neben großen Chancen für das Wachstum des Staates auch ein unkalkulierbares Risiko mit sich bringen würde und zu sozialen Umwälzungen von solchem Ausmaß führen könnte, dass sie selbst von der Macht vertrieben und durch andere, »fremde« Eliten ersetzt werden könnten. Dementsprechend rücken die herrschenden Eliten auf ihrem Weg zu einem »diskriminierungsfreien Multikulturalismus« nur allmählich, Schritt für Schritt vor. Und doch freuen sie sich über die linkslibertäre »freie Einwanderungs«-Propaganda, weil sie dem Staat hilft, nicht nur auf seinem gegenwärtigen Teile-und-herrsche-Kurs zu bleiben, sondern ihn in beschleunigtem Tempo fortzusetzen.

Im Gegensatz zu ihren eigenen antistaatlichen Äußerungen und Behauptungen erweist sich also die eigentümliche linkslibertäre Viktimologie und ihre Forderung nach unterschiedsloser Nettigkeit und Inklusivität gegenüber der langen, vertrauten Liste historischer »Opfer«, zu denen insbesondere auch alle Ausländer als potenzielle Einwanderer gehören, tatsächlich als ein Rezept für das weitere Wachstum der Staatsmacht. Die Kulturmarxisten wissen das, und das ist der Grund, warum sie sich genau dieselbe Viktimologie zu eigen gemacht haben. Die Linkslibertären wissen das offenbar *nicht* und sind somit die nützlichen Idioten der Kulturmarxisten auf ihrem Marsch in die totalitäre Gesellschaftskontrolle.

Lassen Sie mich zum Schluss kommen und auf den Libertarismus und das Thema links und rechts zurückkehren – und damit schließlich auch auf die Antwort auf meine früheren rhetorischen Fragen bezüglich der eigentümlichen linken Viktimologie und ihrer Bedeutung.

Man kann kein konsequenter Links*libertärer* sein, weil die linkslibertäre Doktrin, wenn auch unbeabsichtigt, etatistische, d. h. unlibertäre Ziele fördert. Daraus haben viele Libertäre die Schlussfolgerung gezogen, dass der Libertarismus weder links noch rechts ist. Dass der Libertarismus nur ein »dünner« ist. Ich akzeptiere diese Schlussfolgerung nicht. Murray Rothbard anscheinend auch nicht, als er das eingangs vorgetragene Zitat mit den Worten beendete: »Aber psychologisch, soziologisch und in der Praxis funktioniert es einfach nicht.« In der Tat halte ich mich für einen Rechtslibertären – oder, wenn das ansprechender klingen mag, für einen realistischen oder vernünftigen Libertären – und zwar für einen konsistenten.

Es stimmt schon, dass die libertäre Doktrin eine rein aprioristische und deduktive Theorie ist und als solche nichts über die rivalisierenden Behauptungen der Rechten und der Linken in Bezug auf die Existenz, das Ausmaß und die Ursachen menschlicher Ungleichheiten aussagt oder beinhaltet. Das ist eine *empirische* Frage. Aber in dieser Frage ist die Linke nun einmal weitgehend unrealistisch, abwegig und bar jeden gesunden Menschenverstands, während die Rechte realistisch ist und im Wesentlichen recht hat und vernünftig ist. Es kann folglich nichts Falsches daran sein, eine korrekte aprioristische Theorie darüber, wie friedliche menschliche Kooperation möglich ist, auf eine realistische, d. h. grundsätzlich rechte Beschreibung der Welt anzuwenden. Denn nur auf der Grundlage korrekter empirischer Annahmen über den Menschen ist es möglich, zu einer korrekten Einschätzung hinsichtlich der praktischen Umsetzung und der Nachhaltigkeit einer libertären Gesellschaftsordnung zu gelangen.

Realistischerweise erkennt ein Rechtslibertärer also nicht nur an, dass die körperlichen und geistigen Fähigkeiten zwischen den verschiedenen Individuen *innerhalb* jeder Gesellschaft ungleich verteilt sind und dass dementsprechend jede Gesellschaft durch unzählige Ungleichheiten, durch soziale Schichtung und eine Vielzahl von Rangordnungen von Leistung und Autorität gekennzeichnet sein wird. Er erkennt auch an, dass diese Fähigkeiten unter den vielen *verschiedenen* Gesellschaften, die auf dem Globus koexistieren, ungleich verteilt sind und dass folglich auch die Welt als Ganzes durch regionale und lokale Ungleichheiten, Disparitäten, Schichtung und eine Vielzahl von Rangordnungen gekennzeichnet sein wird. Wie im Fall der Individuen, so sind auch nicht alle Gesellschaften gleich und ebenbürtig. Er stellt ferner fest, dass zu diesen ungleich verteilten Fähigkeiten, sowohl innerhalb einer Gesellschaft als auch zwischen verschiedenen Gesellschaften, auch die geistige Fähigkeit gehört, die Erfordernisse und den Nutzen friedlicher Zusammenarbeit zu erkennen. Und er stellt fest, dass das Verhalten der verschiedenen regionalen oder lokalen Staaten und ihrer jeweiligen Machteliten, die aus verschiedenen Gesellschaften hervorgegangen sind, als ein guter Indikator für die verschiedenen Grade der *Abweichung* von der Anerkennung libertärer Prinzipien in solchen Gesellschaften dienen kann.

Genauer gesagt, bemerkt er realistischerweise, dass der Libertarismus als intellektuelles System zuerst in der westlichen Welt, von weißen Männern, in von weißen Männern dominierten Gesellschaften entwickelt und am weitesten ausgearbeitet wurde. Dass in von weißen, heterosexuellen Männern dominierten Gesellschaften libertäre Prinzipien im stringentesten befolgt werden und die Abweichungen von ihnen am geringsten sind (was sich in einer vergleichsweise weniger bösartigen und erpresserischen Staatspolitik zeigt). Dass es weiße, heterosexuelle Männer sind, die den größten Einfallsreichtum, den größten Fleiß und die größten wirtschaftlichen Fähigkeiten unter Beweis gestellt haben. Und dass es Gesellschaften sind, die von weißen heterosexuellen Männern dominiert werden, und insbesondere von den erfolgreichsten unter ihnen, die die größte Menge an Investitionsgütern produziert und angehäuft und den höchsten durchschnittlichen Lebensstandard erreicht haben.

Vor diesem Hintergrund würde ich als Rechtslibertärer natürlich meinen Kindern und Studenten zuerst sagen: Respektiert immer das Privateigentumsrecht anderer und verletzt es nicht, und erkennt den Staat als Feind und darüber hinaus als die eigentliche Antithese des Privateigentums. Aber ich würde es nicht dabei belassen. Ich würde nicht sagen (oder stillschweigend andeuten), dass, wenn Ihr diese Forderung erfüllt habt, »alles möglich ist«. Was ziemlich genau das ist, was »dünne« Libertäre zu sagen scheinen! Ich würde kein Kulturrelativist sein, wie es die meisten »dünnen« Libertären zumindest implizit sind. Stattdessen würde ich (mindestens) hinzufügen: Seid und tut, was immer Euch glücklich macht, aber bedenkt immer, dass, solange Ihr ein integraler Bestandteil der weltweiten Arbeitsteilung seid, Eure Existenz und Euer Wohlergehen entscheidend vom Fortbestand anderer abhängt, und insbesondere vom Fortbestand weißer, heterosexuell männlich dominierter Gesellschaften, ihrer patriarchalischen Familienstrukturen und ihres bürgerlichen oder aristokratischen Lebensstils und Verhaltens. Daher solltet Ihr, auch wenn Ihr daran nicht teilhaben wollt, anerkennen, dass Ihr dennoch Nutznießer dieses »westlichen« Standardmodells der gesellschaftlichen Organisation seid, und tut daher um Euer selbst willen nichts, was es untergräbt, sondern unterstützt es stattdessen als etwas, das respektiert und geschützt werden muss.

Und der langen Liste der »Opfer« würde ich sagen: Machen Sie Ihr eigenes Ding, leben Sie Ihr eigenes Leben, solange Sie es friedlich und ohne Eingriff in die privaten Eigentumsrechte anderer Menschen tun. Falls und soweit Sie in die internationale Arbeitsteilung eingebunden sind, schulden Sie niemandem Restitution und niemand schuldet Ihnen Restitution. Ihr Zusammenleben mit Ihren vermeintlichen »Viktimisierern« ist für beide Seiten vorteilhaft. Aber bedenken Sie, dass die »Viktimisierer« zwar ohne Sie leben und auskommen könnten, wenn auch mit einem niedrigeren Lebensstandard, aber das Gegenteil nicht der Fall ist. Das Verschwinden der »Viktimisierer« würde Ihre eigene Existenz gefährden. Auch wenn Sie sich also nicht nach dem Vorbild der Kultur weißer Männer richten wollen, sollten Sie sich bewusst sein, dass nur aufgrund des Fortbestehens dieses Modells alle alternativen Kulturen auf ihrem gegenwärtigen Lebensstandard aufrechterhalten werden können und dass mit dem Verschwinden dieses »westlichen« Modells als einer global wirksamen Leitkultur die Existenz vieler, wenn nicht aller Ihrer Mit-»Opfer« gefährdet wäre.

Das bedeutet nicht, dass Sie gegenüber der »westlichen«, von weißen Männern dominierten Welt unkritisch sein sollten. Schließlich gibt es auch in den diesem Modell am nächsten stehenden Gesellschaften verschiedene Staaten, die für verwerfliche Aggressionen nicht nur gegen ihre eigenen einheimischen Eigentümer, sondern auch gegen Ausländer verantwortlich sind. Aber weder dort, wo Sie leben, noch irgendwo anders sollte der Staat mit »dem Volk« verwechselt werden. Nicht der »westliche« Staat, sondern die traditionelle (normale, übliche usw.) Lebensweise und das Verhalten westlicher Gesellschaften bzw. »Völker«, die Ihren Respekt verdienen und dessen Nutznießer Sie sind, die bereits unter immer heftigeren Angriffen der »eigenen« Staatsherrscher in ihrem Streben nach totalitärer Gesellschaftskontrolle leiden, verdient Ihren Respekt.

Erschienen 2014
Übersetzung von Robert Grözinger

Geschichtsrevision dank Mittelalter. Auf der Suche nach einem historischen Narrativ

Wie sich die Gesellschaft gemessen an christlichen und libertären Idealen veränderte

Es ist kein Geheimnis, dass ich kein Hayekianer bin. Dennoch ist Friedrich August von Hayek meiner Meinung nach ein großer Ökonom – nicht in der gleichen Liga wie Ludwig von Mises, aber das sind ohnehin nur wenige, wenn überhaupt welche. Hayeks Ruhm in der Öffentlichkeit hat jedoch weniger mit seinen ökonomischen Schriften zu tun. Er ergibt sich hauptsächlich aus seinen Schriften zur politischen Theorie, und gerade in diesem Bereich erscheint mir Hayek zumeist mangelhaft. Nicht einmal sein Definitionssystem ist hier in sich konsistent. Seine Ausflüge in die Erkenntnistheorie sind recht genial, aber auch hier bleibt er hinter den Leistungen seines Lehrers Mises zurück. Dennoch betrachte ich Hayek aufgrund seines breit gefächerten interdisziplinären Schaffens, das eine Fülle von Einblicken in viele Themen enthält, als einen der herausragenden sozialwissenschaftlichen Intellektuellen des 20. Jahrhunderts.

Als Ausdruck dieser Wertschätzung wurde Hayek auch in der programmatischen Erklärung der Property and Freedom Society (PFS) zitiert: »Wir müssen den Aufbau einer freien Gesellschaft wieder zu einem intellektuellen Abenteuer, einer Tat des Mutes machen. Was uns fehlt, ist eine liberale Utopie, ein Programm, das weder eine bloße Verteidigung der Dinge, wie sie sind, noch eine verwässerte Art von Sozialismus zu sein scheint, sondern ein wirklich liberaler Radikalismus, der die Empfindlichkeiten der Mächtigen nicht verschont, der nicht zu strikt praktisch ist und sich nicht auf das beschränkt, was heute politisch möglich erscheint. Wir brauchen intellektuelle Führer, die bereit sind, den Schmeicheleien von Macht und Einfluss zu widerstehen, und die bereit sind, für ein Ideal zu arbeiten, so klein die Aussichten auf eine baldige Realisierung auch sein mögen. Sie müssen Menschen sein, die bereit sind, sich an die Prinzipien zu halten und für ihre volle Verwirklichung zu kämpfen, auch wenn sie noch so weit entfernt ist. Solange wir die philosophischen Grundlagen einer freien Gesellschaft nicht wieder zu einer lebendigen intellektuellen Frage machen können und ihre

Umsetzung nicht eine Aufgabe ist, die den Einfallsreichtum und die Vorstellungskraft unserer aufgewecktesten Köpfe herausfordert, sind die Aussichten auf Freiheit in der Tat dunkel. Aber wenn wir den Glauben an die Macht der Ideen wiedererlangen können, der Kennzeichen des Liberalismus in seiner Blütezeit war, ist der Kampf nicht verloren.«

Hayek folgte natürlich nicht seinem eigenen Rat, sondern endete in seiner politischen Philosophie in einem Mischmasch voller innerer inkonsistenter Kompromisse. Das bedeutet jedoch nicht, dass sein Plädoyer für einen kompromisslosen intellektuellen Radikalismus, der der Zweck der PFS war und zu ihrem Markenzeichen wurde, nicht lohnend oder richtig ist.

Aber das soll hier nicht mein Thema sein. Vielmehr möchte ich über eine weitere wichtige, wenn Sie wollen, ergänzende Erkenntnis Hayeks sprechen, die sich in der Einleitung findet, die er für die Sammlung von Essays im Buch *Capitalism and the Historians* geschrieben hat. Hayek weist hier darauf hin, dass ein kompromissloser intellektueller Radikalismus als Energie- und Inspirationsquelle für die Führer einer liberal-libertären Bewegung zwar notwendig ist, aber nicht ausreicht, um der Öffentlichkeit gegenüber ansprechend zu wirken. Weil die Öffentlichkeit nicht an abstraktes Denken, hohe Theorie und intellektuelle Konsistenz gewöhnt oder dazu unfähig ist, formt sie stattdessen ihre politischen Ansichten und Überzeugungen auf der Grundlage historischer Narrative, das heißt der vorherrschenden Interpretation vergangener Ereignisse, und dass daher diejenigen, die die Dinge zu einer besseren liberal-libertären Zukunft wenden wollen, solche Interpretationen infrage stellen und korrigieren und alternative, revisionistische historische Narrative vorbringen und fördern müssen.

Ich zitiere Hayek: »Während die Ereignisse der Vergangenheit die Quelle der Erfahrung der Menschheit sind, werden ihre Meinungen nicht durch die objektiven Fakten bestimmt, sondern durch die ihnen zugänglichen Aufzeichnungen und Interpretationen. Historische Mythen haben womöglich fast so viel zur Meinungsbildung beigetragen wie historische Fakten. Der Einfluss, den die Geschichtsschreiber auf die öffentliche Meinung ausüben, ist wahrscheinlich unmittelbarer und umfassender als der der politischen Theoretiker, die neue Ideen entwickeln. Es scheint sogar, dass solche neuen Ideen meist nicht in ihrer abstrakten Form, sondern als Interpretation bestimmter Ereignisse größere Kreise erreichen. Der Historiker ist in dieser Hinsicht der direkten Macht über die öffentliche Meinung mindestens einen Schritt näher als der Theoretiker. Wenn ihnen gesagt wird, dass ihre politischen Überzeugungen von bestimmten Ansichten zur Wirtschaftsgeschichte beeinflusst wurden, werden die meisten Menschen antworten, dass sie sich nie dafür interessiert haben und nie ein Buch zu diesem Thema gelesen haben. Das bedeutet jedoch nicht, dass sie, zusammen mit den anderen, viele der Legenden, die von Schreibern der Wirtschaftsgeschichte zu irgendeinem Zeitpunkt in Umlauf gebracht wurden, nicht als gesicherte Fakten betrachten.«

Das zentrale Thema des erwähnten von Hayek herausgegebenen Buches ist die Überarbeitung des noch immer populären Mythos, dass es das System des freien Marktkapitalismus zu Beginn der sogenannten Industriellen Revolution um das frühe 18. Jahrhundert war, das für das wirtschaftliche Elend verantwortlich war, das selbst kleine Kinder dazu veranlasste, 16 Stunden oder mehr pro Tag unter schrecklichen Bedingungen in Minen oder an ähnlich unbequemen Orten arbeiten zu müssen; und dass es nur dem Druck der Gewerkschaften und der staatlichen Intervention in die Wirtschaft durch Mittel und Maßnahmen sogenannter »Sozialpolitik« geschuldet war, dass dieses »unmenschliche« System der »kapitalistischen Ausbeutung« allmählich überwunden und verbessert wurde.

Wenn man diese traurige Geschichte zum ersten Mal hört, sollte man meinen, dass man sich sofort diese Frage stellen würde: Warum würden Eltern ihr Kind einer solchen Behandlung unterwerfen und es einigen bösen kapitalistischen Ausbeutern übergeben? Hatten diese Kinder zuvor eine schöne Zeit, gesund und mit rosigen Wangen durch Wiesen und Felder schlendernd, Blumen pflückend, Äpfel von den Bäumen essend, in Bächen, Flüssen und Seen fischend und schwimmend, mit ihrem Spielzeug spielend und den Geschichten ihrer Großeltern aufmerksam lauschend? In diesem Fall: Welch schreckliche Menschen müssen diese Eltern gewesen sein?! Allein das Stellen dieser Fragen sollte ausreichen, um zu erkennen, dass diese Geschichte nicht wahr sein kann. Und tatsächlich, wie Hayek und seine Mitarbeiter gezeigt haben, ist sie genau das Gegenteil der Wahrheit.

Bis zum Beginn der Industriellen Revolution lebte man in England und dem Rest der Welt seit Jahrtausenden unter malthusianischen Bedingungen. Das heißt, die Versorgung mit Konsumgütern, die von der Natur und durch die menschliche Produktion mithilfe von Zwischenteilen und Produktionsgütern bereitgestellt wurden, war nicht ausreichend, um das Überleben einer wachsenden Bevölkerung zu sichern. Das Bevölkerungswachstum übertraf das Produktionswachstum und die Produktivitätssteigerungen, und so musste nicht nur in England, sondern überall ein »Überschuss« der Bevölkerung regelmäßig durch Unterernährung, Krankheit und letztlich durch Hunger sterben. Erst mit und seit der Industriellen Revolution änderte sich diese Situation grundlegend, und die malthusianische Falle wurde sukzessive überwunden, zuerst in England, dann in Kontinentaleuropa und den europäischen Kolonien in Übersee und schließlich auch in weiten Teilen der Welt, wodurch nicht nur einer stetig wachsenden Bevölkerung, sondern sogar einer beschleunigt wachsenden Bevölkerung ein ständig steigender materieller Lebensstandard ermöglicht wurde. Und diese bedeutsame Leistung war das Ergebnis des freien Marktkapitalismus, genauer gesagt einer Kombination und eines Zusammenspiels dreier Faktoren. Zum einen die allgemeine Sicherheit von Privateigentum; zweitens die geringe Zeitpräferenz, das heißt die Fähigkeit und Bereitschaft einer wachsenden Zahl von Menschen, Bedürfnisbefriedigung zu verzögern, um für die Zukunft zu sparen und einen immer größeren Bestand an Investitionsgütern anzuhäufen; und drittens die Intelligenz und der Einfallsreichtum einer ausreichenden Zahl von Menschen, mit der ein stetiger Strom immer neuer, produktivitätssteigernder Werkzeuge und Maschinen erfunden und entwickelt wurde.

Die Eltern der armen Kinder, die sie zur Zeit der Industriellen Revolution den »bösen Kapitalisten« übergeben haben, waren also keine schlechten Eltern, sondern sie entschieden sich dafür, weil sie, wie die meisten Eltern überall, die das Beste für ihre Kinder wollen, ihre Kinder lebendig bevorzugten, auch wenn es ein erbärmliches Leben war, anstatt tot. Entgegen dem in linken Kreisen immer noch populären Mythos verursachte der Kapitalismus also kein Elend, sondern er rettete buchstäblich das Leben unzähliger Millionen Menschen vor dem Hungertod und hob sie allmählich aus ihrem früheren Zustand erbärmlicher Armut heraus; und die sogenannte Sozialpolitik der Gewerkschaften und Regierungen half in dieser Hinsicht nicht, sondern behinderte und verzögerte diesen Prozess der allmählichen wirtschaftlichen Verbesserung und war und ist für unzählige unnötige Todesfälle verantwortlich.

Es gibt viele andere verwandte, gleichermaßen absurde oder sogar absurdere Mythen, die von Iyis (»Intellectuals yet idiots« – Intellektuelle und doch Idioten, ein von Nicholas Taleb verwendetes Kürzel) propagiert und von der Öffentlichkeit weithin angenommen werden: Dass man durch die einfache Verabschiedung von Mindestlohngesetzen mehr wirtschaftlichen Wohlstand legislativ erzeugen kann – warum dann aber nicht Stundensätze von 100 oder 1.000 US-Dollar, und warum ist Indien dann zum Beispiel noch immer ein armes Land? Sind die herrschenden Eliten in Indien zu dumm, von dieser Zauberformel nichts zu wissen? Oder aber, dass wirtschaftliches Elend einfach durch Erhöhung der Geldausgaben überwunden werden kann – aber warum gibt es dann, da die Regierungen heutzutage überall leicht die Menge an Papiergeld in praktisch unbegrenzten Mengen erhöhen können, überhaupt noch arme Menschen?

Auch sind solche fehlerhaften historischen Narrative nicht nur auf die Wirtschaftsgeschichte beschränkt. Vielmehr stellt sich heraus, dass vieles von dem, was wir als etablierte Wahrheit aus unseren Standardgeschichtsbüchern über den Ersten und Zweiten Weltkrieg, über die Amerikanische und die Französische Revolution, über Hitler, Churchill, F. D. Roosevelt oder Napoleon und so weiter und so fort gelernt haben, auch eine fehlerhafte Geschichte ist: Fakten, in die, absichtlich oder unabsichtlich, hohe Dosen von Fiktion und Fälschung eingemischt wurden.

Aber, so wichtig die Revision all dieser wirtschaftlichen oder sonstigen Mythen ist, die größte Herausforderung für Libertäre besteht darin, eine große historische Erzählung zu entwickeln, die darin besteht, die sogenannte Whig-Theorie der Geschichte zu korrigieren und ihr entgegenzuwirken. Die Theorie, die alle herrschenden Eliten überall und zu jeder Zeit versucht haben, der Öffentlichkeit zu verkaufen: die Ansicht nämlich, dass wir in den besten aller Zeiten leben (und dass sie diejenigen sind, die garantieren, dass dies so bleibt) und dass der große Schwung der Geschichte, ungeachtet einiger Höhen und Tiefen, einer von mehr oder weniger stetigem Fortschritt war. Diese Whig-Theorie der Geschichte hat trotz einiger Rückschläge, die insbesondere durch die Erfahrungen der beiden verheerenden Weltkriege in der ersten Hälfte des 20. Jahrhunderts ausgelöst wurden, wieder eine dominante Position in der Öffentlichkeit erlangt, wie der Erfolg von Büchern wie Francis Fukuyamas *Das Ende der Geschichte* oder, in jüngerer Zeit, Steven Pinkers *Gewalt – Eine neue Geschichte der Menschheit* sowie *Aufklärung jetzt* zeigen.

Nach Ansicht der Anhänger dieser Theorie ist das heutige Zeitalter aufgrund der Kombination zweier Faktoren so groß und das beste aller Zeiten: Zum einen haben Technik und Naturwissenschaften noch nie in der Menschheitsgeschichte einen so hohen Entwicklungsstand erreicht und war der durchschnittliche materielle Lebensstandard so hoch wie heute – was im Wesentlichen korrekt ist und zweifellos erheblich zur öffentlichen Attraktivität und Akzeptanz der Whig-Theorie beiträgt; und zum anderen haben die Menschen in der Geschichte angeblich noch nie so viel Freiheit erlebt wie heute mit der Entwicklung der »liberalen Demokratie« oder des »demokratischen Kapitalismus« – eine Behauptung, die ich trotz ihrer weitverbreiteten Beliebtheit für einen historischen Mythos halte, was, da der Freiheitsgrad und die wirtschaftliche und technologische Entwicklung tatsächlich positiv korreliert sind, mich zu der Schlussfolgerung führt, dass der durchschnittliche materielle Lebensstandard noch höher wäre als heute, wenn die Geschichte nur einen anderen Kurs eingeschlagen hätte.

Aber bevor ich eine alternative große revisionistische historische Erzählung anbiete und die Stellen aufzeige, wo Pinker und seine Genossen mit ihrer Whig-Weltgeschichte aus den Fugen geraten, sind ein paar Bemerkungen zur Geschichte der Wissenschaft angebracht. Bis vor relativ kurzer Zeit stand der Glaube an ein stetiges Wachstum der Wissenschaft, selbst wenn gar nichts anderes wächst, nie in Zweifel – bis Anfang der 1960er-Jahre, als der Wissenschaftshistoriker Thomas Kuhn sein Buch *Die Struktur wissenschaftlicher Revolutionen* herausbrachte. Kuhn porträtierte, im Gegensatz zur orthodoxen Whig-Sicht auf das Thema, die Entwicklung der Wissenschaft nicht so sehr als einen kontinuierlichen Marsch nach oben und zum Licht, sondern als eine Folge von »Paradigmenwechseln«, die einander folgten, ähnlich wie – richtungslos – eine Damenmode der anderen folgt. Das Buch wurde ein großer Erfolg, und für einige Zeit wurde Kuhns Auffassung selbst zu einer weitverbreiteten Mode in philosophischen Kreisen. Ungeachtet dessen halte ich jedoch die traditionelle Sichtweise auf die Entwicklung der Wissenschaft für im Wesentlichen richtig. Der zentrale Irrtum Kuhns sowie vieler Wissenschaftsphilosophen, der bezeichnenderweise auch immer wieder zum Ausdruck gebracht wird, zum Beispiel von Sheldon Cooper, dem Super-Wissenschaftsnerd-theoretischer-Physiker-Charakter in der überaus beliebten Fernsehserie THE BIG BANG THEORY, beruht auf einem grundlegenden Missverständnis hinsichtlich der Wechselbeziehung zwischen Wissenschaft einerseits und Technik oder Technologie andererseits.

Es ist das populäre Missverständnis, Wissenschaft als vorangehend zu betrachten, ihr zuzuschreiben, Priorität zu haben und einen höheren Rang und eine höhere Würde im Vergleich zu Technik und Technologie anzunehmen, die als nur sekundäre und minderwertige intellektuelle Unternehmungen, das heißt als bloß »angewandte« Wissenschaft betrachtet werden. Tatsächlich ist es aber genau umgekehrt. Was methodisch zuerst kommt und was die Wissenschaft, wie wir sie kennen, überhaupt erst möglich macht und gleichzeitig ihr Fundament bildet, ist menschliche Technik und Konstruktion. Schlicht und einfach ausgedrückt: Ohne solche gezielt entworfenen und konstruierten Instrumente wie Messstäbe, Uhren, Hobel, Rechtecke, Skalen, Zähler, Linsen, Mikroskope, Teleskope, Audiometer, Thermometer, Spektrometer, Röntgen- und Ultraschallgeräte, Teilchenbeschleuniger und so weiter wäre keine empirische und experimentelle Wissenschaft, wie wir sie kennen, möglich. Oder um es mit den Worten des großen deutschen Philosophen und Wissenschaftlers Peter Janich zu sagen: »Handwerk« steht im Vordergrund und bildet das stabile Fundament und die Grundlage von »Mundwerk«. Was auch immer Kontroversen oder Streitigkeiten von Wissenschaftlern sein mögen, sie sind immer Kontroversen und Streitigkeiten innerhalb eines stabilen operativen Rahmens und Referenzsystems, das durch einen bestimmten Stand der Technik festgelegt ist. Und im Bereich der menschlichen Technik würde niemand ein Arbeitsinstrument wegwerfen oder »falsifizieren«, solange er kein anderes, besseres Arbeitsinstrument zur Verfügung hätte.

Es sind also die Technik und der technische Fortschritt, die Wissenschaft und wissenschaftlichen Fortschritt ermöglichen und gleichzeitig verhindern, dass jenes geschieht, was Karl Poppers derzeit die intellektuelle öffentliche Meinung dominierende »falsifikationistische« Wissenschaftsphilosophie als »immer möglich« einzugestehen hat: nicht nur wissenschaftliche Regression, sondern auch der vollständige Zusammenbruch unseres gesamten Wissenssystems durch die vermeintlich »immer mögliche« Falsifizierung selbst seiner scheinbar grundlegendsten Hypothesen. Was diesen Albtraum verhindert und sowohl Kuhns Relativismus als auch Poppers damit zusammenhängenden Falsifikationismus als auf einem elementaren methodischen Fehler beruhend offenbart, ist die Existenz von »Handwerk« und seine methodische Priorität und Vorrangstellung gegenüber dem bloßen »Mundwerk« der Wissenschaft.

Eine Anmerkung noch dazu: Ich leugne hier nicht die Möglichkeit von Perioden des Rückschritts in der Entwicklung der Wissenschaft. Aber ich würde eine solche Regression als Folge eines vorherigen Verlustes von praktischem Ingenieurwissen erklären. Im normalen Verlauf der wirtschaftlichen Entwicklung können bestimmte Fähigkeiten »schadlos« aussterben und in Vergessenheit geraten, weil es keine Nachfrage mehr nach ihren Produkten gibt. Dies bedeutet jedoch nicht unbedingt einen Rückschritt im technischen Wissen. Tatsächlich kann dieser Verlust durch die Entwicklung anderer Fähigkeiten, die für die Herstellung anderer, stärker nachgefragter Produkte erforderlich sind, mehr als ausgeglichen werden. Der Verlust ist hier das Sprungbrett für den technischen Fortschritt. Alte Werkzeuge und Maschinen werden durch bessere neue ersetzt. Aber auch eine andere, weniger »schadlose« Entwicklung ist möglich und hat tatsächlich zu bestimmten Zeiten und an bestimmten Orten stattgefunden. So könnte beispielsweise die Bevölkerungszahl und damit auch die Arbeitsteilung aufgrund einer Seuche dramatisch schrumpfen und zu einem großen und weitreichenden Verlust an angesammelten technischen Kenntnissen und Fähigkeiten führen, sodass eine Rückkehr zu älteren und primitiveren Produktionsweisen erforderlich ist. Oder sonst könnte eine Bevölkerung aus irgendeinem Grund einfach weniger intelligent werden als ihre Vorfahren und nicht in der Lage sein, ein bestimmtes (geerbtes) Niveau des technischen Fortschritts aufrechtzuerhalten.

Da das jetzt geklärt ist, kann ich mich nun dem falschen Teil der Whig-Geschichtstheorie zuwenden – der Sozialgeschichte. Während es vergleichsweise einfach ist, technischen und damit auch wissenschaftlichen Fortschritt zu diagnostizieren –, Fortschritt findet statt, wenn wir lernen, in unserem zielgerichteten Umgang mit der nicht menschlichen Welt der materiellen Objekte, Pflanzen und Tiere zusätzliche, mehr oder schnellere oder bessere Ergebnisse zu erzielen – ist es wesentlich schwieriger, sozialen Fortschritt zu definieren und zu diagnostizieren, das heißt Fortschritt im zwischenmenschlichen Umgang oder in Mensch-zu-Mensch-Interaktionen.

Dazu ist es zunächst notwendig, ein Modell der sozialen Perfektion zu definieren, das der menschlichen Natur, das heißt dem Menschen, wie er wirklich ist, entspricht, das als Bezugssystem dienen kann, mit dem die relative Nähe oder Entfernung verschiedener historischer Ereignisse, Perioden und Entwicklungen zu und von diesem Ideal zu diagnostizieren wären. Und diese Definition von sozialer Perfektion und sozialem Fortschritt muss von der Definition von technischem und wissenschaftlichem Wachstum und Perfektion unabhängig und analytisch strikt getrennt sein (auch wenn beide Fortschritts- oder Wachstumsdimensionen empirisch positiv korrelieren). Das heißt, konzeptionell muss es zulässig sein, dass es Gesellschaften geben kann, die sozial (fast) perfekt, aber technisch rückständig sind, sowie Gesellschaften, die technisch hoch entwickelt und doch sozial rückständig sind.

Für den Libertären ist dieses Ideal der sozialen Perfektion der Frieden, das heißt eine normalerweise ruhige und reibungslose Mensch-zu-Mensch-Interaktion – und eine friedliche Lösung gelegentlicher Konflikte – im stabilen Rahmen privaten Eigentums oder mehrerer (sich gegenseitig ausschließender) Eigentumsrechte. Ich möchte mich aber nicht nur an diese Libertären wenden, sondern an ein potenziell universelles oder »katholisches« Publikum, denn das gleiche Ideal der sozialen Vervollkommnung ist im Wesentlichen auch dasjenige, das von den Zehn biblischen Geboten vorgeschrieben wird.

Wenn man die ersten vier Gebote beiseitelässt, die unsere Beziehung zu Gott als die eine und einzige ultimative moralische Autorität und den höchsten Richter unseres irdischen Verhaltens und die richtige Begehung des Sabbats behandeln, zeigt der Rest, der sich auf weltliche Angelegenheiten bezieht, einen tiefen und zutiefst libertären Geist.

»Fünftes Gebot: Du sollst deinen Vater und deine Mutter ehren, damit du lange lebst in dem Land, das der Herr, dein Gott, dir gibt!

Sechstes Gebot: Du sollst nicht töten!

Siebtes Gebot: Du sollst nicht ehebrechen!

Achtes Gebot: Du sollst nicht stehlen!

Neuntes Gebot: Du sollst kein falsches Zeugnis reden gegen deinen Nächsten!

Zehntes Gebot: Du sollst nicht begehren das Haus deines Nächsten! Du sollst nicht begehren die Frau deines Nächsten, noch seinen Knecht, noch seine Magd, noch sein Rind, noch seinen Esel, noch irgendetwas, das dein Nächster hat!« (Aus: Schlachter 2000, Geneva Bible Society)

Einige Libertäre mögen argumentieren, dass nicht alle diese Gebote den gleichen Rang oder Status haben. Sie können zum Beispiel darauf verweisen, dass das Fünfte und das Siebte Gebot nicht gleichberechtigt und von derselben Würde sind wie die Gebote sechs, acht und zehn; dass dies auch bei Gebot Neun der Fall sein kann, das Verleumdung verbietet; oder dass der Wunsch nach der Frau oder dem Diener eines anderen nicht gleichbedeutend ist mit dem Begehren nach seinem

Haus oder Feld. Die Zehn Gebote sagen jedoch nichts über die Schwere und angemessene Bestrafung von Verstößen gegen die verschiedenen Befehle aus. Sie verbieten alle erwähnten Aktivitäten und Wünsche, aber sie lassen die Frage offen, wie schwer sie bestraft zu werden verdienen.

Dabei gehen die biblischen Gebote über das hinaus, was viele Libertäre für die Errichtung einer friedlichen Gesellschaftsordnung für ausreichend halten: die bloße strikte Einhaltung der Gebote sechs, acht und zehn. Doch dieser Unterschied zwischen einem strengen und starren Libertarismus und den Zehn biblischen Geboten bedeutet nicht, dass die beiden unvereinbar wären. Beide sind in völliger Übereinstimmung, wenn nur unterschieden wird zwischen gesetzlichen Verboten einerseits, artikuliert in den Geboten sechs, acht und zehn, deren Verletzung durch die Ausübung körperlicher Gewalt bestraft werden kann, und außergesetzlichen oder moralischen Verboten andererseits, artikuliert in den Geboten fünf, sieben und neun, deren Verletzung nur mit Mitteln unterhalb der Schwelle körperlicher Gewalt, wie soziale Missbilligung, Diskriminierung, Ausschluss oder Ausgrenzung, bestraft werden kann. In der Tat können sämtliche sechs genannten Gebote, so interpretiert, sogar als eine Verbesserung gegenüber einem strengen und starren Libertarismus erkannt werden – unter der Voraussetzung des gemeinschaftlichen, gemeinsamen Ziels der sozialen Perfektion: dem einer stabilen, gerechten und friedlichen Gesellschaftsordnung.

Denn jede Gesellschaft von Menschen, die ihre Eltern gewöhnlich missachten und regelmäßig die Vorstellung von natürlichen Rängen und Hierarchien der sozialen Autorität verspotten, die der Institution der Familie zugrunde liegt; die die Institution der Ehe verhöhnen und den Ehebruch leichtfertig für belanglos, einwandfrei oder sogar befreiend halten; oder die gewöhnlich die Idee der persönlichen Ehre und Ehrlichkeit verspotten und routinemäßig oder sogar vergnügt verleumderischen Aktivitäten, das heißt, der Praxis, »falsches Zeugnis gegen den Nächsten zu reden«, nachgehen – eine solche Gesellschaft, das ist sicher, wird sich schnell in eine Gruppe von Menschen auflösen, die ständig durch soziale Streitereien und Konflikte gestört werden, anstatt beständigen und dauerhaften Frieden zu genießen.

Wenn wir dieses biblisch-libertäre Ideal der sozialen Perfektion als Maßstab nehmen, dann muss der nächste Schritt in unserem Argument die Diagnose sein, das heißt die vergleichende Bewertung und Rangfolge verschiedener historischer Perioden und Entwicklungen hinsichtlich ihrer relativen Nähe zu, oder Entfernung von, diesem ultimativen, idealen Ziel.

In diesem Zusammenhang drängt sich sofort eine erste Diagnose der heutigen Welt auf. Auch wenn wir zugeben mögen, dass das dominante westliche Modell der »liberalen Demokratie« oder des »demokratischen Kapitalismus« dem Ideal näherkommt als die derzeit anderswo, außerhalb der sogenannten westlichen Welt beschrittenen Modelle der sozialen Organisation bleibt es immer noch deutlich hinter dem Ideal zurück. Tatsächlich widerspricht und verletzt es ausdrücklich und unmissverständlich die »katholischen« biblischen Gebote, und die Befürworter und Förderer dieses Modells leugnen und widersetzen sich dann offensichtlich (wenn auch nicht zugegebenermaßen) dem Willen Gottes und werden stattdessen zu Anwälten des Teufels.

Zum einen ist es selbst bei den größten intellektuellen Verrenkungen unmöglich, aus diesen Geboten die Institution eines Staates abzuleiten. Wenn niemand das Eigentum einer anderen Person stehlen, morden oder begehren darf, dann darf keine Institution jemals entstehen, die das Eigentum einer anderen Person stehlen, morden und begehren darf. Doch wie alle anderen Gesellschaften heute sind auch alle gegenwärtigen westlichen Gesellschaften solche mit Staaten, die regelmäßig das Eigentum anderer Menschen stehlen (Steuern), morden (in den Krieg ziehen) und begehren (Gesetze erlassen) dürfen. Darüber hinaus ist gerade in westlichen demokratischen Staatsgesellschaften die moralische Sünde, das Eigentum eines anderen Menschen zu begehren, nicht nur nicht streng und universell verboten, sondern wird routinemäßig praktiziert, darüber hinaus wird diese Sünde in der Demokratie tatsächlich bis zum Äußersten – teuflisch – gefördert und »gepflegt«. Mit demokratischen Wahlen als Kernstück des gesellschaftlichen Lebens wird jeder von Gottes Gebot »befreit« und »freigestellt«, sich aus dem Eigentum anderer das zu begehren, was er will, und sein unmoralisches Begehren durch regelmäßige anonyme Stimmabgabe zum Ausdruck zu bringen.

Sicherlich kann dieses liberal-demokratische Modell der Gesellschaftsorganisation nicht das Ende der Geschichte sein, weder für einen Libertären noch für jemanden, der sich die biblischen Gebote zu Herzen nimmt. Tatsächlich grenzt Fukuyamas Behauptung des Gegenteils an das Blasphemische.

Unabhängig davon, wie verheerend die Diagnose der heutigen Welt ausfällt, könnte es jedoch immer noch so sein, dass der gegenwärtige Stand der Dinge eine Art Fortschritt darstellt. Er mag nicht das Ende der Geschichte sein, aber er könnte eine nähere Angleichung an das Ziel der sozialen Perfektion sein als alles, was ihm historisch vorausgeht. Um die Whig-Theorie der Geschichte in ihrer Gesamtheit zu widerlegen, ist es daher weiterhin notwendig, einige frühere (und damit natürlich technologisch weniger fortgeschrittene) Gesellschaften zu identifizieren, die sich stärker an die biblischen Gebote hielten und sich der sozialen Perfektion näherten. Und um in der öffentlichen Debatte (im Kampf der rivalisierenden historischen Erzählungen) Gewicht zu haben, sollte das fragliche Gegenbeispiel ein »großes« sein. Das heißt, es sollte nicht nur für kurze Zeit ein winziger Ort sein, sondern ein großes und langanhaltendes historisches Phänomen. Und aus dem gleichen Grund der potenziellen Popularität sollte das Beispiel sowohl geografisch als auch genealogisch als historischer Vorläufer des gegenwärtigen westlichen Modells demokratischer Staatsgesellschaften verbunden sein, und es sollte nicht zu weit in der dunklen und fernen Vergangenheit liegen.

In meinen eigenen Versuchen, eine revisionistische Darstellung der westlichen Geschichte anzubieten – insbesondere in meinen beiden Büchern *Demokratie – Der Gott, der keiner ist« und »Eine kurze Geschichte der Menschheit* –, habe ich das europäische Mittelalter oder das, was manchmal auch und besser als »lateinische Christenheit« bezeichnet wird, die etwa tausendjährige Periode vom Fall Roms bis zum späten 16. oder frühen 17. Jahrhundert, als ein solches Beispiel identifiziert. In vielerlei Hinsicht nicht perfekt, aber näher am Ideal der sozialen Perfektion als alles, was ihm folgte, und insbesondere als die gegenwärtige demokratische Ordnung.

Es überrascht nicht, dass dies auch genau das Zeitalter in der westlichen Geschichte ist, das unsere derzeitigen – gottlosen – demokratischen Herrscher und ihre Hofhistoriker sich entschieden haben, mit den düstersten aller Begriffe darzustellen. In der griechischen und römischen Gesellschaft können sie einige »gute« und wertvolle Dinge sehen, auch wenn sie angeblich weit hinter dem Niveau des sozialen Fortschritts zurückbleiben, das mit der heutigen demokratischen Gesellschaftsordnung erreicht wurde. Aber was das Mittelalter betrifft, so wird es regelmäßig als düster, grausam und voller Aberglaube dargestellt, das am besten vergessen und in der gesamten Standardgeschichte und historischen Erzählung ignoriert werden kann.

Warum diese unvorteilhafteste Behandlung gerade des Mittelalters? Weil, wie viele Historiker, sowohl vergangene als auch zeitgenössische, natürlich auch bemerkt haben, das Mittelalter ein großflächiges und langlebiges historisches Beispiel einer staatenlosen Gesellschaft und damit das genaue Gegenteil der gegenwärtigen, etatistischen Gesellschaftsordnung darstellt. Tatsächlich kann das Mittelalter trotz seiner vielen Unvollkommenheiten als eine gottgefällige Gesellschaftsordnung bezeichnet werden, während die gegenwärtige demokratische Staatsordnung trotz ihrer zahlreichen Errungenschaften die Gebote Gottes ständig verletzt und als satanische Ordnung bezeichnet werden muss. Und um die Frage zu beantworten, werden Satan und seine irdischen Anhänger natürlich alles daransetzen, dass wir Gott ignorieren und vergessen und alles und jedes, das Gottes Hand zeigt, herabsetzen, besudeln und verleumden.

Umso mehr Grund für jeden libertären und gottesfürchtigen »Katholiken«, diese historische Epoche des europäischen Mittelalters zu studieren und sich von ihr inspirieren zu lassen – etwas, das übrigens heute leichter gemacht wird und auf wenig Widerstand seitens der Herrschenden und ihrer zunehmend rigoros durchgesetzten Sprachregelung der »politischen Korrektheit« stoßen dürfte, denn einem solchen Studium ist längst der Status eines nerdigen, wunderlichen und exotischen Interesses verpasst worden, weit entfernt von der Gegenwart und ohne jegliche zeitgenössische Relevanz.

In der Standardgeschichtsschreibung wird uns als quasiaxiomatische Wahrheit erzählt, dass die Institution eines Staates für die Erhaltung des sozialen Friedens notwendig und unerlässlich ist. Das Studium des Mittelalters und der lateinischen Christenheit zeigt, dass dies unwahr ist, ein historischer Mythos, und wie es gelungen ist, den Frieden über einen langen Zeitraum hinweg ohne Staat und damit ohne offenen Verzicht auf libertäre und biblische Prinzipien zu bewahren.

Während sich viele Libertäre eine anarchische Gesellschaftsordnung als weitgehend horizontale Ordnung ohne Hierarchien und unterschiedliche Autoritätsebenen vorstellen – also als »antiautoritär« –, lehrt uns das mittelalterliche Beispiel einer staatenlosen Gesellschaft etwas anderes. Der Frieden wurde nicht durch die Abwesenheit von Hierarchien und Autoritätsebenen gewährleistet, sondern durch die Abwesenheit von allem außer gesellschaftlicher Autorität und gesellschaftlichen Autoritätsebenen. Tatsächlich war das Mittelalter im Gegensatz zur gegenwärtigen Ordnung, die im Wesentlichen nur eine Autorität, die des Staates, anerkennt, durch eine große Vielzahl konkurrierender, kooperierender, überlappender und hierarchisch geordneter sozialer Autoritäten gekennzeichnet. Es gab die Autorität der Oberhäupter von Familienhaushalten und verschiedener Verwandtschaftsgruppen. Es gab Patrone, Fürsten, Oberherren und Feudalkönige mit ihren Gütern, ihre Vasallen und die Vasallen der Vasallen. Es gab unzählige verschiedene und getrennte Gemeinschaften und Städte sowie eine große Vielfalt an religiösen, künstlerischen, beruflichen und sozialen Ordnungen, Räten, Versammlungen, Gilden, Verbänden und Vereinen, jede mit ihren eigenen Regeln, Hierarchien und Rangfolgen. Darüber hinaus, und von größter Bedeutung, gab es die Autoritäten des örtlichen Priesters, des entfernteren Bischofs und des Papstes in Rom.

Aber keine Autorität war absolut, und keine einzelne Person oder keine einzige Gruppe von Menschen hatte ein Monopol auf ihre Position oder ihren Rang. So war beispielsweise die hierarchische feudale Herr-Vasallen-Beziehung nicht unauflöslich. Sie konnte aufgehoben werden, wenn eine Seite gegen die Vorgaben der Treueeide verstieß, auf deren Einhaltung sie beide geschworen hatten. Die Beziehung zwischen Herr und Vasall war auch nicht transitiv. Das heißt, der Herr eines Vasallen war wegen seiner Herrschaft nicht auch der Herr aller Vasallen seines Vasallen. Tatsächlich konnten solche Vasallen als Vasallen an einen anderen Herrn gebunden sein, oder sie konnten anderswo und im Hinblick auf andere Dinge selbst ein Herr sein, der jede Beteiligung an den Angelegenheiten des betreffenden Herrn ausschloss. So war es für jeden nahezu unmöglich, eine rein vertikale Autorität auszuüben, und es war daher auch ungemein schwierig, insbesondere eine große stehende Armee aufzubauen und zu unterhalten und einen großen oder gar kontinentweiten Krieg zu führen. Das heißt, das Phänomen, das wir heute als völlig normal betrachten, dass ein Befehl von oben nach unten gegeben wird, der für die gesamte Gesellschaft, von den Höchsten bis zu den Niedrigsten, direkt bindend ist, war im Mittelalter abwesend. Die Autorität war weit verstreut, und jede Autoritätsperson oder -position wurde von einer anderen eingeschränkt und unter Kontrolle gehalten. Selbst feudale Könige und Bischöfe und sogar der Papst selbst konnten von anderen, konkurrierenden Autoritäten in Anspruch genommen und vor Gericht gestellt werden.

Das »Feudalrecht« spiegelte diese »hierarchisch-anarchische« Sozialstruktur des Mittelalters wider. Das gesamte Recht war im Wesentlichen Privatrecht, das heißt, das Recht, das auf Personen und zwischenmenschliche Beziehungen anwendbar ist; alle Rechtsstreitigkeiten fanden zwischen einem persönlichen Beklagten und einem persönlichen Kläger statt, und die Strafe beinhaltete typischerweise die Zahlung einer bestimmten materiellen Entschädigung durch den Täter an sein Opfer oder seinen rechtmäßigen Nachfolger. Dieses zentrale Merkmal des Mittelalters als historisches Modell einer privatrechtlichen Gesellschaft bedeutete jedoch nicht, dass das Feudalrecht eine Art einheitliches, kohärentes und konsistentes Rechtssystem war. Im Gegenteil, das Feudalrecht ermöglichte eine große Vielfalt an lokal und regional unterschiedlichen Gesetzen und Gebräuchen, und die Unterschiede in der Behandlung ähnlicher Straftaten in verschiedenen Orten konnten recht drastisch sein. Doch gleichzeitig gab es mit der katholischen Kirche und der scholastischen Lehre vom Naturgesetz einen übergreifenden institutionellen Rahmen und ein moralisches Bezugssystem, das als moralisch vereinigende Kraft diente und die Bandbreite der Unterschiede zwischen den Gesetzen verschiedener Orte beschränkte und mäßigte.

Selbstverständlich gab es viele Unvollkommenheiten, auf die sich zukünftige Historiker, zum Zweck der Diskreditierung der gesamten Periode, bis heute konzentrieren und die sie hervorhoben. Im Mittelalter war unter dem Einfluss der katholischen Kirche die Institution der Sklaverei, die ein vorherrschendes Merkmal der griechischen und römischen Gesellschaft war, zunehmend diskreditiert und fast bis zum Aussterben verdrängt worden, aber sie war nicht ganz verschwunden. Außerdem war die Institution der Leibeigenschaft, die aus moralischer Sicht »besser« als die Sklaverei, aber immer noch nicht moralisch einwandfrei war, immer noch ein weitverbreitetes gesellschaftliches Phänomen. Darüber hinaus fanden während der gesamten Zeit viele kleinere Kriege und Fehden statt. Und was wir nie vergessen dürfen: Die Strafen, die vor verschiedenen Gerichten für verschiedene Straftaten hier und da verhängt wurden, waren manchmal (aus der Sicht moderner Sensibilitäten jedenfalls) extrem, hart und grausam. Ein Mörder konnte gehängt, enthauptet, gevierteilt, verbrannt, gesiedet oder ertränkt werden. Einem Dieb konnte ein Finger oder eine Hand abgetrennt und einem falschen Zeugen dessen Zunge herausgerissen werden. Eine Ehebrecherin konnte gesteinigt, ein Vergewaltiger kastriert und eine »Hexe« verbrannt werden.

Vor allem diese Merkmale, sagt uns die Standardgeschichtsschreibung, sollen wir mit dem Mittelalter verknüpfen, um damit unsere moralische Empörung zu wecken und über unsere eigene erleuchtete Gegenwart hochgestimmt zu sein. Auch wenn das alles wahr ist, so bedeutet eine so ausschließliche Konzentration auf diese Besonderheiten als charakteristisches Merkmal des Mittelalters, dass man das Wesentliche nicht begreift oder den Wald vor lauter Bäumen nicht sieht. Es bedeutet, Zufälle für systemimmanent, für natürlich und normal zu halten. Das heißt, diese Sicht ignoriert, ob bewusst oder unbewusst, das zentrale Merkmal der gesamten Periode: die Tatsache, dass es sich um eine staatenlose Gesellschaftsordnung mit weit verstreuten, hierarchisch geordneten und konkurrierenden Autoritätszentren handelte. Und sie verschließt dann bequem die Augen davor, dass die »Exzesse« des Mittelalters im Vergleich zu denen der heutigen demokratischen Staatsordnung tatsächlich verblassen. Denn Sklaverei und Leibeigenschaft sind in der demokratischen Welt sicherlich nicht verschwunden. Vielmehr wurden die immer seltener werdende »private« Sklaverei und Leibeigenschaft durch ein nahezu universelles System »öffentlicher« Steuersklaverei und Leibeigenschaft ersetzt. Auch die Kriege sind nicht verschwunden, sondern nur umfangreicher geworden. Und was übertriebene Strafen und Hexenjagden betrifft, so sind auch diese nicht verschwunden. Im Gegenteil, sie haben sich vervielfacht. Staatsfeinde werden auf die gleiche grausame oder sogar technisch »raffiniertere« Weise gefoltert. Darüber hinaus werden heute unzählige Menschen, die weder Mörder noch Dieb, Verleumder, Ehebrecher oder Vergewaltiger sind, das heißt Menschen, die in völliger Übereinstimmung mit den Zehn biblischen Geboten leben und früher in Ruhe gelassen worden wären, dennoch regelmäßig bestraft, bis hin zu langen Haftstrafen oder dem Verlust ihres gesamten Eigentums. »Hexen« werden nicht mehr so genannt, aber es wird, aufgrund der Existenz nur noch einer einzigen Autorität, die »Identifizierung« von jemandem als »übler Taten verdächtig« oder »Unruhestifter« stark erleichtert, und entsprechend hat sich die Zahl der so identifizierten Menschen vervielfacht; und während solche Verdächtigen nicht mehr auf dem Scheiterhaufen verbrannt werden, werden sie regelmäßig mit bis zu lebenslanger wirtschaftlicher Not, Arbeitslosigkeit, Armut oder sogar Hunger bestraft. Und während früher, im Mittelalter, der Hauptzweck der Strafe die Restitution war, das heißt, der Täter das Opfer entschädigen musste, ist heute der Hauptzweck der Strafe die Unterwerfung, das heißt, der Täter muss nicht das

Opfer, sondern den Staat entschädigen und zufriedenstellen (und damit wird das Opfer ein zweites Mal schikaniert).

An dieser Stelle können wir eine erste Schlussfolgerung ziehen. Die gegenwärtige demokratische Gesellschaftsordnung mag die technisch fortschrittlichste Zivilisation sein, aber sie ist sicherlich nicht die gesellschaftlich fortschrittlichste. Gemessen an biblisch-libertären Maßstäben sozialer Perfektion fällt sie weit hinter das Mittelalter zurück. Gemessen an diesen Standards ist der Übergang in der europäischen Geschichte vom anarchischen Mittelalter zur modernen etatistischen Welt nichts Geringeres als der Übergang von einer gottgefälligen zu einer gottlosen Gesellschaftsordnung.

An verschiedenen Orten, in der am stärksten verdichtetsten Form in meinem Essay *From Aristocracy to Monarchy to Democracy* habe ich diesen Prozess der Entzivilisierung analysiert, der inzwischen seit einem halben Jahrtausend andauert, und zu rekonstruieren und die katastrophalen und verderblichen Folgen und Auswirkungen zu erklären versucht, die er im Hinblick auf die Entwicklung von Recht und Wirtschaft hatte. Ich werde das alles hier nicht wiederholen oder zusammenfassen. Vielmehr möchte ich nur ein wenig Licht auf die Grundstrategie werfen, die alle Etatisten vom späten Mittelalter bis heute zwecks Erreichung ihrer etatistischen Ziele verfolgt haben, um auch (wenn auch nur indirekt) Einblicke in eine mögliche Gegenstrategie zu gewinnen, die uns aus der aktuellen Situation herausführen könnte. Natürlich nicht zurück ins Mittelalter, denn seitdem haben zu viele permanente und unumkehrbare Veränderungen stattgefunden, sowohl in Bezug auf unsere geistigen als auch auf unsere materiellen Bedingungen und Fähigkeiten. Aber hin zu einer neuen Gesellschaft, die sich am Wissen über das Mittelalter orientiert und den Hauptgrund seines Untergangs versteht und kennt.

Die etatistische Strategie wurde vom quasilibertären, staatenlosen mittelalterlichen Ausgangspunkt bestimmt und drängte sich »natürlich« vor allem der Spitze der gesellschaftlichen Autorität, das heißt insbesondere den feudalen Königen auf. Kurz gesagt, läuft sie auf diese Regel hinaus: Anstatt ein bloßer Primus inter Pares zu bleiben, mussten sie ein Solus Primus werden, und dazu mussten sie alle konkurrierenden Autoritäten und Hierarchien der sozialen Autorität untergraben, schwächen und schließlich beseitigen. Angefangen bei den höchsten

Autoritätsebenen, bei ihren unmittelbarsten Konkurrenten, und von dort aus bis hinunter zur elementarsten und dezentralsten Ebene der gesellschaftlichen Autorität, nämlich den Oberhäuptern einzelner Familienhaushalte, müssen sie (muss jeder Etatist) ihre eigene ursprüngliche Autorität nutzen, um jede einzelne rivalisierende Autorität zu untergraben und ihr Recht auf unabhängiges Urteilen, Diskriminieren, Verurteilen und Bestrafen in ihrem eigenen territorial begrenzten Autoritätsbereich abzubauen.

Anderen Königen darf es nicht mehr erlaubt sein, frei zu bestimmen, wer ein anderer oder der nächste König ist, wer in den Rang eines Königs aufgenommen oder ausgeschlossen werden soll oder wer um Gerechtigkeit und Beistand vor sie treten darf oder nicht. Das gilt ebenso für alle anderen Ebenen der sozialen Autorität, für adlige Fürsten und Vasallen sowie für alle einzelnen lokalen Gemeinschaften, Orden, Verbände und letztlich alle einzelnen Familienhaushalte. Es darf niemandem freistehen, seine eigenen Regeln für Zulassung und Ausschluss selbst festzulegen. Das heißt: zu bestimmen, wer »drin« oder »draußen« sein soll, welches Verhalten von denen zu erwarten ist, die »drin« sind und in gutem Ansehen bleiben wollen, und welches Mitgliedschaftsverhalten stattdessen zu verschiedenen Sanktionen führt, die von Missbilligung, Misstrauen und Geldbußen bis hin zu Ausweisung und körperlicher Bestrafung reichen.

Und wie soll dies erreicht und alle Autorität in den Händen eines einzigen territorialen Monopolisten zentralisiert und gefestigt werden, zuerst eines absoluten Monarchen und dann eines demokratischen Staates? Indem man die Unterstützung aller einholt, die es verärgert, nicht in eine bestimmte Gemeinschaft, Vereinigung oder einen bestimmten sozialen Rang aufgenommen oder gefördert zu sein, oder weil sie von ihr ausgeschlossen und »ungerecht« bestraft werden. Gegen diese »unfaire Diskriminierung« verspricht er, der Staat oder Möchtegernstaat, den ausgeschlossenen »Opfern«, sie »hinein zu holen« und ihnen zu einer »gerechten« und »nichtdiskriminierenden« Behandlung zu verhelfen, als Gegenleistung für ihr verbindliches Engagement für den, und ihre Zugehörigkeit zum, Staat. Auf jeder Ebene der sozialen Autorität, wann und wo immer sich die Gelegenheit ergibt, ermutigt und fördert er »abweichendes Verhalten« und »Abweichler« und holt deren Unterstützung ein, um seine eigene Autorität auf Kosten aller anderen zu erweitern und zu stärken.

Dementsprechend muss die wichtigste Gegenstrategie der Rezivilisierung also die Rückkehr zur »Normalität« durch Dezentralisierung sein. Der Prozess der territorialen Erweiterung, der mit der Zentralisierung aller Autoritäten in einer monopolistischen Hand einherging, muss umgekehrt werden. Jede einzelne sezessionistische Tendenz und Bewegung sollte daher unterstützt und gefördert werden, denn mit jeder territorialen Trennung vom Zentralstaat entsteht ein anderes, separates und rivalisierendes Zentrum der Autorität und Rechtsprechung. Und die gleiche Tendenz sollte im Rahmen jedes neu geschaffenen separaten und unabhängigen Territoriums und Kompetenzzentrums gefördert werden. Das heißt, jede freiwillige Mitgliedsorganisation oder Vereinigung, jeder Orden, Verein oder sogar Haushalt innerhalb des neuen Territoriums sollte die Freiheit haben, ihre und seine eigenen Hausregeln, das heißt Regeln für die Aufnahme, die Sanktionen und die Ausgrenzung, selbstständig festzulegen, um so sukzessive das derzeitige etatistische System der erzwungenen territorialen und rechtlichen Integration und Vereinheitlichung durch eine natürliche, quasiorganische soziale Ordnung der freiwilligen territorialen und rechtlich gewohnten Vereinigung und Disassoziation zu ersetzen. Darüber hinaus, als eine wichtige Ergänzung: Um diese Ordnung zunehmend dezentralisierter Zentren, Ränge und Hierarchien der natürlichen sozialen Autorität vor interner Korruption oder externen (ausländischen) Angriffen zu schützen, sollte jede neu entstehende soziale Autorität ermutigt werden, so weit wie möglich ein Netzwerk mit ähnlich platzierten und gleichgesinnten Autoritäten in anderen, »fremden« Territorien und Jurisdiktionen aufzubauen, um im Bedarfsfall gegenseitige Hilfe zu leisten.

Damit habe ich eine Phase der konzeptionellen Analyse und der historischen Einsichten und Hintergrundinformationen erreicht, die es mir als zweite Aufgabe erlaubt, den jüngsten Versuch von Steven Pinker mit seinem Buch *Gewalt – Eine neue Geschichte der Menschheit*, der Whig-Geschichtstheorie neue Impulse zu geben, etwas näher zu kommentieren, das heißt den Mythos, dass die Menschheitsgeschichte ein etwas schwankender, aber dennoch stetiger Aufwärtsmarsch ins Licht war und dass wir heute in der westlichen Welt, wenn nicht in der besten aller möglichen Welten, dann in einer Welt leben, die besser ist als alles andere, was ihr voranging.

Das Buch wurde wenig überraschend von der herrschenden Elite begeistert begrüßt und zu einem großen kommerziellen Erfolg, der zweifellos durch Pinkers Status als charismatischer Harvard-Professor noch verstärkt wurde. Auf 800 Seiten im Kleindruck versammelt das Buch eine riesige Menge interessanter Informationen und Interpretationen über alles Mögliche, aber im Hinblick auf die darin enthaltenen Argumente zugunsten Pinkers zentraler These eines stetigen sozialen Fortschritts, der in der Gegenwart gipfelt, ist mein Urteil gänzlich negativ. Pinker mag ein ausgezeichneter Psychologe sein, aber er ist überfordert in den Bereichen Philosophie, Methodik, Wirtschaft und Geschichte, die alle für ein fundiertes Urteil über den Grad der sozialen Perfektion der verschiedenen Phasen und der langfristigen Entwicklung der Menschheitsgeschichte nötig sind. Insbesondere fallen seine historischen Narrative häufig als Rosinenpickerei auf, und entweder sieht er den Wald vor lauter Bäumen nicht oder umgekehrt die Bäume nicht vor lauter Wald.

Es gibt an dem Buch viel zu kritisieren, nicht zuletzt die Tatsache, dass Pinker beim Versuch, seine Begriffe eindeutig zu definieren, um jegliche interne Inkonsistenz oder Zweideutigkeit zu vermeiden, wenig sorgsam ist. Hier werde ich meine Kritik jedoch auf nur zwei zentrale Punkte konzentrieren. Zuerst Pinkers »Messung« oder Kriterium des sozialen Fortschritts – sein Explanandum oder zu Erklärendes – und dann seine Erklärung für das so »gemessene« Phänomen – sein Explanans.

In seinem gesamten Werk zeigt Pinker eine bemerkenswerte Feindseligkeit gegenüber der Religion, und so ist es kaum überraschend, dass es ihm nicht in den Sinn kommt, die biblischen Gebote (die er übrigens grob falsch darstellt) als Maßstab für soziale Perfektion zu verwenden. Vielmehr ist sein Maßstab »Gewalt«, und sozialer Fortschritt ist definiert als eine Reduzierung der Gewalt. Auf den ersten Blick scheint dieses Kriterium nicht allzu weit vom biblisch-libertären Ziel des Friedens entfernt zu sein. Tatsächlich erweist es sich jedoch als etwas ganz anderes. Seine wichtigsten Beispiele für Gewalt sind Morde und Kriegsopfer. Das Buch ist gefüllt mit Tabellen und Statistiken über solche Indikatoren von Gewalt. Unglaublicherweise macht Pinker jedoch keinen kategorischen Unterschied zwischen aggressiver und defensiver Gewalt. In den biblischen Geboten mit ihrer ausdrücklichen Anerkennung der Heiligkeit des Privateigentums wird eine solche Unterscheidung getroffen. Es macht einen Unterschied, ob Gewalt eingesetzt wird, um das Eigentum eines anderen Menschen zu nehmen, oder ob ein Mensch Gewalt zur Verteidigung seines Eigentums gegen einen Aggressor anwendet. Mord ist eine kategorisch andere Angelegenheit als die Tötung von jemandem in Notwehr. Nicht so bei Pinker. Eigentum und Eigentumsrechte werden in seinen Analysen nicht systematisch berücksichtigt. Tatsächlich erscheinen die Begriffe nicht einmal im 30-seitigen Sachregister des Buches. Für Pinker ist Gewalt Gewalt, und die Reduzierung von Gewalt ist Fortschritt, unabhängig davon, ob diese Reduzierung das Ergebnis der erfolgreichen Unterdrückung und Resignation eines Volkes durch ein anderes, eroberndes Volk ist oder das Ergebnis der eigenen erfolgreichen Unterdrückung von Aggressoren und Eroberern durch ein Volk. In Pinkers Welt ist eine »stabile« Herr-Sklaven-Beziehung ein Merkmal der Zivilisation, während eine von Gewalt begleitete Sklavenrevolte ein Zeichen der Entzivilisierung ist. Ebenso ist ein System der erzwungenen Steuer – ein weiterer Begriff, der wie der des Eigentums im Index nicht zufällig völlig fehlt – unabhängig von der Höhe der Besteuerung ein Indikator der Zivilisation; nur jedoch solange es stabil ist, das heißt solange die bloße Androhung einer Bestrafung durch die Steuerbehörde ausreicht, ein allgemeines Wohlverhalten der Besteuerten sicherzustellen, wohingegen jeder Steueraufstand und -widerstand als Entzivilisierung zu gelten hat. Das eine ist Frieden und Fortschritt für Pinker, das andere ist Gewalt und Rückschritt.

Pinker folgt seiner eigenen Logik nicht bis zum bitteren Ende, aber sie hat eine Hervorhebung verdient, um damit die ganze Verderbtheit seines Denkens zu enthüllen. Ein reibungslos funktionierendes Konzentrationslager zum Beispiel, das von bewaffneten Männern bewacht wird, die die Häftlinge nicht ermorden und sie daran hindern, sich gegenseitig zu töten, sie aber mit »Glücksdrogen« versorgen, um sie bis zu ihrem natürlichen (gewaltfreien) Tod in Ruhe arbeiten zu lassen, wäre das perfekte Modell für Frieden und sozialen Fortschritt, während der gewaltsame Sturz der Wachen durch die KZ-Häftlinge nun mal Gewalt und Entzivilisierung wäre.

Ausgehend von dieser verkommenen Vorstellung von sozialem Fortschritt, die kein Eigentum und keine Eigentumsrechtsverletzungen kennt, sondern nur die Zahl der unnatürlichen Todesfälle, Körperverletzungen und Knochenbrüche erfasst, ist zu erwarten, dass Pinkers Bewertungen verschiedener historischer Episoden zu einigen eher unbeholfenen oder gar grotesken Schlussfolgerungen führen müssen, wie sie es tatsächlich auch tun. Insbesondere erklärt das auch, wie Pinker das gegenwärtige demokratische Zeitalter überhaupt als das beste aller Zeiten verzeichnen konnte.

Aber ist es das, selbst zu Pinkers eigenen Bedingungen? Leben wir heute in der am wenigsten gewalttätigen Zeit? Die Antwort ist uneindeutig. Auf der einen Seite stehen Kriege, die im Laufe der Geschichte immer die meisten Opfer gekostet haben und die Folgen der »normalen« kleinen zwischenmenschlichen Gewalt bei Weitem überwiegen. In dieser Hinsicht lässt sich, wie Nicholas Taleb in seiner Antwort auf Pinkers Progressionsthese gezeigt hat, kein statistisch erkennbarer Trend feststellen. Nach Taleb ist für den 600-Jahres-Zeitraum von etwa 1500 bis heute, für den wir relativ zuverlässige Daten haben, keine wesentliche Änderung der Häufigkeit des Krieges oder der Anzahl der Kriegstoten (immer im Verhältnis zur Gesamtbevölkerung) festzustellen. Tatsächlich hat sich die kriegsbedingte Gewalt mit der Ausbreitung der Demokratie (im Gegensatz zu den Befürwortern der sogenannten Theorie des demokratischen Friedens) eher leicht erhöht. Und für den 70-jährigen Zeitraum seit dem Ende des Zweiten Weltkriegs bis heute, den Pinker als außergewöhnlich friedlich und kriegslos bezeichnet, weist Taleb darauf hin, dass Kriege und vor allem Großkriege sehr unregelmäßig und vergleichsweise selten sind und dass ein Beobachtungszeitraum von nur 70 Jahren daher viel zu kurz ist, um als Grundlage für weitreichende Schlussfolgerungen zu dienen. Außerdem ist diese Einschätzung der »Neuzeit«, wie John Gray gegen Pinker argumentiert hat, wahrscheinlich zu rosig, da sie die Zahl der kriegsbedingten Opfer unter den Nichtkombattanten systematisch unterschätzt, das heißt die Zahl der Zivilisten, die an verschiedenen durch den Krieg verbreiteten Krankheiten oder an langfristigen Kriegsfolgen wie »langsamen Todesfällen« durch wirtschaftliche Not und Hunger sterben. (Die gleiche Gefahr der Unterschätzung besteht nicht, zumindest nicht in gleichem Maße, für die Kriege des europäischen Mittelalters, da es sich üblicherweise um kleine, territorial begrenzte Ereignisse handelte, in deren Verlauf eine vergleichsweise scharfe Unterscheidung zwischen, und Trennung von, Kombattanten und Nichtkombattanten vorgenommen wurde.)

Andererseits gibt es in der Tat viele empirische Belege für einen langanhaltenden Trend zur Verringerung der Gewalt – nicht zu verwechseln mit einer Verringerung der Verletzungen von Eigentumsrechten –, gemessen insbesondere an den Mordraten (ein Mord ist ein Mord, unabhängig davon, wer wen warum oder wie tötet). In diesem extra- oder amoralischen Sinne können wir in der Tat von einem »Prozess der Zivilisation« sprechen, wie Pinker es tut und sehr detailliert zeigt. Pinker übernimmt diesen Begriff von Norbert Elias und seinem Buch *Über den Prozess der Zivilisation*, das 1939 erstmals auf Deutsch veröffentlicht und 30 Jahre später ins Englische übersetzt wurde. In diesem Buch beschreibt und erklärt Elias die Veränderungen der alltäglichen Etikette, von Tischsitten bis hin zu sexuellen Sitten, die während und seit dem europäischen Mittelalter stattgefunden haben. Kurz gesagt kann dieser Prozess als der allmähliche Übergang von brutalem, widerlichem, rüpelhaftem, grobem, plumpem, unanständigem und unbeherrschtem und so weiter Verhalten zu immer mehr verfeinertem, kontrolliertem, rücksichtsvollem, bescheidenem und gemäßigtem und so weiter menschlichem Verhalten beschrieben werden. Pinker greift die Stichworte von Elias auf und verallgemeinert und erweitert dessen zivilisatorische These von der menschlichen Etikette auf das gesamte alltägliche Leben und Verhalten – und darin ist er meiner Meinung nach weitgehend erfolgreich.

Pinkers Erklärung jedoch für diese extra- oder amoralische Form des sozialen Fortschritts von brutalem zu zunehmend verfeinertem Verhalten ist grundlegend falsch. Was er als Hauptursache für diese Entwicklung identifiziert, und ich werde mich gleich dazu äußern, hat diese Entwicklung eigentlich, wenn überhaupt, verzögert und verzerrt. Das heißt, ohne Pinkers Ursache hätte nicht weniger, sondern mehr (und eine wesentlich andere) Verfeinerung im menschlichen Verhalten stattgefunden.

Tatsächlich lässt sich die große, langfristige historische Tendenz zu immer mehr verfeinertem (oder weniger grobem) Verhalten einfach als quasinatürliches Nebenprodukt der Erweiterung und Vertiefung der Arbeitsteilung im Zuge der wirtschaftlichen und technischen Entwicklung erklären. Die Entwicklung von immer mehr und unterschiedlicheren produktivitätssteigernden Werkzeugen und Geräten ging Hand in Hand mit der Entwicklung und zunehmenden Differenzierung von menschlichen Fertigkeiten, Fähigkeiten und Talenten. Kurz gesagt: Die Bedeutung der Muskelkraft für den wirtschaftlichen Erfolg nahm im Vergleich zur Bedeutung der Gehirnleistung, der körperlichen Geschicklichkeit und der geistigen Beweglichkeit ab. Darüber hinaus wird, wie ich in meinem Buch *Eine kurze Geschichte der Menschhei*t zu erklären versucht habe, insbesondere unter malthusianischen Bedingungen, die für den größten Teil der Menschheitsgeschichte vorherrschten, eine systematische Prämie des wirtschaftlichen Erfolgs und des menschlichen Überlebens auf die fortschreitende Entwicklung und das Wachstum der menschlichen Intelligenz, der geringen Zeitpräferenz, der Impulskontrolle und der Geduld gelegt (also persönliche Merkmale, die zumindest teilweise erblich sind und somit an nachfolgende Generationen weitergegeben werden).

Die Erklärung Pinkers für diese Tendenz zur fortschreitenden Verfeinerung des menschlichen Verhaltens ist jedoch eine ganz andere. Seine Erklärung für diese Entwicklung ist die Institution eines Staates, das heißt eines territorialen Monopols der ultimativen Entscheidungsfindung. Er behauptet, dass der entscheidende und wichtigste Schritt in der fortschreitenden Verfeinerung des menschlichen Verhaltens der Übergang von einer staatslosen Gesellschaftsordnung zu einer etatistischen Gesellschaft war. Und da liegt er nicht ganz falsch – unter der Bedingung seiner extra- oder amoralischen Definition von fortschreitender Verfeinerung. Sicherlich ist die Institution der Staaten, und insbesondere der demokratischen Staaten, die Hauptursache für viele wesentliche Merkmale und Beobachtungen unseres heutigen menschlichen Verhaltens und unserer menschlichen Routinen – abgesehen von der Feststellung, dass viele oder die meisten von ihnen wenig oder gar nichts mit moralischem Fortschritt zu tun haben und im offenen Widerspruch zu biblischen Geboten stehen. Auch die von Pinker definierte Gewalt kann tatsächlich zurückgegangen sein – abgesehen von der Feststellung, dass die Ausübung von Gewalt so »verfeinert« und unter staatlichen Gesichtspunkten neu definiert wurde, dass sie nicht mehr unter Pinkers enge Definition des Begriffs fällt. »Hexen« zum Beispiel werden nicht mehr gewaltsam verbrannt, sondern scheinbar friedlich in psychiatrische Stationen verschifft, um von medizinischen Fachkräften betäubt und ruhiggestellt zu werden; und Nachbarn werden nicht mehr gewaltsam ihres Eigentums beraubt, sondern, viel »verfeinerter« und anscheinend ohne körperliche Gewalt mit regelmäßig wiederkehrenden Steuerrechnungen versehen, die quasi automatisch per Banküberweisung auf die Konten des Staates eingezahlt werden.

Die von Pinker identifizierte zentrale Ursache für sozialen Fortschritt und zunehmende soziale Perfektion, also die Institution eines Staates, entpuppt sich in Wirklichkeit als eine zentrale Kraft der Entzivilisierung, die den zugrundeliegenden zivilisatorischen Prozess verzögert und verzerrt, der auf natürliche Weise mit der Vertiefung und Erweiterung der Arbeitsteilung im Zuge der wirtschaftlichen Entwicklung in Gang gesetzt wurde. Mit der Institution des Staates mag die Verfeinerung der Gewalt im Laufe der Zeit erklärt werden, aber sie selbst ist eine ständige Quelle der Gewalt, wie verfeinert sie auch sein mag, und die treibende Kraft für ihre Ausweitung und Intensivierung. Aufgrund der negativen Konnotationen, die üblicherweise mit dem Begriff »Gewalt« verbunden sind, würde der englische Untertitel von Pinkers Buch *Why Violence Has Declined* – warum Gewalt zurückgegangen ist –, bei den meisten potenziellen Lesern die Erwartung wecken, eine Antwort auf eine moralische Frage oder ein moralisches Problem zu bekommen. Doch als solches ist der Titel des Buches ein genialer Versuch, falsche und irreführende Werbung zu betreiben, denn Pinker tut nichts dergleichen. Stattdessen beantwortet er die ganz andere Frage, wie man Gewalt »technisch« oder »wissenschaftlich« so definiert, dass die von allen am meisten moralisch verkommene und gewalttätige Institution als Friedensstifter erscheint oder Satan wie einen Engel aussehen lässt.

Und wie macht er das? Erstens, indem er Logik und den gesunden Menschenverstand verwirft und dann zweitens die Daten und historischen Narrative fälscht, um sie seiner unsinnigen Grundprämisse anzupassen. Diese Grundannahme wird von Pinker in Form eines einfachen Diagramms dargestellt, auf Seite 35 der englischen Ausgabe. In jedem Zweipersonenszenario können beide Parteien ein Motiv für Gewalt haben, entweder als Angreifer, der den anderen ausnutzt, oder als Opfer, das Vergeltungsmaßnahmen ergreift. Folglich stellt Pinker, ähnlich wie Hobbes, diesen Sachverhalt als einen endlosen gewalttätigen Konflikt dar, als ein *bellum omnium contra omnes*, einen Krieg aller gegen alle. Aber auf wundersame Weise gibt es eine Lösung für dieses Problem, eine dritte Partei, die von Pinker als Beobachter bezeichnet wird, die als Richter fungiert und die Rolle eines territorialen Gewaltmonopols übernimmt, um einen dauerhaften Frieden zu schaffen.

Aber wäre dieser Zuschauer nicht auch ein potenzieller Räuber? Und würden seine Räubermotive nicht noch verstärkt werden, wenn er der Gewaltmonopolist wäre und keine Vergeltungsmaßnahmen seiner Opfer befürchten müsste? Pinker geht nicht auf diese eher offensichtlichen Fragen ein, erst recht gibt er auf sie keine systematische Antwort. Er gibt auch keine Antwort auf die Frage, warum sich jemand ohne Widerstand einem solchen beobachtenden monopolistischen Richter unterwerfen sollte. Würde niemand die potenzielle Gefahr für sein eigenes Eigentum durch eine solche Regelung erkennen und Widerstand gegen deren Errichtung leisten? Sicher, Pinker kann nicht umhin, später zu bemerken, dass empirisch gesehen keine Staaten als territoriale Gewaltmonopolisten spontan oder quasi-organisch entstanden sind, sondern mafiös aus einer Art Schutzgelderpressung. Doch diese Beobachtung führt ihn nicht dazu, seine grundlegende These über die Hauptrolle des Staates als Friedensstifter zu revidieren oder zu verwerfen, noch führt sie ihn zur Erkenntnis, dass viele, wenn nicht sogar die meisten der zivilisatorischen Errungenschaften, die er den Aktivitäten des Staates zuschreibt, tatsächlich die Ergebnisse des Volkswiderstandes gegen die Staatsmacht sind, sei es aktiv und gewalttätig oder passiv und gewaltlos. Tatsächlich klassifiziert Pinker, wie bereits erwähnt, jeden gewalttätigen Widerstand gegen den Staat als »Entzivilisierung«, was bedeutet, dass die vom Staat gegenüber dem Widerständler ausgeübte vorherige Gewalt eine zivilisierende und befriedende Tätigkeit gewesen sein muss, die überhaupt nicht als Gewalt anzusehen ist. Es ist fast unnötig zu sagen, dass solche mentale Akrobatik nur zu verschiedenen Widersprüchen führen kann, aus denen sich Pinker nur durch mehr oder weniger geniale, aber immer intellektuell schmerzhafte Verrenkungen befreien kann.

Pinkers Identifikation des Staates als die entscheidende Kraft im Zivilisationsprozess stimmt natürlich sehr gut mit der Einschätzung aller Staatsherrscher überall überein, und es ist im Wesentlichen die gleiche Lektion, die wir alle, in Schule und Universität, als quasi-axiomatische Wahrheit zu akzeptieren gelernt haben. Insbesondere ist es die gleiche Lektion, die auch von allen zeitgenössischen »führenden Ökonomen« gelehrt wird. Und doch steht sie in krassem Widerspruch zu einem der elementarsten Gesetze der Ökonomie: Die Produktion unter monopolistischen Bedingungen wird zu höheren Preisen und geringerer Qualität führen als die Produktion desselben Produkts unter Wettbewerbsbedingungen, das heißt unter Bedingungen des »freien Zugangs«. Die meisten zeitgenössischen Ökonomen erkennen dieses Gesetz an, aber sie wenden es nicht auf das eigenartige Monopol des Staates an – wahrscheinlich weil die meisten von ihnen vom Staat beschäftigt und bezahlt sind. Aber in der Tat gilt es auch für den Staat, unabhängig davon, wie man das von ihm hergestellte spezifische Produkt beschreibt. Wenn wir den Staat beschreiben, wie es Pinker tut, als einen territorialen Monopolisten der Friedensschaffung, dann wird der von ihm geschaffene Frieden teurer und von geringerer Qualität sein. Wenn wir ihn als Monopolisten der Rechtsprechung bezeichnen, dann wird die Rechtsprechung kostenintensiver und von geringerer Qualität sein. Wenn wir ihn als Gewaltmonopolisten bezeichnen, wird seine Gewalt teurer und qualitativ schlechter sein. Oder wenn wir ihn, wie ich es am besten finde, als territorialen Enteignungsmonopolisten bezeichnen, der mit der Aufgabe des Eigentumsschutzes betraut ist, dann werden wir vorhersehbar viel Enteignung bekommen, die dem Monopolisten zugutekommt, und wenig Schutz, der für den Staat nur teuer sein wird. Auf jeden Fall ist das Ergebnis immer das Gleiche, und Pinkers zentrale These über die zivilisatorische Wirkung der Institution eines Staates ist daher allein aus logischen Gründen zu verwerfen.

Was ist dann mit Pinkers empirischen Argumenten? Logik kann nicht durch empirische Daten widerlegt werden, aber wenn man die Logik verwirft, ist man gezwungen, empirische Daten falsch zu interpretieren. Pinker bietet eine Vielzahl von hochinteressanten empirischen Daten, Tabellen und Diagrammen. Bei einigen von ihnen bin ich skeptisch, aber des Argumentes wegen akzeptiere ich sie hier alle. Meine Kritik betrifft ausschließlich seine Interpretation dieser Daten. Tatsächlich, und wie bereits erwähnt, kann ich mich weitgehend seiner verallgemeinerten Eliasthese über einen zivilisatorischen Prozess von brutalem zu verfeinertem menschlichem Verhalten anschließen. Ausgehend von der Logik, würde ich sie jedoch anders interpretieren. Welchen zivilisatorischen Prozess es auch immer gibt, er ist nicht wegen des Staates erfolgt, sondern trotz oder im Widerstand gegen den Staat; und welchen entzivilisatorischen Prozess es auch immer gibt, er ist nicht wegen der Abwesenheit eines Staates erfolgt, sondern trotz seiner Abwesenheit oder als späte, anhaltende Wirkung eines früheren (jetzt aufgelösten) Staates und seiner früheren entzivilisatorischen Tendenzen. Aus *post hoc* lässt sich kein *propter hoc* schließen.

Ich werde meine Kritik auf zwei zentrale Exponate beschränken, die Pinker zur empirischen Unterstützung seiner Arbeit vorlegt. Eines, das sich auf globale Angelegenheiten bezieht, und ein anderes, das regional spezifischer ist und in direktem Zusammenhang mit meinen früheren Beobachtungen der europäischen oder westlichen Geschichte steht.

Die empirische Unterstützung für die globale Progressionsthese ist in zwei Tabellen zusammengefasst (auf den Seiten 49 und 53). Die erste soll den Rückgang der Kriegstoten (in Prozent der Bevölkerung) von der menschlichen Vorgeschichte bis zur Gegenwart zeigen. Dabei unterscheidet Pinker vier historische Phasen: die Urgeschichte, die Jäger-

Sammler-Gesellschaften, die Jäger-Gartenbau-Gesellschaften und schließlich die Staatsgesellschaften. Und er liefert dann Daten, die zeigen sollen, dass es bestenfalls nur eine minimale Verbesserung von der sehr gewalttätigen Urgeschichte bis zur Phase des Jägers und Sammlers gab; dass die Gewalt mit der Einführung von Gartenbau und Landwirtschaft wieder zunahm (da es dann mehr wirtschaftliche Ungleichheit und mehr zu plündern gab); und dass sie schließlich mit der Einführung von Staatsgesellschaften stark auf ein Niveau fiel, das es in der Menschheitsgeschichte noch nie gegeben hat. Um seine These weiter zu untermauern, vergleicht die zweite Tabelle die Todesrate in der Kriegsführung »moderner« nicht staatlicher Gesellschaften (des 19. und 20. Jahrhunderts) mit ebenso »modernen« Staatsgesellschaften und demonstriert damit angeblich erneut die zivilisatorische Wirkung von Staaten.

Wie bereits erwähnt, werde ich nicht über die in diesen Tabellen dargestellten Zahlen und Schätzungen streiten, abgesehen vom Hinweis, dass jede Schätzung der menschlichen Urgeschichte und der weit zurückliegenden Jäger-Sammler-Gartenbau-Stufen der Menschheitsgeschichte mit einer guten Portion Skepsis betrachtet werden muss. Archäologische Funde von zerbrochenen Schädeln zum Beispiel können die Grundlage für eine vernünftige Schätzung der Gewalt an bestimmten Orten und zu bestimmten Zeiten bilden, und man kann diese Schätzungen dann auch auf die geschätzte gesamte Weltbevölkerung zu diesem Zeitpunkt hochrechnen, um die Gewalttodesrate für einen bestimmten Zeitraum zu berechnen. Aber was man nicht erbringen kann und was aus ziemlich offensichtlichen technischen Gründen und zumindest bis heute fast unmöglich ist, ist der Nachweis, dass eine solche Stichprobe von Gewaltdaten eine repräsentative Stichprobe ist, aus der allein es legitim wäre, die eigenen spezifischen Ergebnisse auf die Gesamtbevölkerung zu verallgemeinern.

Der Hauptgrund jedoch, warum Pinkers Daten nicht zeigen, was er zeigen will, ist ein anderer. In seinem Versuch, nicht staatliche Gesellschaften mit staatlichen Gesellschaften zu vergleichen, vergleicht er, was nicht vergleichbar ist. Seine Beispiele für nicht staatliche Gesellschaften, ob alt oder modern, beziehen sich fast ausschließlich auf einige obskure Stämme außerhalb Europas (oder in einigen wenigen seltenen europäischen Fällen auf Stämme, die Tausende von Jahren vor der christlichen Ära lebten); und alle von ihnen sind entweder buchstäblich ausgestorben oder haben keine bleibende Spur in der Geschichte hinterlassen, da es heute fast unmöglich ist, eine zeitgenössische Gesellschaft genealogisch auf sie als ihre historische Vorgängerin zurückzuführen. Im Gegensatz dazu stammen alle Beispiele von Staatsgesellschaften aus Europa und der westlichen Welt, wo eine solche genealogische Rückverfolgung für Zeiträume von Hunderten oder gar Tausenden von Jahren problemlos möglich ist. Zu einer unvoreingenommenen Schlussfolgerung kann ein solcher Vergleich natürlich nur unter der Annahme führen, dass der einzige relevante Faktor, der europäische oder »westliche« Menschen von Pinkers verschiedenen Stammesangehörigen unterscheidet, die Anwesenheit beziehungsweise das Fehlen eines Staates ist; und dass ansonsten beide Menschen gleich sind und die gleiche körperliche und geistige Konstitution und Ausstattung haben.

Im Rahmen seiner eigenen, für seine Argumentation entscheidenden Annahme legt Pinker dies nie ausdrücklich dar. Wahrscheinlich, weil es einen unmittelbaren Zweifel an der Gültigkeit seiner Schlussfolgerung aufkommen lassen würde. Und tatsächlich gibt es inzwischen in vielen Disziplinen unzählige empirische Studien, die die völlige Falschheit dieser Annahme belegen. Es bestehen erhebliche Unterschiede in der körperlichen und geistigen Zusammensetzung und Ausstattung verschiedener Menschen. Europäer, oder allgemeiner »Westler«, sind entschieden nicht die gleiche Art von Menschen wie Pinkers Stammesangehörige – und damit fällt sein erster »empirischer Beweis« für seine Progressionsthese in sich zusammen. Sein Beweis ist ein Blindgänger und beweist nichts.

Darüber hinaus übersieht Pinker die Menschen-»Bäume« vor lauter globalem Menschheits-»Wald« auch in anderer Hinsicht; denn nach seinen eigenen Angaben gibt es auch einige nichtstaatliche Gesellschaften, wenn auch nur wenige, die dem in Staatsgesellschaften erreichten Grad an Frieden gleichkommen oder ihn sogar übertreffen.

Eine kurze Nebenbemerkung: Pinker ist sich vielleicht nicht einmal bewusst, dass zur Stützung seines Standpunktes eine Art (falsche) menschliche »Gleichheits«-Annahme notwendig ist, aber er geht trotzdem von dieser Annahme aus, immer wieder, wenn auch nur implizit oder verstohlen. Tief im Inneren ist Pinker ein Egalitarist, wie sich insbesondere in seiner unverblümten Sympathie für den »Fortschritt« zeigt, den die sogenannte »Bürgerrechtsbewegung« und der »edle« Dr. Martin Luther King sowie »einer der größten Staatsmänner der Geschichte«, Nelson Mandela (ungeachtet der bekannten kommunistischen Verbindungen beider Männer), gebracht haben. Pinker ist natürlich kein extremer (und auch kein extrem dummer) Egalitarist. Er unterscheidet zwischen Geschlecht, Alter, Rasse und Klasse, und er ist sich der ungleichen Verteilung verschiedener menschlicher Eigenschaften und Talente innerhalb der Gesellschaft bewusst, wie Intelligenz, Fleiß, Impulskontrolle, Geselligkeit und so weiter. Aber als politisch korrekter »Progressiver« kann er sich nicht zur Erkenntnis durchringen, dass die ungleiche Verteilung dieser menschlichen Eigenschaften und Talente innerhalb einer Gesellschaft in verschiedenen Gesellschaften sehr unterschiedlich sein kann.

Nachdem Pinkers erster, globaler empirischer »Beweis« verworfen wurde, wie verhält es sich nun mit seinem zweiten, dem regionalen? Hier kommen alle Daten aus Europa, und insofern wird die Gefahr des Vergleichs von Inkompatiblem vermieden. Pinker widmet diesem Fall etwa zehn Seiten (Seiten 228–238), und die wesentlichen Informationen sind in einem einzigen Diagramm (Seite 230) zusammengefasst, die die »Todesrate in Konflikten im Großraum Europa 1400 bis 2000« darstellt. Wenn überhaupt, dann zeigt dieses Diagramm das Gegenteil von Pinkers Progressionsthese. Es zeigt, dass die längste Zeit der (relativen) Friedlichkeit und der geringen Gewalt die fast 200 Jahre von 1400 bis zum Ende des 16. Jahrhunderts waren. Doch diese Periode fällt genau in die längere Periode des europäischen Mittelalters (und markiert sein Ende); und das Mittelalter, wie ich bereits dargelegt habe, ist ein Paradebeispiel für eine staatenlose Gesellschaftsordnung. Interessanterweise stimmt Pinker dieser Einschätzung des mittelalterlichen Europas als staatenlos zu, aber er sieht dann nicht, dass diese Einschätzung, seinen eigenen Daten zufolge, eine empirische Widerlegung seiner These bedeutet.

Und es kommt noch schlimmer für Pinkers Argumentation. Dem gleichen Diagramm zufolge ist die nachfolgende historische Periode, vom späten 16. Jahrhundert bis zur Gegenwart, durch drei starke Spitzen in der Gewalttätigkeit gekennzeichnet. Die erste Spitze, vom späten 16. Jahrhundert bis zum Westfälischen Frieden 1648, geht weitgehend auf den Dreißigjährigen Krieg zurück; die zweite, vom späten 18. Jahrhundert bis 1815 und etwas weniger steil als die erste, geht auf die Französische Revolution und die Napoleonischen Kriege zurück; und die dritte und größte Spitze, von 1914 bis 1945, geht auf die beiden Weltkriege des 20. Jahrhunderts zurück. Außerdem blieb in allen Zwischenzeiträumen das Gewaltniveau deutlich über dem des Mittelalters, und dieses Niveau wurde erst drei Jahrhunderte später, in der Zeit von 1815 bis 1914 und erneut in der Zeit nach dem Zweiten Weltkrieg wieder erreicht. Alles in allem erscheint also die Bilanz des nachmittelalterlichen Europas in Bezug auf Gewalt eher bedrückend. Und doch ist die gesamte Zeit vom späten 16. Jahrhundert bis heute die Ära der Staaten, die Pinker als die treibenden Kräfte eines »zivilisatorischen Prozesses« betrachtet.

Pinker verbindet den ersten drastischen Anstieg der Gewalt mit Religion und den »Religionskriegen«. In der Tat waren es jedoch Kriege zur Erschaffung von Staaten. Feudale Könige und Fürsten, die den Rang eines absoluten Herrschers anstrebten, führten Krieg, um immer größere zusammenhängende Gebiete unter ihre Oberherrschaft zu bringen. Dabei nutzten sie die jüngste Glaubensspaltung innerhalb der lateinischen Christenheit zwischen Katholiken und Protestanten, und sie waren es, die den Begriff »Religionskriege« erfanden – und sei es nur, um den wahren Zweck der Staatsbildung zu verschleiern und darüber hinwegzutäuschen, dass er wenig oder gar nichts mit Religion zu tun hatte. Die zweite Spitze markiert den Wendepunkt von monarchischen zu demokratischen Staaten und ist das Ergebnis des napoleonischen Frankreichs, das mithilfe von Kriegen versuchte, die Hegemonie über ganz Kontinentaleuropa zu etablieren. Und die dritte und drastischste Steigerung des Gewaltniveaus markiert den Beginn der Ära der voll ausgereiften Demokratie und ist die Folge davon, dass Großbritannien und die USA in den Krieg zogen, um die Welthegemonie zu etablieren.

In seiner Interpretation dieser Daten versucht Pinker, das Beste aus einer für ihn ziemlich verzweifelt aussehenden Argumentation zu machen. Zum einen weist er mithilfe eines zweiten Diagramms (Seite 229) darauf hin, dass die Zahl der gewaltsamen Konflikte während des gesamten Zeitraums zurückgegangen ist, da aufgrund von territorialer Konsolidierung und Zentralisierung die Zahl der Staaten gesunken ist. Eine größere Anzahl von kleinen Kriegen mit wenigen Opfern wurde durch eine kleinere Anzahl von großen Kriegen mit vielen Opfern ersetzt. Dies scheint jedoch kaum ein Fortschritt zu sein, vor allem wenn man bedenkt, dass die Todesrate in Konflikten während der gesamten etatistischen Ära tatsächlich zugenommen hat, auch wenn die Zahl der gewaltsamen Konflikte zurückgegangen ist. Um seine Progressionsthese noch zu retten, trägt Pinker also zwei Hilfsargumente vor. Erstens behauptet er, dass der tödlichere Charakter der weniger häufigen modernen Kriege nichts mit Staaten an sich oder der territorialen Ausdehnung und Konsolidierung von Staaten zu tun hat, sondern vielmehr das quasi zufällige Ergebnis des Fortschritts in der Militärtechnologie ist. Eine These, die er anderswo ablehnt, wenn er erklärt, dass sich die Entwicklung der Technologie im Wesentlichen »neutral« zum Grad der Gewalt verhält. Und zweitens, um seiner These über den Rückgang der Kriegshäufigkeit – aber nicht, um es noch einmal zu betonen, den Rückgang der kriegsbedingten Todesrate – mehr Gewicht zu verleihen, weist er darauf hin, dass der Prozess der politischen Zentralisierung, das heißt die immer geringere Zahl von Staaten mit immer größeren Staatsterritorien, nicht von einer entsprechenden Zunahme des Bürgerkriegs oder des innerstaatlichen Krieges begleitet wurde und somit einen echten zivilisatorischen Gewinn (und nicht nur einen Buchführungstrick) darstellt. Im Wesentlichen, so Pinker, sinkt mit jeder politischen Zentralisierung und schließlich der Errichtung eines Weltstaates die Wahrscheinlichkeit eines Krieges und verschwindet schließlich bei gleichzeitigem parallel ablaufendem Niedergang und Verschwinden des Bürgerkriegs. Kurz gesagt: Staaten zivilisieren, und ein Weltstaat zivilisiert am besten. Oder umgekehrt: Jede Sezession entzivilisiert, und die völlige Freiheit der Sezession entzivilisiert am meisten.

Die ökonomische Logik (Praxeologie) diktiert jedoch eine ganz andere Interpretation von all dem. Staaten sind keine spontanen, freiwilligen Vereinigungen. Sie sind das Ergebnis von Kriegen. Und die Existenz von Staaten erhöht die Wahrscheinlichkeit weiterer Kriege, denn unter etatistischen Bedingungen müssen die Kosten der Kriegsführung nicht mehr privat getragen werden, sondern können zumindest teilweise an unschuldige Dritte ausgelagert werden. Dass die Zahl der Kriege dann mit abnehmender Zahl der Staaten abnimmt und dass es keinen zwischenstaatlichen Krieg geben kann, wenn die Zahl der Staaten auf einen einzigen Weltstaat reduziert wurde, ist nicht viel mehr als eine definitorische Wahrheit. Doch selbst wenn sie weniger häufig sind: Je weiter der Prozess der politischen Zentralisierung und territorialen Konsolidierung vorangetrieben wird, das heißt, je näher das ultimative etatistische Ziel eines Weltstaates rückt, desto tödlicher werden solche Kriege sein.

Auch die Institution eines Weltstaates kann nicht halten, was Pinker verspricht. Es stimmt, dass es dann per Definition keine zwischenstaatlichen Kriege mehr geben kann. Des Argumentes wegen können wir sogar zugestehen, dass die Häufigkeit und die Verlustrate von internen Bürgerkriegen ebenfalls abnehmen können (obwohl die empirischen Beweise dafür zunehmend zweifelhaft erscheinen). Was man aber über die Konsequenzen eines Weltstaates jedenfalls sicher vorhersagen kann, ist Folgendes: Mit der Aufhebung des gesamten zwischenstaatlichen Wettbewerbs, das heißt mit der Ersetzung einer Vielzahl verschiedener territorialer Jurisdiktionen, die jeweils unterschiedliche Gesetze, Zoll-, Steuer- und Regulierungsstrukturen haben, durch eine einzige, weltweit einheitliche Gerichtsbarkeit wird auch jede Möglichkeit, mit den Füßen gegen einen Staat und seine Gesetze zu stimmen, aufgehoben. Damit fällt eine grundlegend wichtige Beschränkung des Wachstums und der Expansion der Staatsmacht weg, und die Kosten für die Produktion von Gerechtigkeit (oder was auch immer der Staat zu produzieren vorgibt) werden dementsprechend auf ungekannte Höhen steigen, während ihre Qualität einen neuen Tiefstand erreichen wird. Es mag sein, dass es weniger Gewalt vom Typ der gebrochenen Knochen à la Pinker gibt, aber auf jeden Fall wird es mehr als je zuvor »verfeinerte« Gewalt geben, das heißt Eigentumsrechtsverletzungen, die für Pinker nicht als Gewalt gelten. Die Weltstaatsgesellschaft wird dann eher wie das erwähnte stabile Konzentrationslagerszenario aussehen als alles, was einer freien, fröhlichen Gesellschaftsordnung ähnelt.

Wenn man Pinkers wesentliches Argument auf das notwendige Minimum reduziert, läuft es auf eine Reihe logischer Absurditäten hinaus: Seiner Meinung nach »verschmelzen« Stammesgesellschaften irgendwie zu kleinen Staaten und kleine Staaten »verschmelzen« nacheinander zu immer größeren Staaten. Wäre dieses »Verschmelzen« und »Zusammenwachsen«, wie die Begriffe andeuten, eine spontane und freiwillige Angelegenheit, wäre das Ergebnis jedoch per Definition kein Staat, sondern eine anarchische Gesellschaftsordnung, die aus freien Mitgliedsverbänden besteht und von diesen regiert wird. Wenn andererseits dieses »Verschmelzen« und »Zusammenwachsen« stattdessen zu einem Staat führt, kann es keine spontane und freiwillige Angelegenheit sein, sondern muss logischerweise mit Gewalt und Krieg verbunden sein (insofern als jede territoriale Monopolisierung dessen, was auch immer monopolisiert ist, das gewaltsam erzwungene Verbot der »freien Einreise« erfordert). Aber wie kann jemand wie Pinker, der Gewalt und Krieg auf ein Minimum reduzieren und möglicherweise ganz beseitigen will, einem Sozialsystem oder irgendeinem System, das die Ausübung von

Gewalt und Krieg notwendig macht, den Vorzug geben gegenüber einem System, das dies nicht tut? Antwort: nur wenn man die ganze Logik aufgibt und behauptet, dass das Verhältnis zwischen Staat und Gewalt und Krieg nicht logisch notwendig ist, sondern nur eine zufällige, empirische Beziehung; dass es, wie es in der Tat eine rein empirische Angelegenheit ist, ob Sie oder ich Gewalt begehen und in den Krieg ziehen oder nicht, ebenso auch eine rein zufällige, empirische Angelegenheit sei, ob ein Staat Gewalt begeht und in den Krieg zieht oder nicht.

So hatte beispielsweise der Zweite Weltkrieg mit all seinen Gräueltaten nach Pinker im Wesentlichen nichts mit der Institution der Staaten zu tun, sondern war ein historischer Zufall, bedingt durch das Übel eines einzigen, geistesgestörten Individuums, Adolf Hitler. In der Tat unglaublich. Scheinbar ohne rot zu werden (obwohl das zugegebenermaßen aus einem schriftlichen Text schwer zu erkennen ist), zitiert Pinker zustimmend den Historiker John Keegan und sagt, dass »nur ein Europäer wirklich Krieg wollte – Adolf Hitler«. Frage: Aber wie viel Böses kann ein einzelner, gestörter Mensch ohne die Institution eines zentralisierten Staates tun? Wie viel Böses hätte Hitler im Rahmen einer staatenlosen Gesellschaft wie dem Mittelalter anrichten können? Wäre er ein großer Lehensherr, ein König, ein Bischof oder ein Papst geworden? Wie viel Böses hätte er tatsächlich selbst im Rahmen von tausend Ministaaten wie Liechtenstein, Monaco oder Singapur anrichten können? Antwort: nicht viel, und sicherlich nichts, was mit den Übeln im Zusammenhang mit dem Zweiten Weltkrieg vergleichbar wäre. Es gilt also nicht: »Kein Hitler, kein Churchill, kein Roosevelt oder kein Stalin und dann kein Krieg«, wie Pinker es gerne hätte, sondern: »Kein hoch zentralisierter Staat und dann kein Hitler, Churchill, Roosevelt oder Stalin.« Wenn man den Staat entfernt, wären aus ihnen vielleicht ein Jack the Ripper, ein Charles Ponzi oder sogar gänzlich harmlose Menschen geworden, aber nicht die massenmörderischen Monster, die wir kennen. Wenn man einen Staat gründet, erschafft und züchtet man Monster, und das System zieht sie an.

Mit einem Wort also: Pinkers Versuch, die Whig-Theorie der Geschichte zu retten und zu zeigen, dass wir in der besten aller Welten leben, erweist sich als völliger Fehlschlag. Man kann sogar sagen, dass sein Buch und dessen großer kommerzieller Erfolg selbst ein empirischer Beweis für das Gegenteil ist.

Veröffentlicht 31.12.2018

Mythos Friedrich August von Hayek

Von einem »Radikalliberalen«, der sich als Sozialdemokrat entpuppt.

Vor langer Zeit, in meinen letzten Jahren am Gymnasium, war ich ein Linker. Als ich allmählich die Fehler dieser Denkrichtung erkannte, schaute ich mich nach einem Ersatz um. Ich entdeckte, weil sie häufig in der Presse als prinzipielle Gegner und Alternativen zu allen Sozialismen erwähnt wurden, zuerst Milton Friedman und dann Friedrich August von Hayek. Tatsächlich fand ich in ihren Schriften viele gute Argumente, mit denen ich damals die vorherrschende Linke bekämpfte. Und es war durch das Tor von Friedman und Hayek, dass ich irgendwann auch Ludwig von Mises und schließlich Murray Rothbard entdeckte. Also verdanke ich sowohl Friedman als auch Hayek intellektuell etwas.

Aber das ist nicht mein Thema. Stattdessen will ich der Frage nachgehen, weshalb diese beiden vor fast 40 Jahren, und immer noch oder sogar verstärkt heute, in jedem wichtigen Hauptstrommedium – in den USA und möglicherweise noch mehr in Europa – als die radikalen Gegner von allem, was links ist, präsentiert wurden. Und das, obwohl Friedman und Hayek tatsächlich selbst zur Linken gehören – natürlich nicht der traditionellen, harten, marxistischen Version, aber auf jeden Fall der weichen, sozialdemokratischen Variante. Sie stellen deshalb auch alles andere als eine prinzipielle Alternative zum Sozialismus dar. Man könnte also von einem »Friedman-Hayek-Mythos« sprechen.

Friedman und Hayek

Ich will mich hier nur auf eine Hälfte beschränken, den Hayek-Mythos. Friedman ist weit bekannter als Hayek. Eine Googlesuche nach Friedman ergibt 30 Millionen, nach Hayek 6,58 Millionen, nach Mises 3,29 Millionen und nach Rothbard 1,33 Millionen Ergebnisse. Das ist so, weil Friedman zweifellos der besser, klarer formulierende Autor ist, und zum Teil auch deshalb, weil er Amerikaner ist. Das hilft in unserem Zeitalter immer. Aber Hayek ist nach meiner Einschätzung der wichtigere Denker. Er wird länger berühmt bleiben als Friedman. Denn zum einen ist Hayek der bessere Ökonom. Während Friedman bis zu seinem Tod im Jahr 2006 zum Beispiel stets voll des Lobes für die Zentralbanker Greenspan und

Bernanke war, wurde von vielen, die von Hayek und der mises-hayekschen Konjunkturtheorie inspiriert waren, bereits die kommende und noch immer andauernde große Rezession vorausgesehen. Wichtiger aber ist noch, dass Hayek als Alteuropäer eindeutig der gebildetere und intellektuell wohlgeformtere Mann ist. Während Friedman im Wesentlichen ein »Ökonomen-Ökonom« bleibt, ist Hayek ein echter Intellektueller, belesen nicht nur auf dem Gebiet der Ökonomie, sondern auch der Ideengeschichte, der Psychologie, Philosophie, Soziologie und des Rechts. Und es sind ja nicht ihre Beiträge zur technischen Ökonomie, die Friedman und Hayek berühmt gemacht haben, sondern ihre Ausflüge in das Gebiet der politischen Theorie. Darum konzentriere ich mich hier auf Hayek als politischen Theoretiker und speziell auf seine *Verfassung der Freiheit* sowie sein dreibändiges Werk *Recht, Gesetz und Freiheit*, die allgemein als Hayeks wichtigste Beiträge zur politischen Theorie gelten.

Freiheit oder Zwang

Hayek definiert »Freiheit« als Abwesenheit von »Zwang«. So weit, so gut. Im Gegensatz jedoch zur langen Tradition klassisch liberalen Denkens definiert er »Zwang« nicht als Initiierung oder Androhung von physischer Gewalt gegen eine andere Person oder sein auf legitime Weise – durch ursprüngliche Aneignung, Produktion oder Tausch erworbenes Eigentum. Stattdessen bietet er eine Definition an, deren einziger Vorteil ihre Unfixierbarkeit und Verworrenheit ist. Mit »Zwang«, so Hayek, »meinen wir eine Kontrolle der Umwelt oder Umstände einer Person durch eine andere Person solcherart, dass sie, um größeres Übel zu vermeiden, nicht nach einem schlüssigen, eigenen Plan handeln darf, sondern um den Zielen eines anderen zu dienen.« Oder: »Zwang wird ausgeübt, wenn ein Mensch Handlungen ausführt, die dem Willen eines anderen dienen, nicht zu seinem eigenen Zweck, sondern zu dem des anderen.« – »Freiheit« dagegen sei »ein Zustand, in dem jeder Handelnde sein eigenes Wissen« – nicht sein Eigentum – »zu seinen eigenen Zwecken nutzen kann.«

Diese Definition enthält nichts in Bezug auf Handlungen, knappe Güter und Eigentum. Stattdessen bezieht sich »Zwang« auf eine spezifische Zusammenstellung von subjektivem Willen oder Plänen, Gedanken und Erwartungen. Dann jedoch ist sie aus folgendem Grund nutzlos. Erstens als Handlungsrichtschnur: Was darf ich hier und jetzt tun, wenn ich keinen Zwang ausüben möchte? Ich kenne im Allgemeinen den Willen oder die Pläne anderer nicht. Und es ist in jedem Fall absolut unmöglich, den Willen aller anderen Menschen zu kennen. Selbst wenn ich es wollte, könnte ich nicht von Anfang an (*ex ante*) sicher sein, dass das, was ich zu tun plane, keinen anderen zwingen würde. Aber es muss Individuen offensichtlich erlaubt sein, »korrekt« zu handeln, bevor sie irgend etwas über die Pläne anderer wissen, selbst dann, wenn sie buchstäblich nichts über ihre Pläne wissen. Damit dies möglich ist, muss das Kriterium, das zur Unterscheidung zwischen Freiheit und Zwang herangezogen wird, objektiv sein. Es muss sich auf ein Ereignis oder Nichtereignis beziehen, das physisch beschrieben werden kann und über dessen Ergebnis ein Handelnder physische Kontrolle besitzen muss.

Zweitens ist Hayeks Definition auch als rückblickendes (*ex post*) Kriterium für Gerechtigkeit unbrauchbar. Ist die Klage von A gegen B gerechtfertigt? Wer ist schuldig und wer nicht? Und welche Art von Wiedergutmachung oder Strafe ist angemessen? Da Hayeks Definition keinerlei physische – intersubjektiv feststellbare – Kriterien enthält, sind seine Urteile willkürlich. Als Aussagen über mentale Zustände sind Hayeks Kategorien der Freiheit und des Zwangs mit jedem realen physischen Zustand vereinbar. Es ist unmöglich, mit ihnen echte Abgrenzungen vorzunehmen.

Entsprechend konfus und widersprüchlich sind folglich Hayeks Versuche, seine Definitionen in Anwendung zu bringen. Dabei kommt Hayek nämlich einerseits zum Schluss, dass die Initiierung und Androhung von physischer Gewalt »Zwang« darstellt: Gewalt oder »die Androhung von Gewalt findet statt, wenn bewaffnete Banden oder Eroberer das unterworfene Volk zwingen, für sie zu arbeiten, wenn organisierte Verbrecher eine ›Schutz‹-Abgabe erheben«. Andererseits ordnet er Handlungen der Initiierung oder Androhung von physischer Gewalt wie zum Beispiel militärische Dienstpflicht oder Steuern als »Nicht-Zwang« ein, vorausgesetzt, dass das Opfer solcher Aggression diese zuverlässig erwartet und sich entsprechend angepasst haben könnte. Dazu gleich noch mehr.

Ferner: Einerseits setzt Hayek physische Gewalt mit »Zwang« gleich. Andererseits akzeptiert er nicht, dass die Abwesenheit physischer Gewalt oder Beschädigung ein Kriterium für »Nicht-Zwang« ist: »Die Androhung physischer Gewalt ist nicht die einzige Art der Ausübung von Zwang.« Selbst wenn A keine physische Aggression gegen B oder dessen Eigentum ausgeübt hat, kann er dennoch des »Zwangs« schuldig sein.

Nach Hayeks Auffassung ist dies immer dann der Fall, wenn A sich der unterlassenen Hilfeleistung B gegenüber schuldig gemacht hat, das heißt immer dann, wenn er B nicht mit Gütern oder Dienstleistungen versorgt hat, die B von ihm erwartet hatte und als »entscheidend für meine Existenz oder die Erhaltung meines höchsten Wertes« erachtet. Hayek behauptet, dass nur eine kleine Anzahl von Fällen diesem Kriterium tatsächlich entsprechen: Der Eigentümer eines Bergwerks in einer Bergbaustadt, der entscheidet, einen Arbeiter zu entlassen, übt angeblich »Zwang« aus. Gleichfalls soll es »Zwang« sein, wenn der Eigentümer der einzigen Wasserquelle in einer Wüste nicht gewillt ist, dieses Wasser zu verkaufen. Oder wenn er sich weigert, es zu einem Preis zu verkaufen, den andere als »gerecht« empfinden. Man benötigt wenig Vorstellungskraft, um zu erkennen, dass Hayeks Kriterium tatsächlich allumfassend ist. Jegliche friedliche Handlung einer Person kann von anderen – sogar von einer beliebigen Anzahl von anderen – als »Zwang« interpretiert werden, denn jede Aktivität ist gleichzeitig auch die Unterlassung unendlich vieler anderer möglicher Handlungen. Und jede Unterlassung wird zum Zwang, wenn eine einzige Person behauptet, dass die unterlassene Handlung »entscheidend für die Erhaltung meines höchsten Wertes« ist.

Immer wenn Fälle sowohl unterlassener Hilfeleistung als auch physischer Gewalt kategorisch als »Zwang« identifiziert werden, entstehen unausweichliche Widersprüche. Wenn die Unterlassung von A einen »Zwang« gegenüber B darstellt, dann hat B offensichtlich das Recht, sich gegen den Zwang von A zu »verteidigen«. Doch die einzige »Verteidigung« von B wäre der Einsatz physischer Gewalt gegen A – um A dazu zu bringen, das auszuführen, was er ansonsten nicht tun würde. Aber dann können physische Gewalthandlungen nicht mehr als »Zwang« eingestuft werden. Stattdessen wäre physische Gewalt »Verteidigung«. In diesem Fall wäre »Zwang« sowohl die friedliche Weigerung, sich an einem Austausch zu beteiligen, als auch der Versuch, sich gegen jeden unter Androhung von Gewalt erzwungenen Tausch zu wehren.

Wenn andererseits physische Gewalt als »Zwang« definiert wäre, dann dürfte sich B nicht gegen einen unterlassenden A »verteidigen«. Und wenn B es dennoch versuchte, dann hätte A das Recht, sich zu verteidigen. Aber in diesem Fall würden Unterlassungen keinen »Zwang« darstellen.

Aus diesen Begriffsverwirrungen stammt Hayeks absurde These von der »Unvermeidbarkeit des Zwangs« und seine entsprechende, gleichermaßen absurde »Rechtfertigung« des Staates: »Zwang kann jedoch nicht gänzlich vermieden werden, weil die einzige Möglichkeit, ihn zu verhindern, die Androhung von Zwang ist. Die freie Gesellschaft hat dieses angegangen, indem sie dem Staat ein Zwangsmonopol übertrug und indem sie diese Macht des Staates auf jene Fälle einzuschränken versuchte, die notwendig sind, um Zwangsausübung durch Privatpersonen zu verhindern.« Beiden Definitionen Hayeks von »Zwang« zufolge ist diese These unsinnig. Wenn unterlassene Hilfeleistung »Zwang« darstellt, dann wird Zwang im Sinne physischer Gewalt notwendig. Und nicht: unvermeidbar. Ansonsten, wenn die Definition von »Zwang« die Initiierung und Androhung von physischer Gewalt ist, kann er vermieden werden. Erstens, weil jede Person die Kontrolle darüber besitzt, ob sie einen anderen physisch angreifen wird oder nicht. Und zweitens, weil jede Person das Recht hat, sich mit all seinen Mitteln gegen den physischen Angriff eines anderen zu verteidigen. Er ist nur insofern unvermeidbar, als physische Verteidigung solange notwendig ist, wie physische Aggression existiert. Aber die Unvermeidbarkeit von defensiver Gewalt hat nichts mit der angeblichen »Unvermeidbarkeit des Zwangs« zu tun. Es sei denn, man bringt den kategorischen Unterschied zwischen Angriff und Verteidigung durcheinander und behauptet, dass die Drohung, sich im Falle eines Angriffs zu verteidigen, das Gleiche ist wie die Drohung mit einem Angriff. Wenn physische Gewalt verboten ist, dann folgt daraus, dass man sich dagegen wehren darf. Es ist somit absurd, Angriff und Verteidigung unter derselben Rubrik »Zwang« zu klassifizieren. Verteidigung verhält sich zu Angriff wie Tag zu Nacht.

Aus der Unvermeidbarkeit der Verteidigung lässt sich jedoch keine Rechtfertigung für ein Zwangsmonopol des Staates schließen. Ganz im Gegenteil. Ein Staat ist keinesfalls lediglich ein »Verteidigungsmonopolist«, der privaten Individuen hilft, ansonsten »unvermeidbare« Verteidigungsausgaben zu vermeiden. Als ein Monopolist übrigens ineffizient. Weil er ansonsten ja doch keinerlei Verteidigungsaktivitäten anbieten könnte, schließt das Zwangsmonopol des Staates insbesondere das Recht des Staates ein, Gewalt gegen Privatbürger auszuüben, die ihrerseits die Pflicht haben, sich nicht gegen Angriffe des Staates zu verteidigen. Aber was für eine Rechtfertigung für den Staat ist das: Dass, wenn eine Person sich einem Angreifer gegenüber bedingungslos ergibt, sie sich ansonsten »unvermeidbare« Kosten der Verteidigung erspart?

Der Staat und seine Funktion

Hayek zufolge ist der Staat »notwendig«, um folgende Aufgaben zu erfüllen: Nicht nur die »Durchsetzung von Gesetzen« und die »Verteidigung gegen äußere Feinde«, sondern »in einer entwickelten Gesellschaft sollte der Staat seine Macht der Steuererhebung nutzen, um eine Reihe von Diensten anzubieten, die aus verschiedenen Gründen nicht, oder nicht in ausreichendem Maße, vom Markt angeboten werden können.« Da es außerhalb des Paradieses jederzeit eine unendliche Zahl an Gütern und Dienstleistungen gibt, die der Markt nicht anbietet, händigt Hayek dem Staat hier einen Blankoscheck aus. Zu der »Reihe von Diensten« gehören: »Schutz gegen Gewalt, Epidemien oder Naturgewalten wie Flutkatastrophen oder Lawinen, aber auch viele der Annehmlichkeiten, die das Leben in modernen Städten tolerabel machen, die meisten Straßen, die Aufstellung von Maßstäben und vielerlei Arten von Informationen, von Grundbüchern, Landkarten und Statistiken bis zur Qualitätszertifizierung einiger am Markt angebotenen Güter und Dienstleistungen.« Weitere Staatsfunktionen sind »die Absicherung eines gewissen Mindesteinkommens für jeden«, der Staat sollte »seine Ausgaben im Zeitablauf so verteilen, dass sie dann eingreifen, wenn private Investitionen nachlassen«. Er sollte sowohl Bildung und Forschung finanzieren als auch »Bauvorschriften, Gesetze zur Reinhaltung von Lebensmitteln, die Zulassung zu gewissen Berufen, die Einschränkung des Verkaufs gewisser gefährlicher Güter wie Waffen, Sprengstoff, Gift und Drogen, als auch einige Sicherheits- und Gesundheitsvorschriften für die Abläufe der Produktion und des Angebots von öffentlichen Institutionen wie Theater, Sportplätze und so weiter« durchsetzen und die Macht zur »Enteignung« nutzen, um das »Allgemeinwohl« zu fördern.

Darüber hinaus gelte, dass »es einigen Grund für die Auffassung gibt, dass mit der Zunahme allgemeinen Wohlstandes und der Bevölkerungsdichte der Anteil all jener Bedürfnisse, die nur über eine kollektive Handlung befriedigt werden können, weiter wachsen wird«. Ferner sollte der Staat ein umfangreiches System einer Versicherungspflicht – »Zwang mit dem Zweck, größeren Zwang zu verhindern« – verwirklichen. Öffentlicher, subventionierter Wohnungsbau sei eine mögliche staatliche Aufgabe. Und entsprechend werden »Stadtplanung« und »Flächennutzungsplanung« als angemessene Funktionen des Staates angesehen – vorausgesetzt, dass »die Summe des Zugewinns die Summe der Verluste überschreitet«. Und schließlich seien »die Versorgung von Annehmlichkeiten oder Gelegenheiten für Erholung, oder der Erhaltung von Naturschönheiten oder

Stätten historischen oder wissenschaftlichen Interesses, Naturparks, Naturschutzgebieten und so weiter« legitime Staatsaufgaben.

Außerdem besteht Hayek darauf, dass wir erkennen, dass es irrelevant ist, wie umfangreich der Staat ist und wie schnell er wächst. Wichtig allein sei, dass Handlungen des Staates gewisse formale Voraussetzungen erfüllen. »Es ist eher die Art als der Umfang der Staatsaktivität, die wichtig ist.« Steuern als solche und die absolute Höhe der Besteuerung sind für Hayek kein Problem. Steuern – und militärische Dienstpflicht ebenso – verlieren ihr Merkmal als Zwangsmaßnahmen, »wenn sie zumindest vorhersehbar sind und unabhängig davon durchgesetzt werden, wie das Individuum seine Kräfte ansonsten einsetzen würde; damit wäre ihnen die bösartige Natur des Zwangs weitgehend entzogen. Wenn die bekannte Notwendigkeit der Zahlung eines gewissen Steuerbetrages zur Grundlage all meiner Pläne wird, wenn ein Zeitabschnitt des Militärdienstes ein absehbarer Teil meiner Karriere sein wird, dann kann ich einen generellen, selbst gefertigten Lebensplan verfolgen und bin so unabhängig vom Willen einer anderen Person, wie es Menschen in einer Gesellschaft gelernt haben zu sein.« Aber bitte, es muss eine proportionale Steuer und ein allgemeiner Militärdienst sein!

Mythos Hayek

Es sollte an diesem Punkt klargeworden sein, dass die Behauptung lächerlich ist, Hayek sei Radikalliberaler und ein prinzipienfester Gegner der Linken. Hayek, »der größte Freiheitsphilosoph und -ökonom des 20. Jahrhunderts«, meint etwa Gerd Habermann. Ein Witz. Aber wie kommt es, dass dieser Mythos dennoch existiert?

Ich muss natürlich spekulieren. Die offensichtlichste Antwort ist, dass die Journalisten und die Medien, die diesen Mythos propagieren, einfach nicht wissen, worüber sie sprechen. Und dass man einfach kopiert und wiederholt, was ein anderer bereits veröffentlicht hat. Aber obwohl daran etwas Wahres ist, wird damit nicht erklärt, wie der Mythos überhaupt erst entstehen konnte und warum er so langlebig ist. Irgendwer muss an diesem Mythos und seiner Dauerhaftigkeit ein Interesse haben.

Versetzen wir uns deshalb einmal in die Lage der herrschenden egalitären Linken aller Parteien – es gibt keine nichtlinken Parteien. Was würden wir tun, um unsere vorherrschende Position zu sichern oder gar auszubauen angesichts der Tatsache, dass eine totale Uniformität der und in der öffentlichen Meinung unerreichbar ist?

Zunächst würde ich die wirklich gefährlichen Gegner der vorherrschenden linken Geisteshaltungen identifizieren und sie vom öffentlichen Diskurs ausschließen, indem ich sie ignoriere und von jeder einflussreichen Position fernhalte. Vor dem Internetzeitalter war dies vergleichsweise leicht. Ludwig von Mises und Murray Rothbard, die gefährliche Individuen dieser Art sind, wurden bis vor Kurzem tatsächlich fast nie erwähnt. Es war schwierig, sie überhaupt zu entdecken und etwas über ihre Existenz zu erfahren. Die meisten Bibliotheken beispielsweise führten ihre Bücher nicht.

Zweitens würde ich die Bandbreite des »legitimen« öffentlichen Diskurses dadurch eingrenzen wollen, dass ich einige prominente Personen identifiziere, die ich als »gefährliche Gegner« präsentieren kann, die aber konfus und prinzipienlos genug sind, um mit ihnen debattieren und sie dabei ständig in Widersprüche verwickeln und zu Konzessionen an meine eigenen, linken programmatischen Ziele nötigen zu können. Dies erlaubt es mir einerseits, als tolerant und aufgeschlossen zu erscheinen – und andererseits kann ich die Debatte immer gewinnen, indem ich darauf hinweise, dass selbst diese »Feinde« jedenfalls mit meinen eigenen Grundprinzipien übereinstimmen. Üblicherweise läuft das Argument dann so: »Aber selbst Hayek und Friedman geben dieses zu oder streiten jenes nicht ab …«

Und was diese sogenannten Feinde selbst betrifft: Indem man von der tonangebenden Linken zu offiziellen Gegnern ernannt wird, als Feinde, die man zu hassen liebt, gewinnt man an Ruhm und Respektabilität und wird selbst zum Teil des Establishments. Man erhält nicht nur Zugang zu den Hauptstrommedien, sondern zu den höchsten Rängen der Staatsmacht. Denken wir in diesem Zusammenhang nur an die Verbindungen zwischen Friedman und Hayek einerseits und Reagan und Thatcher andererseits. Oder daran, dass Helmut Schmidt Friedrich August von Hayek zum 80. Geburtstag mit den Worten gratulierte, dass »wir inzwischen alle Hayekianer« seien. Als staatlich approbierter »Systemkritiker« ist man auf allen großen Konferenzen und Kongressen ein willkommener Gast.

Und wie verhalten sich die offiziell akkreditierten »Feinde der herrschenden Linken« dort und andernorts? Erwartungsgemäß revanchieren sie sich für die ihnen von der Linken angetragene Ehre, indem sie sich ihrerseits an der Ausschlusspraxis gegenüber allen echten, wirklich gefährlichen Gegnern der Linken wie Mises und Rothbard beteiligen. Sie kennen diese gefährlichen Leute natürlich. Aber wenn sie sie denn überhaupt erwähnen, dann sagen sie üblicherweise ein paar Nettigkeiten, auf die eine Menge abfälliger Bemerkungen folgen. Hayek zum Beispiel erwähnte Rothbard nur beiläufig in ein paar Fußnoten. Und was seinen langjährigen Föderer Mises betrifft, so versuchte er nach dessen Tod im Vorwort zu dessen *Erinnerungen* und ebenso zur Neuauflage von Mises' *Socialism* (auf Deutsch: *Die Gemeinwirtschaft*) den Eindruck zu erwecken – obwohl es dafür nicht den Hauch eines Beweises gibt –, dass Mises seinen früheren »exzessiven Rationalismus« im reifen Alter aufgegeben habe und sich stattdessen zu seinem, Hayeks, Skeptizismus und Anti- und Irrationalismus bekehrt habe. Auch Friedman hat Rothbard in seinen Schriften hartnäckig ignoriert. Was Mises betrifft, so konnte er sich um ein paar anerkennende Worte nicht herumdrücken, aber dann folgte gleich der Vorwurf der »Intoleranz« und der Versuch, Mises lächerlich zu machen, nachdem dieser Friedman und seine Chicago-Freunde auf einer Versammlung der Mont Pelerin Society (MPS) als »nichts weiter als einen Haufen Sozialisten« bezeichnet hatte.

Bis heute hat sich an der Ausgrenzungspraxis nichts geändert. Ganz im Gegenteil. Wann immer Hayekianer oder Friedmänner zusammenkommen, bevorzugen sie die Gesellschaft hochrangiger Politiker, Zentralbanker und Kriegstreiber – und lassen sich von diesen Herrschaften aushalten –, anstatt von »verrückten Extremisten und Anarchisten« wie Mises und Rothbard und ihren intellektuellen Nachfahren. Man sehe sich nur einmal die Redner, Teilnehmerlisten und Sponsoren der MPS an – zuletzt sogar einschließlich eines Staatsempfangs bei Václav Klaus, dem schamlosen Verteidiger und Bekräftiger der unsäglichen Benesch-Dekrete. Derselbe Klaus war kürzlich neben zwei Bankstern auch der Hauptredner bei einer Tagung der Hayek-Gesellschaft in Obergurgl.

Was ist zu tun?

Wir sollten sagen, was wirklich Sache ist – und im Internetzeitalter ist es nicht mehr möglich, uns gänzlich zu ignorieren. Wir würden damit die unheilige Allianz der herrschenden Linken und der genehmigten »radikal marktwirtschaftlichen Opposition« sprengen. Ohne Zweifel brächte uns das die Feindschaft der Anführer der Hayek- und Friedman-Bewegung ein. Sie würden als die »nützlichen Idioten« der herrschenden Linken entlarvt werden, die tatsächlich sie sind. Aber es eröffnete auch die Möglichkeit, viele verwirrte und suchende Mitglieder dieser Bewegung auf unsere Seite zu bringen.

Und was sollten wir sagen? Wir dürfen an dieser Stelle Murray Rothbard aus dem Jahr 1959 zitieren. Rothbard arbeitete zu diesem Zeitpunkt als intellektueller Talentsucher für den William Volker Fund, dieselbe private Stiftung, die auch Hayeks Gehalt an der University of Chicago bezahlte. Ihm war das Manuskript von Hayeks *Verfassung der Freiheit* zur Begutachtung vorgelegt worden. Rothbard verfasste einen längeren Seite-für-Seite-Kommentar zum Manuskript, der Hayek zugeschickt wurde, und ein knapperes internes Memorandum. Ich zitiere im Folgenden den ersten Satz und den letzten Absatz seines internen Memorandums an den Volker Fund. Zu beachten ist dabei, dass Rothbard, wenn er von der »extremen Rechten« spricht, die marktradikale libertäre Rechte meint, also den eigentlichen und fundamentalen Gegenspieler aller Linken.

Der erste Satz: »Friedrich August von Hayeks ›Verfassung der Freiheit‹ ist, erstaunlicher- und erschütternderweise, ein extrem schlechtes und, ich würde sogar sagen, übles Buch.«

Der letzte Absatz: »Das ist also das Gesicht, das Hayek in seiner ›Verfassung der Freiheit‹ der Welt präsentieren wird. Dieses Gesicht sieht so aus, dass, wenn ich ein junger Mann wäre, der anfängt, sich für politische Fragen zu interessieren, und ich dieses als das beste Produkt der ›extremen Rechten‹ lesen würde, ich sofort ein flammender Linker werden würde. Und so, glaube ich, würde es fast jedem ergehen. Das ist der Grund, weshalb ich glaube, dass die ›Rechte‹ dieses Buch bei Erscheinen mit großem Nachdruck angreifen sollte, statt das zu tun, was ich mit Sicherheit erwarte: ihm wie eine Schar abgerichteter Seehunde zu applaudieren. Denn erstens: Hayek greift das Laissez-faire-Prinzip an und attackiert oder ignoriert die wahren Libertären. Er liefert damit die Vorlage für den Spruch ›selbst Hayek räumt ein …‹. Und zweitens: Sein Argument gründet auf einer Herabwürdigung oder Leugnung sowohl der Vernunft als auch der Gerechtigkeit, so dass jeder, der an Vernunft oder Gerechtigkeit interessiert ist, dazu neigen würde, das ganze Buch abzulehnen. Und jedes Versäumnis der ›extremen Rechten‹, das Buch mit der ganzen Vehemenz anzugreifen, die es verdient, wird darum aufgrund Hayeks großer Prominenz in der intellektuellen Welt der ›rechten Sache‹, die wir alle wertschätzen, unermesslichen Schaden zufügen.«

Veröffentlicht 13.05.2013

Über die »Amerikanische Ideologie« und ihre Betreiber und Nutznießer

Wir malen uns die Welt, wie es uns gefällt – bis alles kracht und nichts mehr hält

Wir leben im Zeitalter des amerikanischen Imperiums. Es mag sein, dass dieses Imperium irgendwann zerbröckelt. In absehbarer Zukunft aber wird es, nicht nur aufgrund seiner Militärmacht, sondern vor allem wegen seiner ideologischen Macht bestehen bleiben. Denn das amerikanische Imperium hat etwas wirklich Bemerkenswertes erreicht: die Internalisierung seiner Kernglaubenssätze als intellektuelle Tabus in den Köpfen der meisten Menschen.

Sicher, alle Staaten stützen sich auf aggressive Gewalt, und die USA sind da keine Ausnahme. Auch die Vereinigten Staaten zögern nicht, jeden zu vernichten, der sich ihrer gesetzgeberischen Willkür widersetzt. Jedoch müssen die USA, jedenfalls intern, bisher erstaunlich wenig tatsächliche Gewalt einsetzen, damit ihren Anordnungen gegenüber Gehorsam geleistet wird, weil die überwältigende Mehrheit der Bevölkerung und insbesondere der meinungsbildenden Intellektuellen das System von Werten und Überzeugungen, das die Grundlage des amerikanischen Imperiums bildet, für sich selbst übernommen hat.

Dem offiziellen, von den USA genehmigten Glaubenssystem zufolge sind wir alle gleichermaßen intelligente und vernünftige Menschen, die mit derselben »harten Realität« konfrontiert und an dieselben Tatsachen und Wahrheiten gebunden sind. Sicher, es stimmt, dass selbst im Zentrum des amerikanischen Imperiums, in den USA, Menschen nicht in der besten aller Welten leben. Es gibt noch viele Mängel zu beseitigen. Mit dem amerikanischen System eines demokratischen Staates hat die Menschheit jedoch den perfekten institutionellen Rahmen gefunden, der den weiteren Fortschritt in Richtung einer immer perfekteren Welt ermöglicht; und wenn nur das amerikanische System der Demokratie weltweit übernommen würde, wäre der Weg zur Perfektion überall klar, glatt und frei.

Die einzig legitime Staatsform ist die Demokratie. Alle anderen Staatsformen sind schlechter und jeder Staat ist besser als gar keiner.

Demokratische Staaten wie die USA sind vom Volk, durch das Volk und für das Volk da. In Demokratien herrscht niemand über andere, stattdessen herrscht das Volk über sich selbst und ist daher frei. Steuern in demokratischen Staaten sind deshalb Beiträge und Zahlungen für die vom Staat bereitgestellten Dienste; entsprechend sind Steuerhinterzieher Diebe, die ohne zu zahlen nehmen. Flüchtige Diebe zu beherbergen, ist daher ein Akt der Aggression gegen das Volk, vor dem sie zu fliehen versuchen.

Doch noch gibt es auf der Welt auch andere Staatsformen. Es gibt Monarchien, Diktaturen und Theokratien, und es gibt feudale Grundbesitzer, Stammesfürsten und Warlords. Und darum müssen demokratische Staaten notwendigerweise oft auch noch mit nicht demokratischen Staaten kooperieren. Schlussendlich jedoch müssen alle Staaten dem amerikanischen Ideal entsprechend umgewandelt werden, weil nur die Demokratie einen friedlichen und kontinuierlichen Wandel zum Besseren hin ermöglicht.

Demokratische Staaten wie die USA und ihre europäischen Verbündeten sind inhärent friedlich und führen keine Kriege gegeneinander. Wenn sie überhaupt Krieg führen müssen, sind es präventive Verteidigungs- und Befreiungskriege gegenüber aggressiven und undemokratischen Staaten, das heißt also gerechte Kriege. Alle Länder und Territorien, die gegenwärtig von amerikanischen Truppen oder von jenen ihrer europäischen Verbündeten bekriegt werden oder besetzt sind – Afghanistan, Pakistan, der Irak, Libyen, Syrien, der Sudan, Somalia und der Jemen – sind von daher der Aggression schuldig gewesen, und ihre Bekriegung und Besetzung seitens des demokratischen Westens sind ein Akt der Selbstverteidigung und der Befreiung gewesen. Doch es gibt noch viel zu tun. Insbesondere Russland und China stellen weiterhin eine ungeheure Gefahr dar und müssen noch befreit werden, um die Welt endlich sicher zu machen.

Privateigentum, Märkte und Gewinne sind nützliche Institutionen, aber ein demokratischer Staat muss mit angemessener Gesetzgebung dafür sorgen, dass Privateigentum und Profite auf sozial verantwortliche Weise erworben und genützt werden und dass die Märkte effizient funktionieren. Außerdem können Märkte und gewinnorientierte Unternehmen keine öffentlichen Güter herstellen und somit keine sozialen Bedürfnisse befriedigen. Und sie können sich nicht um die wirklich

Bedürftigen kümmern. Nur der Staat kann sich um soziale Bedürfnisse und die Bedürftigen kümmern. Allein der Staat kann, über die Finanzierung öffentlicher Güter und die Unterstützung für Bedürftige, die öffentliche Wohlfahrt stärken und die Bedürftigkeit und Zahl der Bedürftigen reduzieren, wenn nicht eliminieren.

Insbesondere muss eine staatliche Sozialpolitik die privaten Laster der Gier und des Gewinnstrebens unter Kontrolle halten. Gier und Gewinnstreben waren die Grundursachen für die jüngste große Wirtschaftskrise. Rücksichtslose Finanziers erzeugten in der Öffentlichkeit einen irrationalen Überschwang, der schließlich an der Realität zerschellte. Der Markt war offensichtlich gescheitert, und nur der Staat stand bereit, um die Lage zu retten. Nur der Staat kann durch angemessene Regulierung und Überwachung der Bankenindustrie und der Finanzmärkte verhindern, dass so etwas jemals wieder passiert. Banken und Unternehmen gingen bankrott. Der Staat jedoch und seine Zentralbanken hielten stand und schützten das Geld und die Jobs der Arbeiter.

Von den besten und bestbezahlten Ökonomen der Welt beraten, haben Staaten, haben insbesondere die USA die Ursachen wirtschaftlicher Krisen entdeckt und festgestellt, dass, um aus einem wirtschaftlichen Schlamassel herauszukommen, die Leute gleichzeitig sowohl mehr konsumieren als auch mehr investieren müssen. Jeder unter der Matratze gehortete Cent ist ein dem Konsum und der Investition vorenthaltener Cent, der somit zukünftige Konsum- und Investitionsausgaben schmälert. In einer Rezession müssen unter allen Umständen und vor allen Dingen die Ausgaben gesteigert werden; und wenn die Leute nicht genügend eigenes Geld ausgeben, dann muss es statt ihrer der Staat tun. Klugerweise haben Staaten dazu die Möglichkeit, weil ihre Zentralbanken jede notwendige Liquidität produzieren können. Wenn Milliarden Dollar oder Euro nicht ausreichen, werden Billionen genügen; und wenn Billionen den Zweck ebenfalls nicht erfüllen, dann sicherlich Billiarden. Nur massive staatliche Ausgaben können eine ansonsten unabwendbare ökonomische Kernschmelze verhindern. Insbesondere Arbeitslosigkeit ist das Ergebnis eines zu geringen Konsums: Leute, die nicht genug Geld haben, um Konsumgüter zu kaufen; dieses Problem muss behoben werden, indem ihnen höhere Löhne oder höhere Arbeitslosenunterstützung gegeben werden.

Wenn die letzte Wirtschaftskrise erst mal überwunden ist, kann und muss sich der demokratische Staat endlich auch wieder den wirklich dringenden übrigen Problemen der Menschheit widmen: dem Kampf gegen die Ungleichheit, der Eliminierung aller ungerechten Diskriminierung und der Kontrolle der globalen Umwelt und insbesondere des Weltklimas.

Im Grunde sind alle Menschen gleich. Unterschiede sind nur scheinbar, oberflächlich und bedeutungslos: Manche Menschen sind weiß, manche braun, manche schwarz; manche sind groß, andere sind klein; manche sind dick und andere dünn; manche sind männlich und manche sind weiblich; manche sprechen englisch und andere polnisch oder chinesisch als Muttersprache. Dies sind zufällige menschliche Eigenschaften. Es ist Zufall, dass manche Menschen sie haben und andere nicht. Aber zufällige Unterschiede wie diese haben keinen Einfluss auf und korrelieren nicht mit geistigen Eigenschaften wie Motivationsenergie, Zeitpräferenz oder intellektuellen Fähigkeiten, und sie tragen als solche nicht zur Erklärung ökonomischen und sozialen Erfolgs bei, insbesondere von Einkommen und Vermögen. Geistige und psychische Eigenschaften haben keine körperliche, biologische oder ethnische Grundlage und sind grenzenlos formbar. In dieser Hinsicht ist jeder, mit Ausnahme weniger pathologischer Einzelfälle, jedem anderen gleich, und jedes Volk hat im Verlauf der Geschichte einen gleichwertigen Beitrag zur Zivilisation geliefert oder hätte es getan, wenn ihm nur die gleiche Chance dazu gegeben worden wäre. Scheinbar offensichtliche Unterschiede sind allein das Ergebnis unterschiedlicher externer Umstände und Bildungsmöglichkeiten. Alle Unterschiede in Einkommen und Errungenschaften zwischen Weißen, Asiaten und Schwarzen, Frauen und Männern, Latinos, Anglos und Thais sowie Christen, Hindus, Protestanten und Moslems würden verschwinden, wenn nur Chancengleichheit bestehen würde. Wenn statt dessen herausgefunden wird, dass all diese verschiedenen zufälligen Gruppen in verschiedenen gesellschaftlichen Einkommens-, Vermögens- oder Berufsstatusstufen ungleich repräsentiert und verteilt sind, manche reicher und erfolgreicher sind als andere, dann beweist dies ungerechtfertigte Diskriminierung; und solche Diskriminierung muss durch angemessene, gezielte Fördermaßnahmen seitens des Staates ausgeglichen werden, indem die Diskriminierer die ungerechtfertigt Diskriminierten zu entschädigen haben.

Und die Untersuchungen der besten und bestbezahlten Sozialwissenschaftler haben unzweifelhaft erwiesen, wer, vor allen anderen, diese Diskriminierer sind. Dabei handelt es sich in erster Linie um weiße heterosexuelle Männer und die Institution der traditionellen, patriarchalisch organisierten Familie. Es ist darum vor allem diese Personengruppe und diese Institution, die an alle übrigen Gruppen Kompensation zu leisten und Abbitte gegenüber allen anderen Formen sozialer Organisation zu erbringen hat.

Aber damit nicht genug. Die Wiedergutmachung an allen Zukurzgekommenen, an allen Opfern von Ungleichheit und Diskriminierung erfordert ebenso eine nachdrückliche staatliche Förderung des Multikulturalismus. Die hochentwickelten und von weißen Männern dominierten Staaten der westlichen Welt haben ihren Wohlstand auf Kosten der Bewohner aller anderen Weltregionen erzielt und sind in einem verhängnisvollen, vorurteilsbehafteten Partikularismus und Nationalismus befangen. Das gilt es dadurch zu überwinden, dass die Einwanderung von Menschen aus anderen, fremden Ländern und Kulturkreisen durch systematische Anreize gefördert wird, um auf diese Weise dafür zu sorgen, dass die fremden Einwanderer endlich und verdientermaßen ihr volles menschliches Potenzial zum Tragen bringen können und gleichzeitig den westlichen Provinzialismus durch eine echte, menschlich-kulturelle Vielfalt ersetzen.

Und mit Überwindung des verhängnisvollen Partikularismus und Nationalismus durch eine systematisch betriebene Politik des Multikulturalismus gelangt man schließlich auch zu entscheidenden Fortschritten hinsichtlich einer Lösung des unzweifelhaft größten globalen, grenzenlosen und weltumfassenden Problems des Klimawandels. Divergierende partikularistische und nationalistische Interessen haben bisher dazu geführt, dass die Produktion und der Verbrauch von nicht erneuerbaren Energieressourcen weitgehend unreguliert und weltweit unkoordiniert geblieben ist. Und deshalb, wie von den besten und bestbezahlten Klimaforschern unzweifelhaft nachgewiesen, ist der ganze Globus von unvorstellbaren Katastrophen bedroht: von Flutwellen, stark und plötzlich steigendem Meeresspiegel und dem Entstehen folgenschwerer ökologischer Ungleichgewichte und Instabilitäten. Nur durch eine weltweite, konzertierte Aktion aller Staaten und letztendlich die Errichtung einer supra-nationalen Weltregierung unter Führung der USA und eine von ihr durchgesetzte systematische Verhaltensregulierung jedweder Produktions- und Konsumaktivität kann diese lebensbedrohliche Gefahr abgewendet werden. »Gemeinwohl geht vor Eigenwohl« – dies ist es vor allem, was das Problem des Klimawandels zeigt, und es ist an Staaten und insbesondere an den USA, dieses Prinzip endgültig umzusetzen.

Nun: Ich verrate ihnen vermutlich kein Geheimnis, wenn ich bekenne, dass ich all dies für einen riesigen Schmarrn halte, für kompletten Unsinn und einen höchst gefährlichen Unsinn dazu – aber ich gehöre natürlich auch nicht zu den besten und bestbezahlten Ökonomen und Sozialwissenschaftlern, und von Klimaforschung verstehe ich schon gar nichts! Außer, dass ich weiß, dass z. B. eine globale Klimaerwärmung kein globales Problem ist, sondern eins, das Menschen an unterschiedlichen Orten des Globus ganz unterschiedlich betrifft, ein Fluch für die einen ist und ein Segen für die anderen, und insofern eine globale Lösung geradezu verbietet.

Frage: Wem verdanken wir diesen Unsinn, wem nutzt er, und wie kommt es, dass wir ihn tagtäglich in den etablierten Medien aufgetischt bekommen?

Ich will die Antwort hier nur ganz kurz andeuten. Sie hat zwei Teile. Da ist zum einen die Einrichtung eines Staates und insbesondere eines demokratischen Staates mit seinen Inhabern und Repräsentanten. Und da sind zum anderen die Intellektuellen.

Der Staat ist ein Monopolist der Rechtsprechung und -durchsetzung. In allen Konfliktfällen, einschließlich solcher, in die der Staat bzw. seine Repräsentanten verwickelt sind, entscheidet der Staat bzw. vom Staat besoldete Personen, wer recht oder unrecht hat. Das voraussagbare Ergebnis: dann hat der Staat immer recht, was immer er auch tut. Gleichgültig, ob im Namen des Staates geraubt, geplündert, getötet, gelogen und betrogen wird – oder in einem Wort zusammengefasst: Macht über andere Menschen ausgeübt und Gewalt gegenüber anderen Personen angewendet wird –, alles kann und alles wird von ihm und seinen Vertretern als rechtens bezeichnet und dafür mit einem anderen, täuschenden und attraktiveren Namen belegt. Das macht die Einrichtung des Staates naturgemäß attraktiv für alle Menschen, die gern andere Menschen berauben, plündern, töten, belügen und betrügen möchten, d. h., die Gewalt gegenüber anderen anwenden möchten. Vor allem diese Sorte von Menschen wird darum versuchen, die Einrichtung Staat zu erobern und zu infiltrieren. Und wenn, wie unter demokratischen Bedingungen, der Eintritt in und die Eroberung des Staates für jedermann frei und offen steht, d. h., wenn es zu einem regelrechten *Wettbewerb* machtlüsterner Gauner um Wählerstimmen kommt, dann ist es zu erwarten, dass solche Personen an die Spitze des Staates gelangen, die das größte

Talent darin besitzen, ihre eigenen räuberischen, betrügerischen und mörderischen Absichten rhetorisch zu verbrämen und den Wählermassen als soziale Wohltaten zu verkaufen, an denen man sie teilzuhaben gedenkt. Kurz: Die besten Demagogen, die besten Volksverführer und -korrumpierer gelangen an die Spitze.

Doch wenn man sich dann diese demokratisch gewählten Politiker und Parlamentarier ansieht, die tagtäglich, offenkundig größenwahnsinnig, Millionen von Personen ihren Willen per Gesetz oder Verordnung aufzwingen – dann kann man nur staunen. Denn bei diesen Leuten handelt es sich doch in aller Regel nicht um irgendwie formidable, beeindruckende Alphamännchen oder -weibchen, sondern um einen Ausbund an Mittelmäßigkeit oder gar eine Ansammlung von Nulpen, Flaschen und Versagern, die noch nie in ihrem Leben ein Produkt hergestellt haben oder eine Dienstleistung erbracht haben, die irgendjemand freiwillig mit seinem eigenen Geld gekauft hätte.

Und angesichts dieser traurigen Gestalten, die großspurig behaupten, »unsere« höchsten Repräsentanten zu sein, stellt sich dann die Frage, ob derart kleinkalibrige Leute überhaupt in der Lage sind, sich selbst den ganzen Unsinn auszudenken, den sie uns tagtäglich erzählen, und noch mehr, ob sie das Zeug dazu haben, sich selbst die diversen Rechtfertigungen und Rationalisierungen für diesen Unsinn auszudenken, die sie uns allüberall auftischen und vorbeten.

Da hat man dann doch ganz erhebliche Zweifel! Und das führt mich unmittelbar zum zweiten Teil meiner Antwort auf die Frage nach den Urhebern und Nutznießern der eingangs skizzierten »politisch korrekten« Sicht der Welt und der Lage der Dinge: den Intellektuellen, oder genauer gesagt den Intellektuellen, die sich mit sozial-, wirtschafts- und geisteswissenschaftlichen Fragen und Problemen befassen, und ihrer Verbindung zum Staat und seinen Anführern.

Ähnlich wie im Fall der Politiker gibt es auch im Fall dieser Intellektuellen kaum eine Person, die sich durch ihre intellektuelle Arbeit, ihre Schriften und Reden, denn das ist es, was sie produzieren, ein komfortables Aus- und Einkommen sichern könnte. Die Marktnachfrage nach derartigen Produkten ist gering und unterliegt darüber hinaus großen Schwankungen. Nur ganz wenigen Intellektuellen würde es gelingen, ihr Schreiben und Reden zu einem einträglichen Beruf zu machen. Die weitaus meisten tatsächlichen oder vermeintlichen Intellektuellen wären dagegen darauf angewiesen, ihre wissenschaftlichen Interessen aus bloßer innerer Berufung heraus zu betreiben und sich ihren Lebensunterhalt anderweitig, durch Ausübung eines normalen bürgerlichen Berufs, zu verdienen. Doch das widerspricht natürlich dem Selbstwertgefühl eines jeden Intellektuellen und all derjenigen, die sich dafür halten. Wie kaum eine andere Personengruppe sind Intellektuelle von der Bedeutung und dem Wert ihrer Arbeit überzeugt und entsprechend verbittert, wenn die ihnen angeblich gebührende hohe gesellschaftliche Anerkennung ausbleibt.

Was bleibt ihnen angesichts dessen übrig? Zum Politiker taugen sie in aller Regel nicht. Dazu sind sie typischerweise zu ernst- und streberhaft, zu schüchtern, linkisch, introvertiert und ungesellig-sonderlich. Und aufgrund dessen fehlt es ihnen meist am Willen zur Macht, der doch gerade einen Politiker ausmacht.

Aber die Intellektuellen sind natürlich klug genug, um zu wissen, dass, wenn sie schon nicht selbst zum Politiker taugen, sie doch die Politiker brauchen, um an das Geld zu kommen, das sie für ein komfortables Auskommen benötigen. Und sie wissen natürlich auch, *was* sie den Politikern als Gegenleistung anbieten müssen, damit diese sie an ihren Beutezügen möglichst großzügig beteiligen: nämlich wohlklingende Rechtfertigungen dafür, die Machtbefugnisse des Staates immer weiter auszudehnen, und ›kühne‹ Visionen und Aktionsprogramme mit hehren, gutmenschlichen Zielen, die man, wie z. B. die »Gleichheit aller Menschen«, gar nicht erreichen *kann*, die *niemand* jemals erreichen kann, die man aber gerade deshalb auch nie aufgeben muss, sondern immer wieder neu aufleben und unablässig erneuern kann.

Und so kommt es zu einer unheiligen Allianz: in früheren, monarchischen Zeiten zwischen Thron und Altar und heute, im amerikanischen Zeitalter, zwischen Demokraten und Intellektuellen. Das Resultat? Noch nie zuvor hat es so viele Politiker und vor allem auch so viele vermeintliche Intellektuelle gegeben, die auf Kosten einer immer kleiner werdenden Anzahl produktiver Personen leben und im Luxus schwelgen. Und noch nie, um bei den Intellektuellen zu bleiben, haben die immer zahlreicheren und größeren Universitäten als die staatlich finanzierten und geförderten Zitadellen intellektueller Macht und Einflussnahme und die Brutstätten zukünftiger Politiker und Intellektueller so viel verheerenden gedanklichen Unsinn produziert und zur Volksverblödung beigetragen wie in unseren Tagen.

Was kann man angesichts dessen tun? Ich fürchte nicht viel – außer den ganzen Schwindel immer wieder offen an- und auszusprechen. Das heißt zum einen, die Politiker als das zu erkennen und bezeichnen, was sie tatsächlich sind: eine Bande von Lügnern, Betrügern, Räubern, Mördern und Mordkomplizen, und sie entsprechend mit Verachtung, Hohn und Spott zu übergießen. Aber auch ihre intellektuellen Hintermänner und Zuarbeiter, ohne die die Politiker ihr übles Werk nicht verrichten könnten, müssen ins Visier genommen werden und, als einen ersten Schritt zurück hin zu Normalität und gesundem Menschenverstand, zum Common Sense, gilt es darum zu fordern, die Universitäten finanziell auszutrocknen. Nicht nur sollten alle Zentren für Black-, Latino-, Frauen-, Gender- und Queer-Studies, und was es da inzwischen sonst noch alles an vormals unerhörten Exotika gibt, geschlossen werden, sondern auch sämtliche sozialwissenschaftlichen Fachbereiche, von der Politikwissenschaft und Zeitgeschichte über die Soziologie bis hin zur Volkswirtschaftslehre und der Sozial- und Wirtschaftsstatistik (deren Statistiken doch immer nur dem Zweck dienen, neue »Ungleichheiten« zu entdecken, die nach Umverteilung oder Umerziehung rufen!). Und ebenso sollte der Berufsstand der akademischen Literaturwissenschaftler und Literaturkritiker und, so leid es mir tut, das sagen zu müssen, auch der Berufsstand der akademischen Philosophen rigoros ausgedünnt werden. Und den Leuten, die glauben, sie wüssten, wie man das globale Klima beherrscht, sollte man einen Krankenschein zur Behandlung in einer psychiatrischen Klinik ausstellen.

Das heißt nicht, dass man prinzipiell etwas gegen die Arbeit von Politikwissenschaftlern, Soziologen, Ökonomen, Statistikern, Literaturwissenschaftlern, Philosophen oder Klimaforschern hätte und sich wünschte, es gäbe sie allesamt nicht mehr. Mitnichten. Fraglos wird es immer Menschen geben, die sich ernsthaft mit den Fragen und Problemen all dieser Disziplinen beschäftigen. Und das ist gut und notwendig. Aber sicher wäre die Zahl derartiger Wissenschaftler sehr viel kleiner. Doch Masse ist nicht gleich Klasse, und die Verringerung der Zahl steuerfinanzierter Sozialwissenschaftler aller Art ist mitnichten gleichbedeutend mit einem intellektuellen Niedergang. Ganz im Gegenteil. Befreit von der intellektuellen Luft- und Umweltweltverschmutzung, die gegenwärtig von den Universitäten produziert wird, eröffnet sich damit die Möglichkeit zum Aufstieg einer Klasse neuer und besserer Intellektueller, ausgezeichnet durch echte Bodenhaftung und wahrhaftigen Realitätssinn.

Doch all dies liegt, wenn es denn überhaupt erreicht werden kann, noch in weiter Ferne. Aber Gott sei Dank muss man heute darauf nicht mehr warten. Denn in den Nischen des gegenwärtigen Irrenhauses, ganz abseits des gegenwärtigen Universitäts- und Schulbetriebs und des dort ablaufenden Affentheaters, gibt es, jedenfalls in Wien, um Wien und um Wien herum, im deutschsprachigen Sprachraum, immer noch – oder besser: wieder – einen Ort, an dem man zwar keine Berufsabschlüsse oder staatlich approbierte Zertifikate erwerben kann, an dem man aber echte Bildung erlangen und das selbstständige kritische Denken und Argumentieren üben und lernen kann: Rahim's Scholarium.

Veröffentlicht 2016

Libertäre und die Alt-Right-Strategie

Prinzipientreue plus gesunder Menschenverstand

Wir kennen das Schicksal der Begriffe »liberal« und »Liberalismus«. Sie sind mit so vielen verschiedenen Menschen und Positionen verbunden worden, dass sie ihre Bedeutung vollständig verloren haben und zu leeren, unbestimmten Etiketten geworden sind. Dasselbe Schicksal droht nun zunehmend auch den Begriffen »libertär« und »Libertarismus«, die erfunden wurden, um etwas von der konzeptionellen Präzision zurückzugewinnen, die beim Niedergang der früheren Bezeichnung verloren ging.

Die Geschichte des modernen Libertarismus ist jedoch noch recht jung. Es begann im Wohnzimmer von Murray Rothbard und fand seinen ersten quasikanonischen Ausdruck in seinem 1973 veröffentlichten Buch For *A New Liberty. A Libertarian Manifesto* (deutsch: *Eine neue Freiheit. Das libertäre Manifest*). Und so bin ich immer noch hoffnungsvoll und bis jetzt nicht bereit, den von Rothbard mit unübertroffener begrifflicher Klarheit und Präzision definierten und erklärten Libertarismus aufzugeben, ungeachtet der inzwischen zahllosen Versuche sogenannter »Libertärer«, die Sache zu verwirren und den guten Ruf des Libertarismus für etwas ganz anderes zu missbrauchen.

Um dies klarzustellen: Jemand, jedermann, der einen oder mehrere der folgenden Punkte behauptet und befürwortet, ist kein Libertärer oder bloß ein falscher Libertärer: die Notwendigkeit eines Staates, irgendeines Staates, von »öffentlichem« (Staats-)Eigentum und von Steuern, um in Frieden zu leben. Oder, abgesehen von privaten Eigentumsrechten, die Existenz und Rechtfertigbarkeit irgendwelcher sogenannter »Menschenrechte« oder »Bürgerrechte« wie »Frauenrechte«, »Schwulenrechte«, »Minderheitenrechte«, das »Recht«, nicht diskriminiert zu werden, das »Recht« auf freie und unbeschränkte Einwanderung, das »Recht« auf ein garantiertes Mindesteinkommen oder auf kostenlose Gesundheitsversorgung, das »Recht«, nicht von unangenehmen Worten und Gedanken belästigt zu werden. Die Befürworter all dessen können sich selbst nennen, wie sie wollen, und als Libertäre kooperieren wir vielleicht auch mit ihnen, sofern eine solche Zusammenarbeit die Aussicht darauf bietet, uns unserem Endziel näherzubringen, aber sie sind keine Libertären oder nur falsche Libertäre.

Während Rothbard und ich, in seine Fußstapfen tretend, nie von den theoretisch abgeleiteten Kernüberzeugungen abgewichen sind, haben nicht nur Nichtlibertäre, sondern vor allem auch falsche Libertäre, das heißt Menschen, die fälschlicherweise behaupten, Libertäre zu sein, und sogar viele vielleicht ehrliche, aber begriffsstutzige Libertäre, uns zu ihrem favorisierten roten Tuch und zur Ausgeburt des Bösen erkoren. Rothbard, die treibende Kraft des modernen Libertarismus, wurde von dieser sogenannten »antifaschistischen« Menge als »Reaktionär«, »Rassist«, »Sexist«, »Autoritarist«, »Elitärer«, »Ausländerfeind«, »Faschist« und, das ist die Krönung, als »selbsthassender jüdischer Nazi« gebrandmarkt. Und ich habe alle diese Ehrentitel geerbt, plus ein paar mehr, außer dem jüdischen Zeug. Also, was ist das Merkwürdige, das hier passiert ist?

Der Versuch, eine Antwort auf diese Frage zu entwickeln, bringt mich zum Thema: das Verhältnis zwischen dem Libertarismus und der alternativen Rechten oder »Alt-Right«, die nationale und internationale Bekanntheit erlangt hat, nachdem Hillary Clinton sie während der vergangenen Präsidentschaftswahlkampagne als eine der inspirierenden Quellen hinter den »Erbärmlichen« identifiziert hat, die Trump anfeuerte, und deren Führung, was man ihr anrechnen muss, nach Trumps Wahlsieg schnell mit ihm brach, als er sich lediglich als ein weiterer präsidialer Kriegshetzer herausstellte.

Die Alt-Right-Bewegung ist im Wesentlichen der Nachfolger der paläokonservativen Bewegung, die Anfang der 1990er-Jahre Bedeutung erlangte mit dem Kolumnisten und Bestsellerautor Patrick Buchanan als bekanntestem Vertreter. Ende der 1990er-Jahre schlief sie etwas ein, und in letzter Zeit ist sie angesichts der stetig wachsenden Schäden, die Amerika und seinem Ruf durch die aufeinanderfolgenden Regierungen Bush I, Clinton, Bush II und Obama zugefügt wurden, unter dem neuen Etikett der »Alt-Right« wieder stärker als zuvor aufgetaucht.

Viele der führenden Köpfe, die mit der Alt-Right verbunden sind, sind im Laufe der Jahre hier bei unseren Treffen erschienen. Paul Gottfried, der den Begriff zuerst prägte, Peter Brimelow, Richard Lynn, Jared Taylor, John Derbyshire, Steve Sailer und Richard Spencer. Sean Gabb und ich werden regelmäßig im Zusammenhang mit der Alt-Right erwähnt, und mein Werk wurde auch mit der eng verwandten neoreaktionären Bewegung in Verbindung gebracht, die von Curtis Yarvin (auch bekannt als Mencius Moldbug) und seinem inzwischen eingestellten Blog *Unqualified Reservations* inspiriert wird. Zusammenfassend kann ich sagen, dass diese persönlichen Beziehungen und Assoziationen mir einige ehrenvolle Erwähnungen von Amerikas berühmtester Verleumdungsliga, der SPLC (»Southern Poverty Law Center«), auch bekannt als »Soviet Poverty Lie Center« (»sowjetisches Armutslügenzentrum«), eingebracht haben.

Nun: Wie steht es um das Verhältnis zwischen Libertarismus und der Alt-Right? Und was sind meine Gründe für die Einladung führender Vertreter der Alt-Right zu Treffen mit Libertären?

Libertäre einen unumstößliche theoretische Grundüberzeugungen. Sie sind sich darüber im Klaren, welches Ziel sie erreichen wollen. Die libertäre Doktrin impliziert aber nicht viel, wenn überhaupt etwas, in Bezug auf diese Fragen: Erstens: Wie ist eine einmal erreichte libertäre Ordnung aufrechtzuerhalten? Und zweitens: Wie kann man eine libertäre Ordnung von einem nicht libertären Ausgangspunkt aus erreichen? Was wiederum erstens voraussetzt, dass man diesen Ausgangspunkt richtig beschreibt und zweitens die Hindernisse, die einem in den Weg gelegt werden, korrekt identifiziert. Um diese Fragen beantworten zu können, braucht man neben der Theorie auch Kenntnisse der Humanpsychologie und -soziologie. Oder zumindest ein wenig gesunden Menschenverstand. Leider verfügen viele Libertäre und falsche Libertäre weder über ein Wissen über menschliche Psychologie und Soziologie noch über irgendein Maß an gesundem Menschenverstand. Sie akzeptieren blind, entgegen allen empirischen Belegen, eine egalitäre Tabula-rasa-Sicht der menschlichen Natur, in der alle Menschen und Gesellschaften und Kulturen im Wesentlichen gleich und austauschbar sind.

Während ein Großteil des zeitgenössischen Libertarismus als Theorie ohne Psychologie und Soziologie bezeichnet werden kann, kann man einen Großteil oder sogar den größten Teil der Alt-Right im Gegensatz dazu als Psychologie und Soziologie ohne Theorie beschreiben. Die Alt-Right ist nicht durch eine gemeinsam bekannte Theorie vereint. Es gibt nichts, was einem kanonischen Text auch nur im Entferntesten ähnelt, der ihren Sinn definiert. Vielmehr eint die Alt-Right im Wesentlichen ihre Beschreibung der gegenwärtigen Welt, insbesondere der USA und der sogenannten westlichen Welt, und die Identifizierung und Diagnose ihrer sozialen Pathologien. In der Tat wurde zu Recht festgestellt, dass die Alt-Right viel mehr darin geeint ist, was sie ablehnt, als darin, wofür sie steht. Sie ist gegen die Eliten, die den Staat, die Mainstreammedien und das akademische Leben kontrollieren, und sie hasst sie mit Leidenschaft. Warum? Weil sie alle eine soziale Degeneration und Pathologie fördern. So setzen sie sich für Gleichberechtigung, positive Diskriminierung (auch bekannt als »Nichtdiskriminierung«), Multikulturalismus und »freie« Masseneinwanderung als Mittel zur Hervorbringung des Multikulturalismus ein, und die Alt-Right stellt sich mit Vehemenz dagegen. Außerdem verabscheut die Alt-Right alles, was nach Kulturmarxismus schmeckt, sowie sämtliche »politische Korrektheit« und nimmt es strategisch weise und ohne jede Entschuldigung gelassen hin, dass man ihr ständig Rassismus, Sexismus, Elitismus, Homophobie, Fremdenfeindlichkeit und so weiter vorwirft. Und die Alt-Right setzt sich auch lachend über das hoffnungslos naive programmatische Motto der sogenannten Libertären wie der »Students for Liberty« hinweg, die ich als die »Stupids for Liberty« bezeichnet habe und die mein junger deutscher Freund André Lichtschlag »Liberallala-Libertäre« nannte, das »Peace, Love and Liberty« lautet, was von Lichtschlag als »Friede, Freude, Eierkuchen« übersetzt wurde. Im krassen Gegensatz dazu besteht die Alt-Right darauf, dass es im Leben auch um Streit und Kampf geht, nicht nur zwischen Individuen, sondern auch zwischen verschiedenen Gruppen von Menschen, die konzertiert auftreten.

Über das Ziel jedoch, das man letztendlich erreichen will, gibt es in der Alt-Right ohne eine vereinheitlichende Theorie weit weniger Übereinstimmung. Viele ihrer führenden Köpfe haben ausgesprochen libertäre Neigungen, andere nicht. Die Aufspaltung der Alt-Right-Bewegung in rivalisierende Fraktionen ist mangels theoretischer Grundlagen kaum überraschend. Die Tatsache sollte jedoch nicht dazu verleiten, sie abzutun, denn die Alt-Right hat viele Einsichten hervorgebracht, die von zentraler Bedeutung sind, wenn es darum geht, eine Antwort auf die beiden vorgenannten Fragen zu finden, die von der libertären Theorie unbeantwortet geblieben sind: wie man eine freiheitliche Gesellschaftsordnung aufrechterhält und wie man von dem gegenwärtigen, entschieden unfreiheitlichen Status quo zu einer solchen Ordnung gelangt. Die Alt-Right hat diese Einsichten nicht entdeckt. Sie waren schon lange vorher entwickelt worden, und sie sind in der Tat in weiten Teilen nichts weiter als Ausdruck gesunden Menschenverstandes. Aber in jüngster Zeit sind solche Einsichten unter Bergen egalitärer, linker Propaganda begraben worden, und der Alt-Right-Propaganda gebührt Dank dafür, sie wieder ans Licht gebracht zu haben.

Um die Wichtigkeit solcher Einsichten zu verdeutlichen, möchte ich zunächst eine erste unbeantwortete Frage aufgreifen: Viele Libertäre vertreten die Auffassung, dass zur Aufrechterhaltung einer libertären Gesellschaftsordnung nur die strikte Durchsetzung des Nichtangriffsprinzips (NAP) notwendig ist. Ansonsten, solange man sich ihrer Meinung nach der Aggression enthält, sollte das Prinzip »Leben und leben lassen« gelten. Doch während dieses »Leben und leben lassen« für Jugendliche in Rebellion gegen die elterliche Autorität und alle gesellschaftlichen Konventionen und Kontrolle reizvoll klingt (und viele Jugendliche wurden anfangs vom Libertarismus angezogen, weil sie glaubten, dass dieses »Leben und leben lassen« die Essenz des Libertarismus ist) und während das Prinzip für Menschen, die weit auseinander leben und nur indirekt und aus der Ferne miteinander Umgang pflegen, tatsächlich gilt, gilt dies nicht, oder genauer, ist dies unzureichend für Menschen, die als Nachbarn und Einwohner einer Gemeinde nahe beieinander leben und miteinander Umgang pflegen.

Ein einfaches Beispiel genügt, um das Argument anzubringen. Nehmen wir an, ein neuer Nachbar zieht ein. Dieser Nachbar greift in keiner Weise auf Sie oder Ihr Eigentum über, aber er ist ein »schlechter Nachbar«. Er verunreinigt sein eigenes Grundstück und verwandelt es in einen Müllhaufen. Unter freiem Himmel, sodass Sie es sehen können, nimmt er rituelle Schlachtungen von Tieren vor; er verwandelt sein Haus in ein »Freudenhaus«, ein Bordell, mit Kunden, die den ganzen Tag und die ganze Nacht hindurch kommen und gehen; er bietet niemals eine helfende Hand an und hält nie ein gegebenes Versprechen. Oder er kann oder will nicht mit Ihnen in Ihrer eigenen Sprache sprechen. Und so weiter und so fort. Ihr Leben wird zu einem Albtraum. Aber Sie dürfen keine Gewalt gegen ihn anwenden, denn er hat Sie nicht angegriffen. Was können Sie tun? Sie können ihn meiden und ausgrenzen. Aber Ihren Nachbarn kümmert das nicht, und eine »Strafe« von Ihnen allein macht ihm wenig aus, wenn überhaupt. Sie müssen die Autorität der Gemeinde haben, oder Sie müssen sich an jemanden wenden, der diese hat, um jedes Mitglied Ihrer Gemeinde, oder zumindest die meisten davon, zu überzeugen, den schlechten Nachbarn aufs soziale Abstellgleis zu schieben, um genügend Druck auf ihn auszuüben, dass er sein Eigentum verkauft und geht. Soviel zu den »Libertären«, die neben ihrem Ideal vom »Leben und leben lassen« auch das Motto »Respektiere keine Autorität!« haben.

Die Lehre daraus? Das friedliche Zusammenleben von Nachbarn und Menschen, die auf einem bestimmten Territorium in regelmäßigem direktem Kontakt zueinanderstehen – eine friedliche, gesellige Gesellschaftsordnung –, erfordert auch eine Gemeinsamkeit der Kultur: von Sprache, Religion, Brauchtum und Konvention. Es kann ein friedliches Zusammenleben verschiedener Kulturen auf entfernten, physisch getrennten Territorien geben, aber Multikulturalismus, kulturelle Heterogenität, kann nicht an ein und demselben Ort und Territorium existieren, ohne zu abnehmendem sozialem Vertrauen, zunehmenden Spannungen und letztlich dem Ruf nach einem »starken Mann« zu führen und zur Zerstörung von allem, was einer libertären Gesellschaftsordnung ähnelt.

Und mehr noch: So wie eine libertäre Ordnung stets gegen »schlechte« (auch nicht aggressive) Nachbarn auf der Hut sein muss, und zwar durch soziale Ausgrenzung, das heißt durch eine gemeinsame Sie-sind-hier-nicht-willkommen-Kultur, so muss sie auch und gerade noch wachsamer vor Nachbarn geschützt werden, die offen Kommunismus, Sozialismus, Syndikalismus oder Demokratie in jeglicher Gestalt und Form befürworten. Sie, die damit eine offene Bedrohung für alle Privateigentums- und Grundbesitzer darstellen, müssen nicht nur gemieden werden, sondern sie müssen, um ein inzwischen recht berühmtes Hoppe-Mem zu verwenden, »physisch entfernt« werden, notfalls gewaltsam. Sie müssen gezwungen werden, sich auf andere Weiden zu begeben. Das zu unterlassen, führt zwangsläufig zu – na ja, Kommunismus, Sozialismus, Syndikalismus oder Demokratie und damit zum Gegenteil einer libertären Gesellschaftsordnung.

Mit diesen »rechten« Gedanken oder, wie ich sagen würde, Einsichten des gesunden Menschenverstandes im Hinterkopf wende ich mich nun der schwierigeren Frage zu, wie man von hier, dem Status quo, dorthin gelangt. Und dafür mag es vielleicht lehrreich sein, zunächst kurz die Antwort der Liberallala-, der »Peace, Love and Liberty«-, der »Friede-Freude-Eierkuchen«- oder der »Kapitalismus ist Liebe«-Libertären zu bedenken. Sie offenbart den gleichen grundsätzlichen Egalitarismus, wenn auch in einer etwas anderen Form, wie ihn auch die »Leben und leben lassen«-Libertären an den Tag legen. Diese, wie ich eben versucht habe zu zeigen, lassen das, was wir als »Schlechte-Nachbarn-Problem« bezeichnen können – und was nur ein Stichwort für das generelle Problem ist, das durch das Nebeneinander von deutlich unterschiedlichen, fremden, sich gegenseitig störenden, belästigenden, seltsamen oder feindseligen Kulturen entsteht –, per Definition einfach aus dem Dasein verschwinden. Und tatsächlich, wenn man entgegen allen empirischen Belegen davon ausgeht, dass alle Menschen überall im Wesentlichen gleich sind, dann gibt es *per definitionem* kein »Schlechte-Nachbarn-Problem«.

Derselbe egalitäre oder, wie die Liberallala-Libertären ihn zu nennen vorziehen, »humanitäre« Geist kommt auch in ihrer Antwort auf die Frage nach einer libertären Strategie zum Tragen. Kurzum, ihr Rat lautet: Seid nett und redet mit allen – dann werden sich auf lange Sicht die besseren libertären Argumente durchsetzen. Um es zu illustrieren: Nehmen Sie die fünf »Don'ts When Talking Liberty« (Verbote, wenn man über Freiheit spricht) meines ehemaligen Freundes und jetzigen Gegners Jeffrey Tucker: »Erstens: Seien Sie nicht streitsüchtig! Zweitens: Gehen Sie nicht von Hass auf Freiheit aus! Drittens: Gehen Sie nicht von unterschiedlichen Zielen aus! Viertens: Gehen Sie nicht von Ignoranz aus! Fünftens: Betrachten Sie niemanden als Feind!«

Nun, ganz abgesehen von der Tatsache, dass Tucker seinen eigenen Ratschlägen in seiner kämpferischen Verurteilung der gesamten Alt-Right als freiheitshassende Faschisten nicht zu folgen scheint, finde ich seine Ermahnungen wirklich verblüffend. Sie mögen ein guter Rat sein für Menschen, die soeben aus dem Nichts entstanden sind, ohne irgendeine nachvollziehbare Geschichte, aber für wirkliche Menschen mit einer persönlichen Geschichte erscheinen sie mir hoffnungslos naiv, unrealistisch und geradezu kontraproduktiv zu sein, wenn es um die Verfolgung libertärer Ziele geht. Denn ich zumindest kenne viele Menschen und habe viele Menschen in meinem Leben kennengelernt, die ignorant sind, die andere Ziele haben und die Freiheit, wie sie von den Libertären verstanden wird, hassen – warum um aller Welt sollte ich solche nicht als Narren oder Feinde betrachten? Und warum sollte ich mich meinen Feinden gegenüber nicht streitbar verhalten?

Als libertäre Strategie muss Tuckers Ratschlag also als schlechter Witz betrachtet werden. Aber es ist sicherlich ein guter Ratschlag, wenn man als eine Art »libertärer Ratgeber« Zugang zum Staat finden will, und das mag sehr wohl die Begeisterung erklären, mit der Tuckers »humanitärer« Libertarismus von der liberallala-libertären Masse aufgenommen wurde.

Außerhalb egalitärer Fantasieländer aber müssen die Libertären in der realen Welt vor allem realistisch sein und von vornherein, wie es auch die Alt-Right tut, die Ungleichheit nicht nur der Individuen, sondern auch der verschiedenen Kulturen als unauslöschliches Faktum der menschlichen Existenz anerkennen. Wir müssen ferner anerkennen, dass es viele Feinde der Freiheit gibt und dass sie, nicht wir, über die weltlichen Angelegenheiten herrschen; dass ihre Kontrolle über die Bevölkerung in vielen Teilen der heutigen Welt so vollständig ist, dass die Ideen der Freiheit und einer freiheitlichen Gesellschaftsordnung praktisch nicht gehört oder für undenkbar gehalten werden (außer als geistiges Spiel oder mentale Gymnastik einiger weniger »exotischer« Individuen); und es ist im Wesentlichen nur im Westen, in den Ländern West- und Zentraleuropas und den von ihren Völkern besiedelten Ländern, die Idee der Freiheit so tief verankert, dass diese Feinde noch offen herausgefordert werden können. Und wenn wir unsere strategischen Überlegungen hier nur auf den Westen beschränken, dann können wir, wie es die Alt-Right tatsächlich getan hat, diese Akteure und Agenturen als unsere Hauptfeinde identifizieren.

Es sind in erster Linie die herrschenden Eliten, die den Staatsapparat und insbesondere den »Deep State« oder die sogenannte Kathedrale des Militärs, der Geheimdienste, der Zentralbanken und der obersten Gerichte kontrollieren. Dazu gehören auch die Führer des militärisch-industriellen Komplexes, das heißt der nominell privaten Unternehmen, die ihre Existenz dem Staat als ausschließlichem oder dominierendem Käufer ihrer Produkte verdanken, sowie die Führer der großen Geschäftsbanken, die ihr Privileg der Schaffung von Geld und Krediten aus dem Nichts der Existenz der Zentralbank und ihrer Rolle als »letztinstanzlicher Kreditgeber« verdanken. Sie zusammen, der Staat, Big Business und Big Banking, bilden eine extrem mächtige, wenn auch winzige, »gegenseitige Bewunderungsgesellschaft«, die gemeinsam die riesige Masse der Steuerzahler abzockt und auf deren Kosten im Luxus lebt. Die zweite, viel größere Gruppe von Feinden besteht aus den Intellektuellen, Erziehern und »Edukraten«, von den höchsten akademischen Ebenen bis hinunter zu den Grundschulen und Kindergärten. Fast ausschließlich, ob direkt oder indirekt, vom Staat finanziert, sind sie in ihrer überwältigenden Mehrheit zu den weichen Werkzeugen und willigen Ausführern in den Händen der herrschenden Elite und ihrer Entwürfe für absolute Macht und totale Kontrolle geworden. Und drittens gibt es die Journalisten der Hauptstrommedien als die folgsamen Produkte des Systems der »öffentlichen Bildung« und die feigen Empfänger und Verbreiter staatlicher »Informationen«.

Ebenso wichtig für die Entwicklung einer liberalen Strategie ist aber auch die unmittelbar darauffolgende Frage: Wer sind die Opfer? Die Standardantwort der Libertären lautet: die Steuerzahler im Gegensatz zu den Steuerkonsumenten. Das ist zwar grundsätzlich richtig, aber bestenfalls nur ein Teil der Antwort, und die Libertären könnten in dieser Hinsicht etwas von der Alt-Right lernen: Denn neben dem rein ökonomischen Aspekt gibt es auch einen breiteren kulturellen Aspekt, der bei der Identifizierung der Opfer berücksichtigt werden muss.

Um ihre Macht zu erweitern und zu vergrößern, führen die herrschenden Eliten seit vielen Jahrzehnten das aus, was Pat Buchanan als einen systematischen »Kulturkrieg« identifiziert hat, der auf eine Umwertung aller Werte und die Zerstörung aller natürlichen oder »organischen« sozialen Bindungen und Institutionen wie Familien, Gemeinschaften, ethnischen Gruppen und verwandten Nationen abzielt, um so eine zunehmend atomisierte Bevölkerung zu schaffen, deren einziges gemeinsames Merkmal und vereinende Bindung ihre existenzielle Abhängigkeit vom Staat ist. Der erste Schritt in diese Richtung, der bereits ein halbes Jahrhundert oder noch länger zurückliegt, war die Einführung von »Wohlfahrt« und »sozialer Sicherheit«, wobei die Unterschicht und die älteren Menschen zu Staatsabhängigen gemacht wurden und der Wert und die Bedeutung von Familie und Gemeinschaft entsprechend gemindert und geschwächt wurden. In jüngster Zeit sind weitere Schritte in diese Richtung unternommen worden. Eine neue »Opferlehre« wurde proklamiert und gefördert. Frauen – insbesondere alleinerziehende Mütter –, Schwarze, Braune, Latinos, Schwule, Lesben, Bi- und Transsexuelle erhielten den Status »Opfer« und erhalten durch Nichtdiskriminierungs- oder positive Diskriminierungsdekrete rechtliche Privilegien. In jüngster Zeit wurden diese Privilegien auch auf ausländische Migranten ausgeweitet, ungeachtet dessen, ob sie legal oder illegal eingereist sind, sofern sie in eine der eben genannten Kategorien fallen oder Angehörige nicht christlicher Religionen wie zum Beispiel des Islam sind. Das Ergebnis? Das bereits erwähnte Schlechte-Nachbarn-Problem wurde nicht nur nicht vermieden oder gelöst, sondern systematisch gefördert und intensiviert. Die kulturelle Homogenität ist zerstört, die Vereinigungsfreiheit, die freiwillige physische Absonderung und Trennung unterschiedlicher Menschen, Gemeinschaften, Kulturen und Traditionen voneinander wurde durch ein allgegenwärtiges System der erzwungenen sozialen Integration ersetzt. Darüber hinaus wurde jede der genannten »Opfer«-Gruppen gegeneinander ausgespielt, und alle wurden gegen weiße, heterosexuelle, christliche Männer, vor allem gegen die verheirateten und die mit Kindern, als einzig verbleibende rechtlich ungeschützte Gruppe angeblicher »Täter« ausgespielt. Somit wurde die Welt durch die von den herrschenden Eliten geförderte Umwertung aller Werte auf den Kopf gestellt. Die Institution eines Familienhaushalts mit Vater, Mutter und ihren Kindern, die die Grundlage der westlichen Zivilisation bildete als die freieste, fleißigste, genialste und rundum vollendetste Zivilisation, die der Menschheit bekannt ist, das heißt, die Institution und die Menschen, die am meisten Gutes in der Menschheitsgeschichte getan haben, wurde offiziell als Quelle aller sozialen Übel stigmatisiert und verunglimpft und von der unerbittlichen Teile-und-herrsche-Politik der feindlichen Elite zu der am stärksten benachteiligten, ja sogar verfolgten Gruppe gemacht.

Dementsprechend muss in Anbetracht der gegenwärtigen Konstellation jegliche vielversprechende libertäre Strategie, wie es die Alt-Right erkannt hat, in erster Linie auf diese Gruppe der am stärksten benachteiligten Menschen zugeschnitten und angesprochen werden. Weiße, verheiratete, christliche Paare mit Kindern, insbesondere wenn sie auch zu den Steuerzahlern gehören (und nicht zu den Steuerverbrauchern), und jeder, der dieser Standardform der sozialen Ordnung und Organisation am nächsten kommt oder sie anstrebt, kann realistischerweise als das empfänglichste Publikum der libertären Botschaft angesehen werden – wohingegen die geringste Unterstützung von den rechtlich am meisten »geschützten« Gruppen wie zum Beispiel wohlfahrtsstaatlich versorgten, alleinstehenden schwarzen muslimischen Müttern erwartet werden sollte.

Angesichts dieser Konstellation von Täterfeinden *versus* Opfern im heutigen Westen kann ich nun zur abschließenden Aufgabe kommen und versuchen, eine realistische libertäre Veränderungsstrategie zu entwerfen. Den Details müssen zwei allgemeine Erwägungen vorausgehen. Da die Intellektuellen, die von der akademischen Spitze bis zu den meinungsbildenden Journalisten in den Hauptstrommedien durch das herrschende System finanziert werden und fest mit dem System verbunden sind, ein Teil des Problems sind, sollte nicht erwartet werden, dass sie bei der Lösung eine wichtige Rolle spielen. Dementsprechend ist die sogenannte hayeksche Strategie des gesellschaftlichen Wandels, die sich die Verbreitung korrekter libertärer Vorstellungen von oben beginnend bei den führenden Philosophen und dann von dort über die Journalisten bis hin zu den großen ungewaschenen Massen vorstellt, als grundsätzlich unrealistisch anzusehen. Stattdessen muss jede realistische libertäre Strategie für den Wandel eine populistische Strategie sein. Das heißt, Libertäre müssen an den dominierenden intellektuellen Eliten vorbei sich direkt an die Massen wenden, um Empörung und Verachtung für die herrschenden Eliten zu wecken.

Und zweitens: Während die Hauptadressaten einer populistisch-libertären Botschaft in der Tat die eben genannten Gruppen enteigneter und entrechteter einheimischer Weißer sein müssen, halte ich es für einen ernsten strategischen Fehler, die »Weissheit« zum ausschließlichen Kriterium für die Grundlage strategischer Entscheidungen zu machen, wie es einige Stränge der Alt-Right vorgeschlagen haben. Schließlich sind es vor allem weiße Männer, die die herrschende Elite ausmachen und die uns das gegenwärtige Chaos aufgezwungen haben. Zugegebenermaßen haben die verschiedenen geschützten »Minderheiten«, die vorhin erwähnt wurden, die ihnen gewährten rechtlichen Privilegien in vollem Umfang genutzt, und sie wurden zunehmend ermutigt, immer mehr »Schutz« zu fordern. Aber keine von ihnen, auch nicht alle zusammen, besitzt die intellektuelle Kraft, die dieses Ergebnis möglich gemacht hätte, wenn sie nicht die instrumentelle Hilfe erhalten hätten, die ihnen weiße Männer gaben und geben.

Nun, ausgehend von den Buchanan-, Paul- und Trump-Bewegungen, komme ich auf die Spezifika einer populistischen Strategie für einen libertären Wandel zu sprechen, und zwar in keiner bestimmten Reihenfolge außer der, dass der allererste Punkt die im öffentlichen Bewusstsein größte Dringlichkeit angenommen hat.

Erstens: Stoppt die Masseneinwanderung! Die Wellen von Immigranten, die derzeit die westliche Welt überfluten, sind mit Horden von Sozialschmarotzern beladen, haben Terroristen hereingebracht, die Kriminalität erhöht, zur Verbreitung von No-go-Zonen geführt und unzählige »schlechte Nachbarn« hervorgebracht, die aufgrund ihrer fremdartigen Erziehung, Kultur und Traditionen weder Verständnis noch Wertschätzung für die Freiheit haben und zwangsläufig zu gedankenlosen zukünftigen Befürwortern des Wohlfahrtsstaatssystems werden. Niemand ist gegen Einwanderung und Einwanderer an sich. Aber die Einwanderung darf nur auf Einladung erfolgen. Alle Einwanderer müssen produktive Menschen sein und deshalb von allen inländischen Sozialleistungen ausgeschlossen werden. Um dies zu gewährleisten, müssen sie oder ihre einladende Partei eine Kaution bei der Gemeinschaft hinterlegen, in der sie sich niederlassen sollen, die, sollte der Einwanderer jemals der Öffentlichkeit zur Last fallen, verfällt und zur Abschiebung des Einwanderers führt. Außerdem sollte jeder Einwanderer, jede einladende Partei oder jeder Arbeitgeber nicht nur für den Unterhalt oder das Gehalt des Einwanderers aufkommen, sondern er muss auch die Gemeinde für die zusätzliche Abnutzung ihrer öffentlichen Einrichtungen entschädigen, die mit der Anwesenheit des Einwanderers verbunden sind, um die Sozialisierung jener Kosten zu vermeiden, die mit seiner Ansiedlung verbunden sind. Darüber hinaus muss jeder potenzielle Gastmigrant schon vor seiner Aufnahme sorgfältig auf seine Produktivität, aber auch auf kulturelle Affinität (oder »Gute-Nachbarschaftsfähigkeit«) geprüft werden – was zum empirisch vorhersagbaren Ergebnis meist, aber keineswegs ausschließlich, westlich-weißer Immigrantenkandidaten führt. Und jeder bekannte Kommunist oder Sozialist, egal welcher Hautfarbe, welcher Konfession oder Herkunft, muss von einer dauerhaften Ansiedlung ausgeschlossen werden – es sei denn, von der Gemeinschaft, in der sich der potenzielle Einwanderer niederlassen will, wird die Plünderung des Eigentums seiner Bewohner durch neue, ausländische Ankömmlinge offiziell gefördert, was nicht sehr wahrscheinlich ist, nicht einmal innerhalb bereits bestehender kommunistischer Gemeinschaften.

Eine kurze Botschaft an alle Offene-Grenzen- und Liberalallala-Libertäre, die dies sicher als – Sie haben es erraten – »faschistisch« bezeichnen werden: In einer vollständig privatisierten libertären Ordnung gibt es kein Recht auf freie Einwanderung. Privateigentum bedeutet Grenzen und das Recht des Eigentümers, nach Belieben auszuschließen. Und »öffentliches Eigentum« hat ebenfalls Grenzen. Es ist nicht besitzlos. Es ist das Eigentum der inländischen Steuerzahler und ganz sicher nicht das Eigentum von Ausländern. Und obwohl es wahr ist, dass der Staat eine kriminelle Organisation ist und dass die Tätigkeit der Grenzkontrolle unweigerlich zu zahlreichen Ungerechtigkeiten sowohl für die inländischen als auch für die ausländischen Bürger führen wird, ist es auch wahr, dass der Staat auch dann etwas tut, wenn er beschließt, keine

Grenzkontrollen vorzunehmen, und dass unter den gegenwärtigen Umständen das Nichtstun in dieser Hinsicht zu noch mehr und noch viel gravierenderen Ungerechtigkeiten, insbesondere für die inländischen Bürger, führen wird.

Zweitens: Stellt die Angriffe auf und das Töten und Bombardieren von Menschen im Ausland ein! Eine Hauptursache, wenn auch keineswegs die einzige, für die gegenwärtige Invasion westlicher Länder durch Horden von ausländischen Einwanderern sind die Kriege, die im Nahen Osten und anderswo von den herrschenden Eliten der USA und ihren untergeordneten westlichen Marioneteneliten initiiert und geführt werden. Auch die mittlerweile scheinbar »normalen« und allgegenwärtigen Terroranschläge im Namen des Islam in der westlichen Welt sind in hohem Maße der »Rückstoß« aus diesen Kriegen und dem aus ihnen resultierenden Chaos im gesamten Nahen Osten und in Nordafrika. Man darf nicht zögern, die westlichen Herrscher das zu nennen, was sie sind: Mörder oder Helfershelfer des Massenmordes. Wir müssen eine Außenpolitik mit strikter Nichteinmischung fordern und dafür lautstark eintreten: Rückzug aus allen internationalen und supranationalen Organisationen wie der UNO, der NATO und der EU, die ein Land in die inneren Angelegenheiten eines anderen verwickeln. Stellen Sie sämtliche Staat-zu-Staat-Entwicklungshilfe ein und verbieten Sie alle Waffenverkäufe an ausländische Staaten. Amerika zuerst, England zuerst, Deutschland zuerst, Italien zuerst, und so weiter. Das heißt, jedes Land treibt Handel mit anderen, und niemand mischt sich in die inneren Angelegenheiten eines anderen ein.

Drittens: Entzieht den herrschenden Eliten und ihren intellektuellen Leibwächtern die Finanzen! Enthüllt und verbreitet in der Öffentlichkeit die verschwenderischen Gehälter, Vergünstigungen, Pensionen, Renten, Nebengeschäfte, Bestechungs- und Schweigegelder, die die herrschenden Eliten erhalten haben: die Höherrangigen in Regierungen und Bürokratien, in den obersten Gerichten, Zentralbanken, Geheimdiensten und Spionageagenturen, unter Politikern, Parlamentariern, Parteiführern, politischen Beratern, Kumpel-Kapitalisten, in der öffentlichen Bildungs- und Erziehungsindustrie, unter Universitätspräsidenten, Hochschulleitern und akademischen »Stars«. Machen Sie den Punkt klar, dass ihr ganzer leuchtender Ruhm und Luxus durch Geld finanziert wird, das von den Steuerzahlern erpresst wird. Und drängen Sie daher darauf, dass sämtliche Steuern abgeschafft werden: Einkommenssteuern, Vermögenssteuern, Verkaufssteuern, Erbschaftssteuern und so weiter und so fort.

Viertens: Schließt die Fed und alle Zentralbanken! Die zweite Finanzierungsquelle für die herrschenden Eliten, neben dem in Form von Steuern der Öffentlichkeit abgepressten Geld, kommt von den Zentralbanken. Zentralbanken dürfen aus dem Nichts Papiergeld erschaffen. Das reduziert die Kaufkraft des Geldes und vernichtet die Ersparnisse der Durchschnittsmenschen. Die Zentralbank macht die Gesellschaft insgesamt nicht reicher und kann sie nicht reicher machen, aber sie verteilt Einkommen und Wohlstand innerhalb der Gesellschaft neu. Die frühesten Empfänger des neu geschaffenen Geldes, das heißt: die herrschenden Eliten, werden dadurch reicher und die späteren und letzten Empfänger, das heißt: der Durchschnittsbürger, ärmer gemacht. Die Zinsmanipulation der Notenbank ist die Ursache für Konjunkturzyklen. Die Zentralbank erlaubt die Anhäufung immer größerer Staatsverschuldung, die als Last auf unbekannte zukünftige Steuerzahler verlagert oder einfach nur weginflationiert wird. Und als Ermöglicher der Staatsverschuldung sind die Zentralbanken auch Ermöglicher von Kriegen. Diese Ungeheuerlichkeit muss enden und durch ein System freier, wettbewerbsfähiger Banken ersetzt werden, die auf der Grundlage eines echten Rohstoffgelds wie Gold oder Silber aufgebaut sind.

Fünftens: Schafft alle Gesetze und Verordnungen zur positiven Diskriminierung beziehungsweise »Nichtdiskriminierung« ab! Alle derartigen Erlässe stellen eklatante Verstöße gegen den Grundsatz der Gleichheit vor dem Gesetz dar, der zumindest im Westen intuitiv als ein Grundprinzip der Gerechtigkeit empfunden und anerkannt wird. Als Eigentümer von Privateigentum muss es Menschen freistehen, sich anderen Personen anzuschließen oder sich von ihnen zu trennen. Sie müssen einschließen oder ausschließen, integrieren oder trennen, beitreten oder austreten, sich vereinen und eingliedern oder sich spalten und sezedieren können. Schließen Sie alle Universitätsabteilungen für Studien über Schwarze, Latinos, Frauen, Gender- und Queerangelegenheiten und so weiter als mit der Wissenschaft unvereinbar und entlassen Sie ihre Lehrkörper als intellektuelle Hochstapler oder Schurken. Fordern Sie auch, dass alle Kommissare positiver Diskriminierung, Diversitäts- und Personalreferenten, von den Universitäten bis hinunter zu Schulen und Kindergärten, auf die Straße geworfen und gezwungen werden, einen nützlichen Beruf zu erlernen.

Sechstens: Zerschmettert den »antifaschistischen« Pöbel! Die Umwertung aller Werte im Westen, die Erfindung von immer mehr »Opfergruppen«, die Verbreitung von Programmen »positiver Diskriminierung« und die unermüdliche Förderung der »politischen Korrektheit« haben zur Entstehung eines »antifaschistischen« Pöbels geführt. Dieser von den herrschenden Eliten stillschweigend subventionierte und indirekt finanzierte Mob der »Social Justice Warriors« (»Krieger der sozialen Gerechtigkeit«) hat es sich zur Aufgabe gemacht, den Kampf gegen das »weiße Privileg« durch bewusste Terrorakte gegen jedermann und alles, was als »rassistisch«, »rechtsgerichtet«, »faschistisch«, »reaktionär«, »unverbesserlich« oder »nicht rekonstruiert« gilt, zu eskalieren. Solche »Fortschrittsfeinde« werden von dem »antifaschistischen« Mob körperlich angegriffen, ihre Autos verbrannt, ihre Besitztümer verwüstet und ihre Arbeitgeber drohend aufgefordert, sie zu entlassen und ihre Karrieren zu ruinieren – während die Polizei von den Mächtigen angewiesen wird, sich zurückzuziehen und die begangenen Verbrechen weder zu untersuchen noch strafrechtlich zu verfolgen und die Kriminellen nicht zu bestrafen. Angesichts dieses Skandals muss der öffentliche Zorn geweckt werden, und es muss weit und breit getobt werden, damit die Polizei entfesselt und dieser Mob niedergeworfen wird.

Siebtens: Zerschmettert die Straßenverbrecher und Banden! Aufgrund der Aufhebung des Grundsatzes der Gleichheit vor dem Gesetz und der Gewährung aller Arten von Gruppenprivilegien (außer für die eine Gruppe verheirateter weißer christlicher Männer und ihrer Familien) verzichteten die herrschenden Eliten auch auf den Grundsatz der gleichen Bestrafung für gleiche Verbrechen. Einige staatlich begünstigte Gruppen werden für die gleiche Straftat milder bestraft als andere, und einige besonders begünstigte Gruppen haben einfach freien Lauf und bleiben praktisch ungestraft, was einer tatsächlichen und wirksamen Förderung der Kriminalität gleichkommt. Außerdem durften sich No-go-Zonen entwickeln, in denen eine Strafverfolgung im Wesentlichen nicht mehr vorgenommen wird und gewalttätige Schlägertypen und Straßenbanden die Macht übernommen haben. Vor diesem Hintergrund muss öffentlicher Aufruhr provoziert werden, und es muss unmissverständlich gefordert werden, dass die Polizei gegen jeden Räuber, Straßenräuber, Vergewaltiger und Mörder schnell und hart durchgreifen und alle aktuellen No-go-Zonen rücksichtslos von der Bandenherrschaft befreien muss. Selbstverständlich sollte diese Politik farbenblind sein, aber wenn es zufällig so ist, wie es tatsächlich der Fall ist, dass die meisten Straßenkriminellen oder Gangster junge Schwarze oder Latinomänner sind oder in Europa junge Immigranten aus Afrika, dem Nahen Osten, dem Balkan oder Osteuropa, dann ist es nun mal so, und dann dürften es solche menschlichen Exemplare sein, die sich an erster Stelle eine blutige Nase holen. Und es ist auch selbstverständlich, dass zur Abwehr von Verbrechen, sei es von gewöhnlicher Straßenkriminalität oder Terrorakten, alle Verbote gegen den Besitz von Waffen durch rechtschaffene Bürger aufgehoben werden sollten.

Achtens: Beseitigen Sie alle Sozialschmarotzer! Um ihre eigene Position zu festigen, hat die herrschende Klasse die Unterschicht auf die Arbeitslosenhilfe gesetzt und sie damit zu einer verlässlichen Quelle öffentlicher Unterstützung gemacht. Angeblich soll damit den Menschen geholfen werden, aus der Unterschicht aufzusteigen und ein selbstständiges Leben zu führen, aber die tatsächliche – und eigentlich gewollte – Wirkung der sogenannten Sozialpolitik ist genau das Gegenteil. Sie hat den Unterklassestatus einer Person dauerhafter gemacht und die Unterschicht stetig wachsen lassen und damit auch die Zahl der steuerfinanzierten Sozialarbeiter und Therapeuten, deren Auftrag es ist, ihr »Hilfe und Unterstützung« zu geben. Denn nach den unerbittlichen Gesetzen der Ökonomie führt jede Subvention, die aufgrund eines angeblichen Bedarfs oder Mangels gewährt wird, zu einer Ausweitung und nicht Verringerung des Problems, das durch sie gemildert oder beseitigt werden soll. Die Ursache für den Unterklassenstatus einer Person – seine niedrige Impulskontrolle und hohe Zeitpräferenz, das heißt sein unkontrolliertes Verlangen nach sofortiger Befriedigung und die verschiedenen Begleiterscheinungen dieser Ursache wie Arbeitslosigkeit, Armut, Alkoholismus, Drogenmissbrauch, häusliche Gewalt, Scheidung, weiblicher Haushaltsvorstand, uneheliche Geburten, wechselnde männliche Mitbewohner, Kindesmissbrauch, Fahrlässigkeit und Kleinkriminalität – wird nicht verringert oder beseitigt, sondern verstärkt und gefördert. Anstatt dieses zunehmend unansehnliche soziale Desaster fortzusetzen und auszuweiten, sollte es abgeschafft werden. Es muss lautstark gefordert werden, dass man der biblischen Ermahnung Beachtung schenkt, dass derjenige, der arbeiten kann, aber nicht arbeiten will, auch nicht essen soll. Und dass derjenige, der aufgrund schwerer geistiger oder körperlicher Mängel wirklich nicht arbeiten kann, von der Familie, der Gemeinschaft und der freiwilligen Nächstenliebe versorgt wird.

Neuntens: Entfernt den Staat aus der Bildung! Die meisten, wenn nicht alle, sozialen Pathologien, die den heutigen Westen plagen, haben ihre Wurzel in der Institution der »staatlichen Bildung«: Als vor mehr als zwei Jahrhunderten in Preußen die ersten Schritte unternommen wurden, ein ehemals völlig privates Bildungssystem durch ein System der »öffentlichen Schulpflicht« zu ergänzen und letztendlich zu ersetzen, betrug die Zeit, die in staatlichen Schulen verbracht wurde, in den meisten Fällen nicht mehr als vier Jahre. Heute beträgt die Zeit, die in Institutionen der »staatlichen Bildung« in der gesamten westlichen Welt verbracht wird, mindestens zehn Jahre, in vielen Fällen und in zunehmendem Maße 20 oder gar 30 Jahre. Das heißt, ein großer oder sogar der größte Teil der Zeit des prägendsten Lebensabschnitts eines Menschen wird in staatlich finanzierten und staatlich beaufsichtigten Institutionen verbracht, deren Hauptzweck von Anfang an nicht die Erziehung einer aufgeklärten Öffentlichkeit war, sondern die Ausbildung »guter Soldaten« und »guter Beamter«: nicht selbstständiger und reifer oder »mündiger Bürger«, sondern untergebener und dienstbarerer »Staatsbürger«. Das Ergebnis? Die Indoktrination hat funktioniert: Je länger ein Mensch im System der öffentlichen Bildung verweilt, desto mehr setzt er sich für linksegalitäre Ideen ein und hat die offizielle Doktrin und Agenda der »politischen Korrektheit« geschluckt und von ganzem Herzen verinnerlicht. Tatsächlich haben gerade unter Lehrern und Professoren der Sozialwissenschaften die Menschen, die sich nicht zur Linken zählen, praktisch aufgehört zu existieren. Folglich muss gefordert werden, dass die Kontrolle der Schulen und Universitäten dem Zentralstaat entzogen und in einem ersten Schritt an die regionalen oder besser noch kommunalen und kommunal finanzierten Behörden zurückgegeben und letztendlich vollständig privatisiert wird, um ein System der obligatorischen Einheitlichkeit und Konformität durch ein System der dezentralen Bildung zu ersetzen, das die natürlichen Unterschiede, die Vielfalt und die Verschiedenheit der menschlichen Talente und Interessen widerspiegelt.

Zehntens: Vertraut nicht auf Politik oder politische Parteien! Ebenso wie es von Wissenschaftlern und der akademischen Welt nicht erwartet werden kann, dass sie in einer libertären Strategie des gesellschaftlichen Wandels eine wesentliche Rolle spielen, so kann es auch im Hinblick auf Politik und politische Parteien nicht erwartet werden – schließlich ist es das Endziel des Libertarismus, der Politik ein Ende zu setzen und alle zwischenmenschlichen Beziehungen und Konflikte dem Privatrecht und zivilrechtlichen Verfahren zuzuführen. Unter den gegenwärtigen, unvermeidbar politisierten Verhältnissen kann ein Engagement in Politik und Parteipolitik allerdings nicht immer vermieden werden. Allerdings muss man sich bei einer solchen Beteiligung des korrumpierenden Einflusses der Macht überaus bewusst sein und sich vor ihm, und der damit einhergehenden Verlockung von Geld und Vergünstigungen, hüten. Und um dieses Risiko und diese Versuchung zu minimieren, empfiehlt es sich, sich auf die Ebenen der Regional- und Lokalpolitik und nicht auf die nationale Politik zu konzentrieren und dort eine radikale Agenda der Dezentralisierung zu fördern: von der Nullifikation und friedlichen Trennung, von Segregation und Sezession.

Vor allem aber müssen wir auf das Lebensmotto Ludwig von Mises' achten: Gib dem Bösen nicht nach, sondern gehe immer mutiger dagegen vor!

Das heißt, wir müssen uns immer und überall, ob auf formellen oder informellen Versammlungen, gegen jeden aussprechen, der uns mit seinem mittlerweile nur noch allzu bekannten »politisch korrekten« Geschwätz und linksegalitärem Unsinn belästigt. Wir müssen ihm unmissverständlich sagen: »Nein. Verdammt noch mal, nein. Sie machen wohl Witze!« Inzwischen erfordert es angesichts der von den herrschenden Eliten, der Wissenschaft und den Hauptstrommedien fast lückenlos ausgeübten Kontrolle bereits eine große Portion Mut, dies zu tun. Aber wenn wir nicht mutig genug sind, dies jetzt zu tun und damit anderen ein Beispiel zu geben, werden die Dinge in Zukunft immer schlimmer und gefährlicher werden. Und wir, die westliche Zivilisation und die westlichen Ideen von Freiheit, werden ausgelöscht und verschwinden.

Veröffentlicht 2017

Staat, Demokratie und Naturrecht

Von Parasiten und Produzenten

Weil jede Handlung den Einsatz spezifischer physischer Mittel benötigt – einen Körper, einen Raum, externe Objekte –, muss ein Konflikt zwischen verschiedenen Handelnden immer dann auftreten, wenn zwei Handelnde versuchen, mit denselben physischen Mitteln unterschiedliche Zwecke zu erfüllen. Die Konfliktquelle ist immer und ausnahmslos dieselbe: die Knappheit oder Rivalität physischer Mittel. Zwei Handelnde können nicht gleichzeitig dieselben physischen Mittel – dieselben Körper, Räume und Objekte – zu unterschiedlichen Zwecken einsetzen. Wenn sie es versuchen, müssen sie aneinandergeraten. Um Konflikte zu vermeiden oder zu lösen, wenn sie auftreten, ist daher ein umsetzbares Prinzip und Justiz- oder Rechtskriterium nötig, das heißt ein Prinzip, mit dem geregelt wird, wann eine Verwendung und Kontrolle (Eigentum) knapper physischer Mittel gerecht, rechtmäßig oder »angemessen« ist und wann nicht.

Es ist klar, was zur Vermeidung allen Konflikts logischerweise erforderlich ist: Notwendig ist allein, dass sich jedes Gut immer und zu jeder Zeit in Privatbesitz befindet, das heißt unter der Kontrolle eines bestimmten Individuums (oder einer individuellen Partnerschaft oder Vereinigung), und dass immer erkennbar ist, welches Gut sich in wessen Besitz befindet und welches nicht oder von einem anderen besessen wird. Die Pläne und Ziele verschiedener gewinnsuchender Handelnder/Unternehmer können dann so verschieden sein wie nur möglich, dennoch wird kein Konflikt entstehen, solange sie bei ihren jeweiligen Handlungen nur und exklusiv ihr eigenes, privates Eigentum verwenden.

Wie jedoch kann dieser Zustand – die vollständige und unzweideutig klare Privatisierung aller Güter – praktisch durchgeführt werden? Wie können physische Gegenstände überhaupt Privateigentum werden? Und wie kann bei diesen ursprünglichen Privatisierungshandlungen der Konflikt vermieden werden?

Es existiert eine einzige – praxeologische – Lösung, und diese ist der Menschheit seit ihrem Anfang im Wesentlichen bekannt, selbst wenn sie nur langsam und allmählich ausgearbeitet und logisch rekonstruiert wurde. Um Konflikte von Anfang an zu vermeiden, muss Privateigentum auf Handlungen ursprünglicher Aneignung gegründet sein. Eigentum muss durch Handlungen begründet sein (statt lediglich durch Worte, Dekrete oder Verlautbarungen), weil nur durch in Raum und Zeit stattfindende Handlungen eine objektive – intersubjektiv nachweisbare – Verknüpfung zwischen einer bestimmten Person und einem bestimmten Gegenstand hergestellt werden kann. Und nur der erste Aneigner eines zuvor besitzlosen Gegenstandes kann diesen Gegenstand ohne Konflikt als sein Eigentum aneignen. Denn als erster Aneigner kann er definitionsgemäß über das fragliche Gut mit keinem in Konflikt geraten sein, da jeder andere erst später am Ort auftauchte.

Dies beinhaltet den wichtigen Punkt, dass jede Person zwar der ausschließliche Eigentümer ihres eigenen physischen Körpers als primäres Handlungsmittel ist, aber keine Person jemals der Eigentümer des Körpers einer anderen Person sein kann. Denn wir können den Körper einer anderen Person nur indirekt benutzen, das heißt, indem wir zuerst unseren direkt angeeigneten und kontrollierten eigenen Körper benutzen. Somit kommt direkte Aneignung zeitlich und logisch vor indirekter Aneignung; und entsprechend ist jede nicht einvernehmliche Verwendung eines Körpers einer anderen Person eine ungerechte Verwendung einer Sache, die bereits von einem anderen direkt angeeignet wurde.

Sämtliches gerechte (rechtmäßige) Eigentum geht daher, über eine Kette beidseitig vorteilhafter – und somit konfliktfreier – Eigentumstiteltransfers, direkt oder indirekt auf vorangehende und letztendlich ursprüngliche Aneignungen und Aneignungshandlungen zurück. Entsprechend sind alle Ansprüche auf Gegenstände und Anwendungen davon, die von Personen ausgehen, die diese Gegenstände weder angeeignet noch zuvor produziert haben, noch sie von einem vorangehenden Eigentümer über einen konfliktfreien Tausch erworben haben, ungerecht (unrechtmäßig).

Ich möchte hier betonen, dass ich diese elementaren Einsichten für argumentativ unwiderlegbar und somit für *a priori* wahr halte. Wenn Sie in Frieden mit anderen Menschen leben wollen – und Sie dies beweisen, indem sie sich argumentativ mit ihnen auseinandersetzen –, dann gibt es nur eine Lösung: Alle knappen Gegenstände, die sich als

Mittel (oder Güter) zum Erlangen menschlicher Zwecke (Ziele) eignen, müssen Sie als Privateigentum (exklusiv) besitzen; und Privateigentum an solchen Gegenständen muss sich auf Handlungen ursprünglicher Aneignung gründen – auf die erkennbare Umgrenzung oder Einhegung knapper Ressourcen – oder ansonsten auf den freiwilligen Transfer solchen Eigentums von einem vorherigen an einen nachmaligen Eigentümer.

Wir können dann sagen, dass diese Regeln ein Ausdruck des »Naturrechts« und eine Erklärung dafür sind. »Natur« aufgrund des einzigartig menschlichen Ziels der friedlichen Interaktion; »Natur«, auch weil dieses Recht »gegeben« ist und als solches vom Menschen lediglich entdeckt wird. Das heißt, es ist ausdrücklich nicht Recht, das erfunden, ausgedacht oder verordnet wird. Sämtliches menschengemachte (statt entdeckte oder gefundene) Recht, das heißt, jede Gesetzgebung, ist überhaupt kein Recht, sondern eine Perversion des Rechts: Befehle, Bestimmungen oder Vorschriften, die nicht zum Frieden, sondern zum Konflikt führen und daher dem eigentlichen Zweck des Rechts zuwiderlaufen.

Das bedeutet nicht, dass nach der Entdeckung der Prinzipien des Naturrechts sämtliche Probleme der gesellschaftlichen Ordnung gelöst sind und alle Spannungen verschwinden werden. Konflikte können und werden selbst dann stattfinden, wenn jeder weiß, wie sie zu vermeiden sind. Dann muss in jedem Konfliktfall zwischen zwei oder mehr Parteien das Recht Anwendung finden – und dafür sind Jurisprudenz und Urteilsvermögen und Urteilsfällung nötig (im Gegensatz zu Rechtsprechung). Es kann Auseinandersetzungen darüber geben, ob Sie oder ich in spezifischen Fällen hinsichtlich bestimmter Mittel die Prinzipien falsch angewendet haben. Es kann Meinungsverschiedenheiten darüber geben, was die »wahren« Fakten eines Falles sind: Wer war wo und wann, und wer hat von diesem oder jenem zu diesen Zeiten und an jenen Orten Besitz ergriffen? Und es kann mühsam und zeitaufwendig sein, diese Fakten nachzuweisen und zu sortieren. Verschiedene Streitfälle über den Zeitpunkt eines Ereignisses müssen untersucht werden. Werden diese Prinzipen auf unterirdische Ressourcen angewendet oder auf Wasser und Luft, und besonders auf Wasser- und Luftbewegungen, können Schwierigkeiten auftauchen. Darüber hinaus gibt es immer die Frage nach der »passenden« Strafe für ein gegebenes Verbrechen, das heißt die Feststellung des angemessenen Maßes der Restitution oder der Strafe, die ein Täter seinem Opfer schuldet, und dann die Durchsetzung der Rechtsurteile.

So schwierig diese Probleme gelegentlich auch sein können, so sind die bei der Suche nach einer Lösung zu beachtenden leitenden Prinzipien klar und stehen außer Frage.

In jedem Konfliktfall, der zwecks Urteilsfindung vor Gericht gebracht wird, geht die Vermutung immer zugunsten des gegenwärtigen Besitzers der fraglichen Ressource aus, und entsprechend wird dem Gegner eines gegenwärtigen Zustandes und gegenwärtiger Besitzverhältnisse die Beweislast auferlegt. Der Gegner muss zeigen, dass er, im Gegensatz zum ersten Anschein, einen Anspruch auf ein spezifisches Gut hat, der älter ist als der Anspruch des gegenwärtigen Besitzers. Nur dann, wenn ein Gegner dies erfolgreich zeigen kann, muss der infrage stehende Besitz an ihn als Eigentum zurückgeführt werden. Wenn andererseits es dem Gegner nicht gelingt, seine Sicht der Dinge zu begründen, dann bleibt nicht nur der Besitz beim gegenwärtigen Eigentümer, sondern dann hat wiederum der gegenwärtige Besitzer einen rechtmäßigen Anspruch gegen seinen Gegner erworben. Denn der Körper und die Zeit des gegenwärtigen Besitzers wurden während der gescheiterten und verworfenen Klage unangemessen in Anspruch genommen. Er hätte mit seiner Körperzeit andere, bevorzugte Dinge vornehmen können, statt sich gegen seinen Gegner zu verteidigen.

Wichtig ist auch: Die für die Rechtsprechung entlang den eben skizzierten Grundsätzen zu wählende Vorgehensweise ist klar und im eigentlichen Ziel einer friedlichen, argumentativen Konfliktlösung stillschweigend enthalten. Weil in jedem Eigentumskonflikt beide Parteien – Johann und Peter – gegenteilige Wahrheitsbehauptungen aufstellen oder aufrechterhalten – ich, Johann, bin der rechtmäßige Eigentümer dieser und jener Ressource – dagegen: nein, ich, Peter, bin der rechtmäßige Eigentümer eben dieser selben Ressource – und daher sowohl Johann als auch Peter parteiisch und voreingenommen sind und Interesse an einem bestimmten Ergebnis des Gerichtsverfahrens haben, kann nur eine unbeteiligte oder neutrale dritte Partei mit der Aufgabe der Rechtsprechung betraut werden. Mit dieser Vorgehensweise ist natürlich nicht garantiert, dass immer Gerechtigkeit widerfährt. Aber sie stellt sicher, dass die Wahrscheinlichkeit ungerechter Urteile minimiert und Fehlurteile höchstwahrscheinlich und problemlos korrigiert werden. Kurz, für Eigentumskonflikte zwischen zwei (oder mehr) streitenden Parteien muss stets und immer gelten: Keine Partei darf jemals in irgendeinem Streitfall zu Gericht sitzen und als höchster Richter handeln, an dem sie selbst beteiligt ist. Stattdessen muss jede Anrufung eines Gerichts an »Außenstehende« ergehen, das heißt an unparteiische Dritte als Richter.

Wir können die aus der Anwendung dieser Prinzipien und Vorgehensweisen entstehende Gesellschaftsordnung eine »natürliche Ordnung«, ein »System natürlicher Gerechtigkeit«, eine »Privatrechtsgesellschaft« oder eine »Verfassung der Freiheit« nennen.

Obwohl die Vorschriften und Voraussetzungen einer natürlichen Ordnung ihren Elementen, das heißt uns als individuell Handelnden, intuitiv plausibel und ziemlich anspruchslos erscheinen, leben wir in Wirklichkeit interessanterweise in einer Welt, die von einer solchen Ordnung eindeutig abweicht. Sicher, noch immer kann man im bürgerlichen Leben und in der Behandlung von Zivilstreitigkeiten Spuren des Naturrechts und der natürlichen Rechtsprechung finden, aber das Naturrecht ist durch ständig wachsende Berge legislativer Gesetze, das heißt durch mit dem Naturrecht und natürlicher Rechtsprechung unvereinbarer Regeln und Verfahren zunehmend deformiert, verzerrt, korrumpiert, überschwemmt und unterdrückt worden.

Es ist nicht schwer, die Ursache dieser zunehmend spürbaren Abweichung der gesellschaftlichen Realität von einer natürlichen Ordnung zu identifizieren und diesen Wandel als notwendige Folge eines einzigen elementaren wie fundamentalen Grundfehlers zu erklären. Dieser Fehler – die »Ursünde«, wenn man will – ist die Monopolisierung der Funktion der Richterschaft und der Urteilssprechung. Das heißt, die »Ursünde« ist die Aufstellung einer (aber keiner anderen) Person oder Agentur als höchsten Richter in allen Konflikten, einschließlich jener Konflikte, an denen sie selbst beteiligt ist.

Die Errichtung eines solchen Monopols entspricht anscheinend der klassischen Definition eines Staates als Monopolisten der höchsten Entscheidungsfällung und der Gewalt über ein Territorium, das er weder durch Handlungen ursprünglicher Aneignung noch durch einen freiwilligen Transfer von einem vorhergehenden Eigentümer erhalten hat. Der Staat – und kein anderer – wird dazu eingesetzt, und nur ihm wird es gestattet, über seine eigenen Handlungen Gericht zu sitzen und seine eigenen Urteile gewaltsam durchzusetzen.

Das bedeutet eine zweifache Verletzung des Naturrechts und der natürlichen Rechtsprechung. Einerseits, weil der Staat es damit jedem an einem Eigentumsstreit mit ihm selbst Beteiligten verbietet, sich zwecks Rechtsprechung an einen potenziellen außenstehenden, neutralen Richter zu wenden; und weil der Staat entsprechend in solchen Konflikten jeden anderen Anbieter der richterlichen Dienstleistung (außer sich selbst) ausschließt.

Darüber hinaus folgen dem ursprünglichen Fehler voraussehbare Konsequenzen. Es ist eine allgemeingültige Regel, dass ein vom Wettbewerb abgeschirmtes Monopol immer zu höheren Preisen und einer niedrigeren Produkt- oder Servicequalität führt, als es ansonsten der Fall wäre. Im besonderen Fall eines Rechtsmonopols und der speziellen Dienstleistung der Rechtsprechung bedeutet dies einerseits, dass die Qualität des Rechts und der Rechtsprechung sinken wird und dass das natürliche Recht sukzessive durch monopolistisch hergestellte Gesetzgebung, das heißt Perversionen des Rechts, ersetzt wird. Es ist vorhersehbar, dass der Monopolist seine Stellung als höchster Entscheidungsträger nicht nur dazu nutzen wird, Konflikte zwischen streitenden Eigentümern zu lösen, sondern zunehmend auch, um Konflikte mit Privateigentümern auszulösen oder zu provozieren, um dann solche Konflikte zu seinen Gunsten zu entscheiden, das heißt, auf der Grundlage seiner von ihm selbst erfundenen Gesetze das rechtmäßige Eigentum anderer zu seinem eigenen Vorteil zu enteignen. Und andererseits wird der für Recht zu leistende Preis steigen. Der Preis für Recht wird sogar nicht einfach ein »höherer Preis« sein, den Rechtsuchende willens oder nicht zu zahlen bereit sein werden (wie es im Fall jeden anderen Monopols wäre), sondern eine Steuer, die Rechtsuchende zahlen müssen, ob sie mit ihr einverstanden sind oder nicht. Das heißt, in Eigentumsstreitfällen mit dem Staat werden Privateigentümer nicht nur durch die Gesetzgebung enteignet, sondern sie müssen, wie zum Hohn, den Staat für diese »Dienstleistung« ihrer Enteignung auch noch bezahlen.

Durch die Errichtung eines Rechtsmonopols wandelt sich sämtliches Privateigentum im Wesentlichen tatsächlich in genehmigtes Eigentum um, das heißt in staatlich gewährtes Eigentum. Privateigentum ist nur provisorisch privat und unter privater Kontrolle, das heißt nur solange, bis irgendein staatlich hergestelltes Gesetz oder eine Regulierung etwas anderes verordnet, womit ein Umfeld permanenter Rechtsunsicherheit erzeugt und ein Anstieg in der gesellschaftlichen Zeitpräferenzrate verursacht wird.

Lassen Sie mich diesen mit der Institution eines Staates in Gang gesetzten Verlauf benennen: Die zunehmende Abweichung von einer natürlichen Ordnung und einem natürlichen Rechtssystem und das entsprechende Wachstum der gesetzgebenden und regulierenden Macht des Staates ist der Prozess der Entzivilisierung.

Während die Richtung konstant bleibt, kann der mit der Errichtung eines Staates begonnene Prozess der Entzivilisierung in unterschiedlichen Zeiten und Orten zu unterschiedlichen Geschwindigkeiten stattfinden, manchmal langsamer und manchmal schnelleren Schrittes. Es kann jedoch ein weiterer, zusätzlicher Fehler identifiziert werden, der eine Beschleunigung des Entzivilisierungsprozesses zur Folge hat. Dieser zweite Fehler ist die Umwandlung des Staates in einen demokratischen Staat. Diese Umwandlung bedeutet keine Änderung in der Stellung des Staates als Rechtsprechungsmonopolist. Sie umfasst jedoch einen bedeutsamen, zweifachen Wandel: Der Eintritt in den Staat und in die Stellung des endgültigen Richters wird jedem (erwachsenen) Einwohner eines gegebenen Territoriums eröffnet, und die Funktion des endgültigen Richters wird nur auf Zeit ausgeübt, für eine kurze, festgesetzte Periode durch den Gewinner regelmäßig wiederkehrender, geheimer und anonymer Wahlen, bei denen jeder Mensch eine Stimme hat. Es ist vorhersehbar, dass dieser Wandel zu einer systematischen Beschleunigung des Entzivilisierungsprozesses führen wird.

Einerseits ist, wie vor allem Helmut Schoeck sattsam gezeigt hat, das Neidgefühl eine der weitverbreitetsten und mächtigsten entzivilisierenden Motivationskräfte. Alle (hochentwickelten) Hauptreligionen haben daher das Begehren nach dem Eigentum des Nächsten als sündhaft verurteilt. Auch in einer natürlichen Ordnung oder einem System natürlichen Rechts und natürlicher Rechtsprechung sind die Leute in Versuchung, manche mehr und andere weniger, das Eigentum anderer zu ihrem eigenen Vorteil zu enteignen. Aber in einer natürlichen Ordnung werden solche Versuchungen, ganz in Übereinstimmung mit religiösen Vorschriften, als unmoralisch und illegitim betrachtet, und es wird von jedem erwartet, Begehren dieser Art zu unterdrücken. Sobald ein Staat installiert ist, ist es einigen wenigen Leuten erlaubt, für eine unbefristete Zeit solchen unmoralischen Begehren nachzugeben und Gesetzgebung und Besteuerung als Mittel zu dem Zweck einzusetzen, ihr eigenes Begehren nach dem Eigentum anderer zu befriedigen. Nur in einer Demokratie jedoch, das heißt, bei freiem und unbegrenztem Zugang zur Staatsmacht, fallen sämtliche moralischen Beschränkungen und Hemmungen gegen die Entwendung von rechtmäßigem Eigentum anderer weg. Jeder hat die Freiheit, solchen Versuchungen nachzugeben und jede denkbare Gesetzes- oder Besteuerungsmaßnahme vorzuschlagen und zu fördern, um Vorteile auf Kosten anderer zu erlangen. Das heißt, während in einer natürlichen Ordnung von jedem erwartet wird, seine Zeit ausschließlich mit Produktion oder Konsum zu verbringen, wird unter demokratischen Bedingungen die Zeit zunehmend in der Politik verbracht, das heißt mit der Fürsprache und Förderung von Aktivitäten, die weder produktiv noch konsumtiv sind, sondern im Hinblick auf das Eigentum anderer ausbeuterisch und parasitär. Sogar die Gegner einer solchen Entwicklung müssen ihre Zeit zunehmend mit unproduktiven Aufgaben verbringen, das heißt mit Politik, wenn auch nur, um sich und ihr Eigentum zu verteidigen oder Vorsorgemaßnahmen gegen solche Übergriffe zu treffen. Unter demokratischen Bedingungen entsteht sogar eine neue Klasse von Menschen – Politiker –, deren Beruf es ist, Gesetze, Verordnungen und Steuern vorzuschlagen und zu fördern, deren Zweck es ist, das Eigentum einiger zugunsten anderer (einschließlich und zuvörderst ihrer selbst) zu enteignen.

Darüber hinaus findet aufgrund der regelmäßig stattfindenden Wahlen die Politisierung der Gesellschaft nie ein Ende, sondern wird ständig neu entfacht und fortgesetzt. Rechtliche Unsicherheit oder Rechtlosigkeit wird somit gesteigert und gesellschaftliche Zeitpräferenzen werden noch weiter steigen, das heißt, der für die Handlungsplanung in Betracht gezogene Zeithorizont wird zunehmend verkürzt. Und im Verlauf des politischen Wettbewerbs, das heißt im Wettbewerb um die Position des höchsten Entscheidungsträgers, werden solche Politiker und politische Parteien an die Spitze kommen, deren moralische Skrupel am geringsten und deren demagogische Fähigkeiten am ausgeprägtesten sind, das heißt, die Fähigkeit, die populärste Ansammlung von unmoralischen und unrechtmäßigen Forderungen aus einem fast grenzenlosen Angebot an solchen in der öffentlichen Meinung vorhandenen Forderungen vorzuschlagen und zu verbreiten.

Andererseits – auf der anderen Seite der gleichen Münze – führt die Demokratie zu einer Zunahme der Korruption. Bei offenem Zugang zum Staat sinkt der Widerstand gegen Staatsherrschaft, und das Ausmaß des Staates wird wachsen. Die Zahl der Staatsangestellten und -verwalter wird zunehmen, und weil ihr Einkommen und Lebensunterhalt davon abhängt, dass die Macht des Staates, Gesetze herzustellen und Steuern zu erheben, fortdauert, werden sie, nicht notwendigerweise, aber sehr wahrscheinlich, zuverlässige und treue Unterstützer des Staates werden. Insbesondere die Klasse der Intellektuellen, das heißt die Produzenten von Worten (Wortschmiede) im Gegensatz zu den Produzenten von Gegenständen (Handwerker), werden auf diese Weise gekauft und korrumpiert werden. Weil die Marktnachfrage nach Worten statt nach Gegenständen nur klein und unbeständig ist, suchen Intellektuelle immer verzweifelt nach jeder Art von Hilfe, derer sie habhaft werden können, um sich über Wasser zu halten. Und der Staat, der einen ständigen Bedarf an ideologischer Unterstützung für seinen unablässigen Angriff auf das natürliche Recht und die natürliche Rechtsprechung hat, ist nur allzu bereit, solche Hilfe anzubieten und sie, im Tausch für die passende Propaganda, als öffentlich angestellte Pädagogen zu beschäftigen.

Es sind jedoch nicht nur Angestellte des Staates, die auf diese Weise korrumpiert sind. Steuereinnahmen und der Zugriff des Staates auf andere, nicht monetäre Vermögensgegenstände und Beteiligungen werden das Maß dessen, was nötig ist, um seine Angestellten zu beschäftigen und auszurüsten, bei Weitem überschreiten. Der Staat kann also an verschiedene Mitglieder der bürgerlichen Gesellschaft Einkommen und Unterstützung verteilen. Die Treue der Armen und Unterdrückten kann über sogenannte soziale Wohlfahrtsprogramme gesichert werden, und die Reichen und die Kapitäne des Bankwesens und der Industrie, und indirekt auch ihre Angestellten, können durch staatliche Privilegien, Verträge und festverzinsliche Wertpapiere korrumpiert werden. Die gleiche Strategie kann zum Zweck der »Teilung« der Mitglieder der bürgerlichen Gesellschaft eingesetzt werden, um so eine zunehmend gespaltene und »atomisierte« Bevölkerung leichter zu kontrollieren. Teile und herrsche!

Während die prinzipielle Richtung der gesellschaftlichen Evolution auf der Basis einiger weniger elementarer Annahmen über die Natur des Menschen, des Staates, und insbesondere der Demokratie, mit ziemlicher Sicherheit vorhergesagt werden kann, bleiben alle Einzelheiten des Entzivilisierungsprozesses unsicher und unklar. Um genauer zu werden, muss in die Geschichte geblickt werden. Insbesondere müssen die letzten 100 Jahre betrachtet werden, das heißt die Geschichte seit dem Ende des Ersten Weltkrieges 1918, als die moderne Demokratie voll zur Geltung kam und an die Stelle des bisherigen, monarchischen Staates trat.

Während diese Geschichte die allgemeine Vorhersage bestätigt, sind die tatsächlichen Ergebnisse grauenhaft und übertreffen die schlimmsten Befürchtungen. Was den moralischen Verfall und die Korruption betrifft, und wenn man nur die USA als dominierendes Beispiel und Modell eines demokratischen Staates in Betracht zieht, mögen einige wenige Indikatoren zur Verdeutlichung ausreichen.

Einen *Code of Federal Regulations* – ein Dokument, in dem sämtliche staatlichen Gesetze und Regulierungen aufgelistet sind – gab es in den USA zu Beginn dieser Periode (bis 1937) nicht. 1960 umfasste der »Code« 22.877 Seiten, 2012 war er auf einen Gesamtumfang von 174.545 Seiten angeschwollen, unterteilt in 50 Kapitel, in denen alles Vorstellbare, von der Landwirtschaft und der Aeronautik bis zum Transport, Wildtiere und Fischerei bis ins kleinste Detail geregelt wird. Während das Naturrecht aus nur drei Prinzipien besteht – Selbsteigentum, ursprüngliche Aneignung und vertraglicher Transfer von Eigentum vom vorherigen an den späteren Eigentümer –, ist heute, nach 100 Jahren Demokratie, kein Aspekt der Produktion und des Konsums frei und unreguliert geblieben. Außerdem gab es am Anfang dieser Periode nicht mehr als eine Handvoll »Bundesverbrechen«, die sich auf Angelegenheiten wie »Verrat« oder »Bestechung von Bundesbeamten« bezogen (während alle »normalen« Verbrechen von den Einzelstaaten definiert und strafrechtlich verfolgt wurden). 1980 war die Anzahl von »Bundesverbrechen« bereits auf 3.000 angewachsen, und 2007 waren es 4.450, wobei nicht nur immer mehr nichtverbrecherische Handlungen und opferlose Verbrechen kriminalisiert wurden, sondern zunehmend auch Motivationen, Gedanken, Worte und Rede.

Ein zweiter Indikator des Ausmaßes an Korruption ist der aufschlussreiche Vergleich der Gesamtbevölkerungszahl mit der Zahl der Staatsabhängigen. Gegenwärtig beträgt die Gesamtbevölkerungszahl der USA ungefähr 320 Millionen. Oder etwa 260 Millionen, wenn wir die Zahl der unter 18-Jährigen und die nicht Wahlberechtigten abziehen. Im Vergleich dazu umfasst die Zahl derjenigen, deren Lebensunterhalt gänzlich oder zum großen Teil von Staatsgeldern abhängt, Folgendes: Die Zahl der Staatsangestellten (auf allen Verwaltungsebenen) beträgt ungefähr 22 Millionen. 46 Millionen Menschen erhalten Lebensmittelgutscheine. 66 Millionen Menschen sind Sozialhilfeempfänger. Acht Millionen Menschen erhalten Arbeitslosengeld. Die Zahlungen allein von der Bundesregierung an gewinnorientierte Unternehmen summieren sich auf etwa 500 Milliarden US-Dollar, die nach Schätzungen Charles Murrays etwa 22 Prozent der amerikanischen Erwerbsbevölkerung oder etwa 36 Millionen Menschen zugutekommen. Die gemeinnützigen Organisationen schließlich, die einen jährlichen Umsatz von zwei Billionen US-Dollar und eine Belegschaft von fast zwölf Millionen haben, erhalten etwa ein Drittel ihrer Einnahmen vom Staat, womit er weitere etwa drei Millionen Abhängige finanziert – folglich summiert sich die Zahl der vom Staat Abhängigen auf etwa 181 Millionen Menschen. Das heißt, nur etwa 79 Millionen Menschen oder ein Drittel der erwachsenen US-Bevölkerung (der über 18-Jährigen) von den 260 Millionen (oder etwa 25 Prozent der Gesamtbevölkerung von 320 Millionen) kann als völlig oder weitgehend unabhängig vom Staat bezeichnet werden, während nahezu 70 Prozent der erwachsenen US-Bevölkerung und 57 Prozent der Gesamtbevölkerung zu den Staatsabhängigen zählen.

Schließlich ist, als dritter Indikator eines moralischen Verfalls und der Korruption, ein Blick auf die Spitze des demokratischen Staatssystems aufschlussreich: auf die Politiker und politischen Parteien, die die demokratische Darbietung aufführen und leiten. In dieser Hinsicht, ob wir die USA betrachten oder irgendeinen ihrer Satellitenstaaten in Europa und auf der ganzen Welt, ist das Bild eindeutig klar – und gleichermaßen düster. Nach den Maßstäben des natürlichen Rechts und der natürlichen Rechtsprechung haben sich alle Politiker aller Parteien und nahezu ohne Ausnahme, direkt oder indirekt, auf massive und anhaltende Weise des Mordes, des Totschlags, des Hausfriedensbruchs, des Übergriffs, der Enteignung, des Diebstahls, des Betrugs und der Hehlerei gestohlener Güter schuldig gemacht. Und jede neue Generation von Politikern und Parteien scheint schlimmer zu sein und häuft sogar noch mehr Greueltaten und Perversionen auf den bereits bestehenden Berg zu haben, sodass man fast eine Sehnsucht nach der Vergangenheit entwickelt.

Sie alle verdienen den Strang oder dass sie im Gefängnis verrotten oder die Verurteilung zur Kompensation.

Stattdessen stolzieren sie am helllichten Tag in der Öffentlichkeit herum und preisen sich – wichtigtuerisch, anmaßend, arrogant und selbstgerecht – als heilige Gutmenschen an; als barmherzige Samariter, selbstlose öffentlich Bedienstete, Wohltäter und Erlöser der Menschheit und der menschlichen Zivilisation. Assistiert von einer gekauften Intelligenzia, erzählen sie der Öffentlichkeit in endlosen Schleifen und Variationen, dass, wie in »Alice im Wunderland«, nichts so ist, wie es erscheint: »›Wenn ich ein Wort verwende‹, sagte Humpty Dumpty mit einem ziemlich höhnischen Tonfall, ›hat es genau die Bedeutung, die ich mir dafür aussuche – nicht mehr und nicht weniger.‹ – ›Die Frage ist‹, sagte Alice, ›ob es dir möglich ist, Worten so viele verschiedene Bedeutungen zu geben.‹ – ›Die Frage ist‹, sagte Humpty Dumpty, ›wer der Herrscher ist – das ist alles.‹«

Und es sind die Politiker, die die Herrscher sind und die festlegen, dass Aggression, Invasion, Mord und Krieg in Wirklichkeit Selbstverteidigung sind, während Selbstverteidigung Aggression, Invasion, Mord und Krieg ist. Freiheit ist Zwang, und Zwang ist Freiheit. Sparen und Investition sind Konsum, und Konsum ist Sparen und Investition. Geld ist Papier und Papier ist Geld. Steuern sind freiwillige Zahlungen und freiwillig beglichene Preise sind ausbeuterische Steuern. Verträge sind keine Verträge, und keine Verträge sind Verträge. Produzenten sind Parasiten, und Parasiten sind Produzenten. Enteignung ist Entschädigung, und Entschädigung ist Enteignung. Selbst das, was wir sehen, hören oder anderweitig wahrnehmen, existiert nicht, und das, was wir nicht sehen, hören oder anderweitig wahrnehmen können, existiert. Das Normale ist unnormal und das Unnormale ist normal. Schwarz ist weiß, und weiß ist schwarz. Männlich ist weiblich, und weiblich ist männlich, und so weiter.

Schlimmer noch ist, dass die überwältigende Mehrheit der Öffentlichkeit, sogar weit über die Zahl der Staatsabhängigen hinaus, auf diesen Unsinn hereinfällt. Von den Massen werden Politiker nicht verachtet und verspottet, sondern hochgeschätzt, beklatscht, bewundert und sogar angehimmelt. In ihrer Anwesenheit, und insbesondere »Spitzen«-Politikern gegenüber, erweisen sich die meisten Menschen als ehrfürchtig, unterwürfig und kriecherisch. Selbst jene, die einen bestimmten Politiker oder eine Partei bekämpfen oder verurteilen, tun dies fast immer, während sie gleichzeitig einen anderen, aber gleichermaßen absurden und verwirrten Politiker oder seine Partei vorschlagen oder bejubeln.

Und von der Intelligenzia, die ihr eigenes Geschwafel im Geschwätz dieses oder jenes Politikers oder seiner Partei wiederfinden, werden sie praktisch angeschmachtet.

Andererseits macht die Zahl derer, die noch an den Prinzipien natürlichen Rechts und natürlicher Rechtsprechung als Grundlage aller moralischen Beurteilung festhalten und die die gegenwärtige Welt entsprechend für ein »Absurdistan« halten, das heißt, ein von durchgedrehten Größenwahnsinnigen geführtes Irrenhaus, heutzutage nicht mehr als eine winzige Minderheit der Bevölkerung aus, die sogar kleiner ist als das berüchtigte, von der Linken verkündete eine Prozent der Superreichen (und mit dem es kaum Überschneidungen gibt, wenn überhaupt). Und noch kleiner ist die Minderheit derjenigen, die außerdem, egal wie vage, die systematische Ursache dieses Ergebnisses erkennen. Und all jene – die wenigen im Irrenhaus verbliebenen vernünftigen Menschen – stehen unter ständiger Bedrohung von den Hütern und Wächtern dieses, Demokratie genannten, »Absurdistans« und werden als Neandertaler, Reaktionäre, Extremisten, voraufklärerische Idioten, Soziopathen oder Abschaum gebrandmarkt.

Womit ich bei der Property and Freedom Society (PFS) wäre. Weil diese absichtlich genau solche ausgestoßenen Neandertaler um sich sammelt: Leute, die das Schmierentheater durchschauen, das sich vor ihren Augen abspielt, die das Gequassel der Politiker und der Massenmedien-Schätzchen satthaben, und die folglich nur einen Wunsch haben: wegzulaufen, das heißt, aus dem vom demokratischen Staat aufgezwungenen Rechtssystem auszusteigen.

Wo immer aber diese Neandertaler zufällig wohnen, finden sie sich in der gleichen Zwickmühle wieder: Der Ausgang ist verbarrikadiert oder völlig verschlossen. Eine Sezession vom Territorium des Staates ist nicht gestattet. Man darf von einem Land in ein anderes auswandern und somit ein Staatsrechtssystem A für ein anderes Staatsrechtssystem B verlassen. Aber das unbewegliche Eigentum bleibt somit dem Rechtssystem A unterstellt, auch und insbesondere im Fall des Verkaufs, und entsprechend bleibt der Transfer allen beweglichen Eigentums dem Rechtssystem A unterstellt. Das heißt, niemand kann irgendwohin auswandern, ohne dass sein Eigentum angetastet wird, unabhängig davon, ob es bleibt oder fortbewegt wird. Und nicht nur ist die Sezession verboten und wird von Politikern als Verrat eingestuft, sondern sie wird außerdem von der überwältigenden Masse der »gebildeten« beziehungsweise gehirngewaschenen Öffentlichkeit als illegitim und Drückebergerei betrachtet. Somit scheint die Lage für Neandertaler hoffnungslos zu sein.

Die PFS kann natürlich keinen Weg aus dieser misslichen Lage weisen. Auch ihre Versammlungen müssen auf dem Boden stattfinden und sind somit dem staatlichen Gesetz und Rechtssystem unterstellt. Es kann nicht einmal als selbstverständlich vorausgesetzt werden, dass solche Treffen wie die unseren immer und überall werden stattfinden dürfen. PFS-Versammlungen können daher nicht mehr als eine kurze Flucht und Atempause vom echten Leben als Insassen in einem Irrenhaus bieten, wenn nicht auf dem Boden, so doch wenigstens in der virtuellen Realität der Ideen, des Denkens und des Argumentierens.

Aber natürlich haben diese Versammlungen einen echten Zweck. Sie sollen eine Veränderung in der dinglichen Welt erreichen. Das Mindeste ist, dass sie das völlige Verschwinden der Neandertalkultur, das heißt der Kultur des Naturrechts, der natürlichen Ordnung und Rechtsprechung, verhindern. Sie wollen dabei helfen, intellektuelle Nahrung für diese zunehmend seltene Spezies Mensch und Kultur zu liefern und zu bewahren.

Ehrgeiziger jedoch ist, dass die PFS diesen Neandertalern und ihrer Kultur helfen will, ihren Einfluss in der öffentlichen Meinung wiederzuerlangen, indem sie sie als einzigartig attraktive und faszinierende Spezies und Gegenkultur öffentlich vorstellt und präsentiert.

Um dieses Ziel zu erreichen, verfolgt die PFS, anscheinend paradox, eine Politik der strikten Diskriminierung, das heißt des Ausschlusses und der Einbeziehung. Somit diskriminiert die PFS systematisch gegen Repräsentanten und Förderer der gegenwärtigen, dominierenden demokratischen Staatskultur und schließt diese aus: Berufspolitiker, Staatsrichter, -anwälte, -gefängniswärter, -mörder, -steuereintreiber und -banker, sämtliche Kriegshetzer und alle Fürsprecher des Sozialismus, Rechtspositivismus, moralischen Relativismus und Egalitarismus, egal, ob des »Ergebnisses« oder der »Chancen«. Andererseits, und positiv gesehen, sucht die PFS und nimmt nur Leute auf, die sich Thomas Jeffersons Spruch zu eigen gemacht haben, dass »keine Wahrheit existiert, die ich fürchte oder von der ich wollte, dass sie der ganzen Welt verborgen bleibe«, die entsprechend kein intellektuelles »Tabu« kennen und keine »politische Korrektheit«, und die stattdessen einem kompromisslosen intellektuellen Radikalismus verpflichtet sind, und die willens sind, dem Gebot der Vernunft zu folgen, wo immer dieses hinführen mag. Genauer gesagt sucht die PFS und nimmt nur Leute auf, die sich der Anerkennung des rechtmäßig angeeigneten Privateigentums und der Eigentumsrechte, der Vertragsfreiheit, der Freiheit der Vereinigung und der Trennung, des freien Handels und des Friedens verschrieben haben.

Auf der Grundlage dieser strikten Diskriminierungspolitik hat sich die PFS nach zehn Jahren ihres Bestehens als ein echtes Monopol in der Welt intellektueller Gesellschaften etabliert: eine Gesellschaft, die sich aus außergewöhnlichen Individuen jeden Alters, jeden intellektuellen und beruflichen Hintergrunds und jeder Nation zusammensetzt, frei und unverschmutzt von allen Etatisten und allem Etatistischen, konkurrenzlos in ihrer interdisziplinären Breite und Tiefe ihres Radikalismus, die sich in wunderschöner Umgebung und vereint im Geiste der Geselligkeit und der Kameradschaft versammelt; eine Gesellschaft, die von all den üblichen Verdächtigen angeschwärzt, verachtet und sogar gehasst (und dennoch insgeheim beneidet) wird, jedoch von all jenen bejubelt, die die Weisheit und das Glück hatten, sie zu besuchen und zu erleben.

Anders als andere, »normale« Monopole jedoch ist es nicht mein Ziel, die gegenwärtige Monopolposition der PFS zu bewahren und beizubehalten. Ganz im Gegenteil. Weil die PFS ein Beispiel setzt, indem sie ein attraktives und sogar wunderschönes Produkt herstellt – ein privat produziertes öffentliches Gut, wenn Sie wollen –, ist es meine Hoffnung, dass ihre gegenwärtige Monopolposition nur eine vorübergehende ist und dass ihr Beispiel anderen als Inspiration dient, sodass immer mehr ähnliche Vereinigungen und Versammlungen in Erscheinung treten, dass die dominierende demokratische Unkultur somit zunehmend in die Defensive gerät und dem öffentlichen Spott preisgegeben wird und dass am Ende sie, die Fürsprecher und Repräsentanten der herrschenden demokratischen Unkultur, aus der höflichen Gesellschaft ausgestoßen werden.

Es gibt einige positive Zeichen: die Eintages-Mises-Circle-Veranstaltungen in US-Großstädten, Rahim Taghizadegans Wertewirtschaftsversammlungen in Österreich und André Lichtschlags eigentümlich-frei-Konferenzen in Deutschland. Ich fürchte jedoch, dass es schwierig sein wird, mit den Errungenschaften der PFS gleichzuziehen und dass diese ihren einzigartigen Status noch eine ganze Weile beibehalten wird. Mein persönlicher Plan ist, dieses Projekt so lange fortzusetzen, wie ich und insbesondere Gülçin bei Kräften bleiben und, noch wichtiger, so lange Sie weiterhin kommen und das intellektuelle Produkt und Unternehmen PFS effektiv unterstützen.

Veröffentlicht 2015

Warum die Schlimmsten an die Spitze kommen

Die folgende Behauptung zählt wohl zu den am meisten akzeptierten unter den Ökonomen: Jedes Monopol ist schlecht für Konsumenten. Ein Monopol im klassischen Sinne versteht sich als ein exklusives Privileg, welches einem einzigen Produzenten eines Gutes oder einer Dienstleistung gewährt wurde, was heißt, dass es keinen freien Marktzugang für andere in bestimmte Produktionsbereiche gibt. Anders ausgedrückt: Lediglich eine einzige Agentur, A, darf ein bestimmtes Produkt, X, herstellen. Ein jedes Monopol dieser Art ist schlecht für Konsumenten, weil es vor potenziell neuen Marktteilnehmern in seinem Produktionsbereich beschützt wird und deswegen der Preis des Monopolprodukts X höher sein wird, während dessen Qualität abnehmen wird.

Diese elementare Wahrheit wird häufig als ein Argument für ein demokratisches Regierungssystem herangezogen, dem eine Monarchie oder fürstliche Regierung im klassischen Sinne gegenübergestellt wird, da in einer Demokratie freier Zugang zum Staatsapparat besteht – jeder kann Premierminister oder Präsident werden –, während sich in einer Monarchie der Zugang auf den König und seinen Nachfolger beschränkt.

Tatsächlich ist dieses Argument zugunsten der Demokratie absolut mangelhaft. Freier Zugang ist nicht immer gut. Freier Zugang und Wettbewerb in der Produktion von Gütern ist gut, nicht aber freier Wettbewerb in der Produktion von Schlechtem. Freier Zugang zum Folter- und Tötungsgewerbe von Unschuldigen oder freier Wettbewerb beim Geldfälschen oder Schwindel, zum Beispiel, ist nicht gut; er ist schlimmer als schlecht. Welche Art von »Gewerbe« ist also das Regieren? Antwort: Der Staat ist kein gewöhnlicher Produzent von Gütern, die freiwillig von Konsumenten gekauft werden. Vielmehr ist es ein »Gewerbe« des Diebstahls und der Zwangsenteignung – mittels Besteuerung und Geldfälschung – sowie der Hehlerei. Es folgt daraus, dass freier Zugang zum Staat nicht etwas Gutes verbessert, sondern stattdessen etwas mehr als nur verschlimmert wird, da dadurch das Böse gefördert wird.

Solange die Menschheit ist, wie sie ist, wird es in jeder Gesellschaft Menschen geben, die auf das Eigentum anderer neidisch sind. Einige sind neidischer als andere, aber Individuen lernen, normalerweise nicht aufgrund dieser Empfindung zu handeln, sondern schämen sich vielmehr deswegen. Im Allgemeinen gibt es einige wenige, die unfähig sind, ihr Begehren für das Eigentum anderer erfolgreich zu unterdrücken und diese werden als Kriminelle von ihren Mitbürgern behandelt und mit Haftstrafen bedroht. Unter einer fürstlichen Regierung kann lediglich eine einzige Person – der Fürst – legal auf das Eigentum seiner Mitbürger zugreifen und genau deswegen ist er eine potentielle Gefahr und schlecht.

Tatsächlich ist der Fürst beschränkt in seinen Umverteilungsbestrebungen, da alle Mitglieder einer Gesellschaft gelernt haben, dass die Inbeschlagnahme und Umverteilung von Eigentum anderer Bürger schändlich und unmoralisch ist. Aufgrund dessen wird jedwede Handlung des Fürsten mit Argusaugen von den Bürgern beobachtet. Im krassen Gegensatz dazu ist es jedem gestattet, sein Begehren auf das Eigentum anderer frei zum Ausdruck zu bringen, sobald freier Zugang zum Staat herrscht. Was vormals als unmoralisch unterdrückt wurde, wird nun als legitimer Anspruch betrachtet. Jedermann kann öffentlich sein Interesse am Eigentum des anderen, im Namen der Demokratie, bekunden und jedermann kann diesem Verlangen für das Eigentum des anderen nachgehen, vorausgesetzt, er findet den Zugang zur Regierung. Daher wird in einer Demokratie jedermann zu einer Bedrohung.

Konsequenterweise wird unter demokratischen Bedingungen das populäre, aber unmoralische und asoziale Begehren nach dem Eigentum anderer Leute systematisch gestärkt. Jeder Anspruch ist legitim, sobald er öffentlich und gedeckt von der »Redefreiheit« vorgebracht wurde. Wirklich alles kann formuliert, eingefordert und eingezogen werden. Nicht einmal das scheinbar sicherste Eigentumsrecht ist von den Umverteilungsbegierden ausgenommen. Schlimmer noch, jene Mitglieder der Gesellschaft mit wenig oder gar keinen Hemmungen in Bezug auf die Konfiszierung von Eigentum, also für gewöhnlich jene amoralischen Demagogen, die am talentiertesten darin sind, Mehrheiten für eine Vielzahl an hemmungslosen, aber auch miteinander unvereinbaren populären Forderungen hinter sich zu versammeln, tendieren dazu, in die Regierung einzuziehen und bis an die Spitze des Staates zu gelangen. Dadurch wird eine schlechte Situation noch schlimmer.

Historisch gesehen war die Auswahl eines Fürsten durch den Zufall seiner adeligen Geburt bestimmt und seine einzige persönliche Qualifikation war typischerweise seine Erziehung zum zukünftigen Fürsten und

Bewahrer der Dynastie bzw. seines Status und seiner Besitztümer. Dies garantierte keinesfalls, dass der Fürst nicht schlecht und gefährlich sein würde. Es ist aber wichtig, sich zu erinnern, dass jeder Fürst, der in seiner obersten Pflicht, dem Erhalt der Dynastie, versagte – zum Beispiel aufgrund des Ruins seines Landes, ziviler Unruhen, Aufstände und Konflikte etc. –, in unmittelbarer Gefahr schwebte, von der eigenen Familie neutralisiert oder gar gemeuchelt zu werden. Andererseits schließt der Zufall der noblen Geburt sowie die fürstliche Erziehung nicht aus, dass der Fürst sich als harmloser Dilettant entpuppt oder sich sogar zu einer guten und moralischen Person entwickelt.

Im Gegensatz dazu verunmöglicht die Bestimmung von Staatenlenkern durch Wahlen, dass eine gute oder harmlose Person an die Spitze gelangt. Premierminister und Präsidenten werden aufgrund ihrer erwiesenen Effizienz als moralisch hemmungslose Demagogen ausgewählt. Aufgrund dessen garantiert die Demokratie, dass es ausschließlich schlechte und gefährliche Menschen bis nach ganz oben schaffen. Das Resultat freien politischen Wettbewerbs und von Wahlen führt also dazu, dass vermehrt schlechte und gefährliche Individuen an die Macht gelangen und da diese temporär und austauschbar sind, werden sie auch kaum neutralisiert.

Keiner beschreibt diesen Zusammenhang besser als der scharfsinnige H. L. Mencken:

»Politiker bekleiden äußerst selten, wenn überhaupt, ein öffentliches Amt einzig aufgrund ihrer Verdienste, zumindest in demokratischen Staaten. Wie durch ein Wunder passiert das zwar manchmal, aber normalerweise gibt es dafür andere Gründe. Hauptsächlich werden sie gewählt, weil es ihnen gelingt, die intellektuell Unterprivilegierten zu beeindrucken und zu mobilisieren [...]. Wird es je einer wagen, die Wahrheit, die reine Wahrheit und nichts als die Wahrheit über den Zustand des Landes daheim und in der Welt auszusprechen? Wird je einer davon Abstand nehmen, Versprechungen zu machen, die niemals und von niemandem erfüllt werden können? Wird je einer ein Wort fallen lassen, welches auf die große Masse von Dummköpfen, die sich am Boden der Gesellschaft ansammelt, alarmierend oder gar befremdlich wirken könnte? Antwort: Vielleicht für ein paar Wochen am Anfang. [...] Aber nicht mehr, nachdem sich die Stimmung über einen Streitpunkt aufgeheizt hat und es zu ersten ernsthaften Auseinandersetzungen kommt. […] Sie werden dann jedem Mann, jeder Frau und jedem Kind des Landes alles versprechen, was er, sie, es wollen. Sie werden alle durch das Land ziehen und jede Gelegenheit nützen, um die Reichen arm zu machen, die Unheilbaren zu heilen, den Hilflosen zu helfen, die Verwirrten zu entwirren und den Atemlosen Luft zu verschaffen. Sie werden Warzen entfernen, indem sie ihnen gut zureden und sie werden die Staatsschulden begleichen, ohne dass jemand dafür bezahlen muss. Wenn einer von ihnen behauptet, zwei mal zwei ist fünf, wird ein anderer beweisen, dass es eigentlich sechs, sechseinhalb, zehn, zwanzig usw. ist. Kurz gesagt, werden sie sich von ihrem sensiblen, aufrichtigen und wahrhaftigen Charakter lossagen, einfach deshalb, um Kandidat für ein öffentliches Amt zu werden und um Wählerstimmen einzufangen. Sie werden dann schnell begreifen, falls sie es bis jetzt noch nicht begriffen haben, dass Wählerstimmen in einer Demokratie gewonnen werden, indem man nicht Sinnhaftes, sondern Unsinn verbreitet und werden sich mit einem herzhaften Hauruck an die Arbeit machen. Die meisten werden sich, noch bevor der ganze Trubel vorbei ist, tatsächlich selbst von ihrem Unsinn überzeugen lassen. Der Gewinner ist dann derjenige, der das meiste mit der geringsten Einlösungswahrscheinlichkeit verspricht.«

Aus dem Englischen übersetzt von Mathias Nuding. Der Originalbeitrag mit dem Titel Why Democracy Rewards Bad People ist am 6.10.2016 auf der Website des Mises Institute, Auburn (AL), erschienen.

Interview »Vom Größenwahn besessen«

Herr Professor Hoppe, in Ihrer Aufsatzsammlung *Wettbewerb der Gauner* schreiben Sie, »99 Prozent der Bürger würden auf die Frage nach der Notwendigkeit des Staates mit ›ja‹ antworten«. Ich auch! Warum liege ich falsch?

Der Staat als Gangsterbande: »Politiker leben vom Geld, das sie anderen unter Gewaltandrohung abpressen – sie nennen es Steuern.«

Wir alle sind von Kind auf in staatlichen oder staatlich lizenzierten Einrichtungen – Kindergärten, Schulen, Universitäten – geformt worden. Das zitierte Ergebnis ist also nicht überraschend. Aber wenn ich frage, ob Sie ›ja‹ zu einer Einrichtung sagen, die in allen Konfliktfällen einschließlich solcher, in die sie selbst verwickelt ist, das letzte Wort hat, so würden Sie dies sicher verneinen – es sei denn, Sie hofften selbst Inhaber dieser Institution zu sein.

Äh … richtig.

Natürlich, denn Sie wissen, dass eine derartige Einrichtung Konflikte nicht nur schlichten, sondern selbst *verursachen* kann, um sie dann zu ihren eigenen Gunsten zu entscheiden. Ich jedenfalls würde angesichts dessen um mein Leben und Eigentum fürchten. Doch genau dies: die letztrichterliche Entscheidungsgewalt, ist das *characteristicum specificum* der Institution Staat.

Stimmt, aber der Staat beruht auf einem Gesellschaftsvertrag, der dem Einzelnen andererseits auch Schutz und einen gewissen Entfaltungsspielraum gibt, den er ohne den Staat – im Kampf aller gegen alle – nicht hätte.

Nein, der Staat ist gerade *nicht* das Resultat eines Vertrages! Niemand, der auch nur einen Funken Verstand hat, würde einem derartigen Vertrag zustimmen. In meinen Akten gibt es viele Verträge, aber so einer findet sich nirgends. Der Staat ist das Resultat aggressiver Gewalt und Unterwerfung. Er ist ohne jede vertragliche Basis entstanden, genauso wie eine Bande von Schutzgelderpressern. Und was den Kampf aller gegen alle betrifft, so ist dies ein Mythos. Natürlich schützt ein Schutzgelderpresser seine Opfer auf »seinem« Territorium vor anderen Erpressern, aber doch nur, um die eigenen Erpressereien umso erfolgreicher durchführen zu können. Darüber hinaus: Es sind *Staaten*, die allein im 20. Jahrhundert für mehrere hundert Millionen Tote und unermessliche Zerstörung verantwortlich sind. Dagegen fallen die Opfer *privater* Kriminalität kaum ins Gewicht. Und glauben Sie im Ernst, dass es etwa zwischen den Bewohnern des Dreiländerecks bei Basel, die ja im Zustand der Anarchie miteinander leben, mehr Konflikte gibt als zwischen denen Dortmunds und Düsseldorfs, die Einwohner ein- und desselben Staates sind? Mir ist davon nichts bekannt.

Warum ist die Demokratie nach Ihrer Ansicht nur ein »Wettbewerb der Gauner«?

Sämtliche Hochreligionen verbieten es, das Eigentum anderer zu begehren. Dieses Verbot ist die Basis friedlicher Kooperation. Im Gegensatz dazu darf in der Demokratie jeder jedes anderen Eigentum begehren und diesem Wunsch entsprechend auch handeln – vorausgesetzt nur, dass er Zugang in die Staatsgeschäfte findet. Unter demokratischen Bedingungen wird so jede Person zu einer potenziellen Bedrohung. Und bei Massenwahlen gibt es die Tendenz, dass die Mitglieder der Gesellschaft Eingang in die Staatsgeschäfte suchen und dort in die höchsten Posten aufsteigen, die keine moralischen Hemmungen haben, sich am Eigentum anderer zu vergreifen: gewohnheitsmäßige Amoralisten, die besonders talentiert darin sind, aus vielfältigen hemmungslosen und sich gegenseitig ausschließenden Forderungen Mehrheiten zu bilden.

»Politiker, faul und Abzocker!« Fürchten Sie nicht, dass man Ihnen vorwirft, Sie übten Schelte auf »Bild«-Zeitungs-Niveau?

Na und?! Bis zum 20. Jahrhundert gab es kaum einen wichtigen politischen Denker, der sich nicht abfällig über die Demokratie geäußert hat. Stichwort: Pöbelherrschaft. Die populistische Kritik an der Demokratie, wie man sie in *Bild* oder am Stammtisch findet, ist gut und richtig. Nur: Sie ist nicht grundlegend und weitgehend genug – bisher hat *Bild* auch noch nicht um ein Interview nachgesucht. Natürlich sind Politiker Abzocker: Sie leben vom Geld, das sie anderen Personen unter Gewaltandrohung abgepresst haben. Man nennt es »Steuern«. Nur faul sind Politiker leider nicht. Es wäre schön, wenn sie nichts täten, als ihre Beute zu verprassen. Stattdessen sind sie von Größenwahn besessene Weltverbesserer, die ihren Opfern das Leben noch zusätzlich mit Tausenden von Gesetzen und Verordnungen schwermachen.

Demokratie ist nur eine mögliche Spielart von Staatlichkeit. Wäre Staat in einer anderen Form für Sie denn akzeptabler?

Im monarchischen Staat weiß jeder, wer Herrscher und wer Beherrschter ist, und darum gibt es entsprechend Widerstand gegenüber jedem Versuch, die Staatsmacht auszuweiten. Im demokratischen Staat verschwimmt dieser Gegensatz und die Staatsgewalt kann deshalb umso leichter ausgebaut werden.

Moment: Dafür gibt es Gerichte, Gesetze und die Verfassung, die den Staat – sowohl die Regierung wie das Parlament – einhegen und kontrollieren.

Auch bei der Mafia gibt es eine »Exekutive«, eine »Legislative« und eine »Judikative«. Sehen Sie sich daraufhin doch noch mal den Film DER PATE an!

Anderer Einwand: Was ist mit den neuen Internetstaatskritikern, wie Occupy oder die Piraten, die Transparenz und Teilhabe einfordern, ohne gleich Staat und Demokratie *in toto* zu verdammen?

Die Occupy-Bewegung besteht aus ökonomischen Ignoranten, die nicht begreifen, dass die mit Recht beklagten Sauereien der Banken nur möglich sind, weil es eine staatliche Zentralbank gibt, die als »Retter in letzter Not« fungiert, und dass die gegenwärtige Finanzkrise darum keine Krise des Kapitalismus, sondern eine Krise des Etatismus ist. Und die »Piraten« sind mit der Forderung eines bedingungslosen Grundeinkommens auf dem besten Weg zu einer weiteren »Freibier-für-alle«-Partei. Sie haben ein Thema: Kritik an »intellektuellen Eigentumsrechten« (IE), das ihnen zu großer Popularität verhelfen könnte – und die Feindschaft vor allem der Musik-, Film- und pharmazeutischen Industrie eintragen würde. Aber auch dabei sind sie ahnungslose Weicheier. Sie müssten nur googlen: Stephan Kinsella. Dann wüssten sie: IE hat nichts mit Eigentum zu tun, sondern mit staatlichen Privilegien. IE erlauben es dem »Erfinder« (E) oder »Vormacher« eines Produkts – eines Texts, Bilds, Lieds oder was immer –, allen anderen Personen das Nachmachen dieses Produkts zu verbieten oder gebührenpflichtig zu machen, auch wenn der Nachmacher (N) dabei ausschließlich sein Eigentum verwendet (und E nichts von dessen Eigentum wegnimmt). Dadurch wird E zum Miteigentümer des Eigentums von N erhoben. Was zeigt: IE sind nicht Eigentum, sondern ganz im Gegenteil ein *Angriff auf Eigentum* und deshalb komplett illegitim.

Als Ausweg schildern Sie in *Der Wettbewerb der Gauner* das Modell der »Privatrechtsgesellschaft«. Wie funktioniert die?

Der Grundgedanke ist einfach. Die Idee eines monopolistischen Eigentumsschützers und Rechtsbewahrers ist in sich widersprüchlich. Dieser Monopolist, ob König oder Kanzler, wird immer ein enteignender Eigentumsschützer und rechtsbrechender Rechtsbewahrer sein – der seine Handlungen als im »öffentlichen Interesse« liegend »verkauft«. Um Eigentums- und Rechtsschutz zu gewähren, muss es auch im Bereich des Rechtswesens freie Konkurrenz geben. Neben dem Staat müssen auch andere Institutionen Eigentums- und Rechtsschutzleistungen anbieten dürfen. Der Staat wird zu einem normalen, allen anderen Personen gleichgestellten Privatrechtssubjekt. Er kann keine Steuern mehr erheben oder einseitig Gesetze erlassen. Seine Bediensteten müssen sich so finanzieren wie alle anderen Personen: indem sie etwas von freiwilligen Kunden als preiswert Erachtetes herstellen und anbieten.

Kommt es dann nicht schnell zum Krieg unter diesen »Anbietern«?

Krieg, Aggression ist kostspielig. Staaten führen Kriege, weil sie die Kosten per Steuern auf unbeteiligte Dritte abwälzen können. Für frei finanzierte Unternehmen ist Krieg dagegen wirtschaftlicher Selbstmord. Als Privatrechtssubjekt muss auch der Staat, wie alle anderen Sicherheitsanbieter, seinen Kunden Verträge anbieten, die nur im zweiseitigen Einvernehmen änderbar sind und die insbesondere regeln, was im Fall eines Konflikts zwischen ihm und seinen Kunden bzw. den Kunden anderer, konkurrierender Sicherheitsanbieter geschieht. Und da gibt es nur eine allseits annehmbare Lösung: Bei derartigen Streitigkeiten entscheidet nicht mehr der Staat, sondern eine unabhängige dritte Partei: Schlichter und Richter, die ihrerseits im Wettbewerb miteinander stehen, deren wichtigste Empfehlung ihre Reputation als Rechtsbewahrer ist, und auch deren Handlungen und Urteile, wie die jeder anderen Person, bestritten werden und revisionsbedürftig sein können.

Wer soll so eine »dritte Partei« sein? Und mit welchen Machtmitteln sollte sie die Interessen eines einzelnen Bürgers gegenüber seinem Vertragspartner – dem Privat-Staat, der ja viel, viel mächtiger ist – durchsetzen?

Bei örtlichen Streitigkeiten – im Dorf oder einer Kleinstadt – werden dies voraussichtlich oft allseits respektierte »natürliche Aristokraten«

sein, ansonsten aber Schlichterorganisationen und Berufungsinstanzen, auf die sich Versicherer und Versicherte von vornherein vertraglich geeinigt haben. Wer sich dann nicht an die Urteile hält, ist nicht nur vertragsbrüchig, er wird in der Geschäftswelt zu einem Aussätzigen, mit dem niemand mehr etwas zu tun haben will, und er ist unverzüglich alle Kunden los. Das ist keine Utopie. Das alles ist schon heute eine im internationalen – anarchischen – Geschäftsverkehr gängige Praxis. Und noch eine Rückfrage an Sie: Wie soll denn der einzelne Bürger seine Interessen gegenüber einem monopolistischen Steuerstaat durchsetzen? Der ist doch noch viel mächtiger – und hat immer das letzte Wort!

Verstehen Sie, wenn man gegenüber Ihrem Vorschlag dennoch skeptisch bleibt?

Natürlich, zumal die meisten Menschen noch nie von der Idee gehört, geschweige denn ernsthaft über sie nachgedacht haben. Kein Verständnis habe ich nur für diejenigen, die angesichts dieser Idee lauthals aufschreien und zur Verdammung ihrer Vertreter aufrufen, ohne selbst die geringste Kenntnis von Ökonomie und politischer Philosophie zu besitzen.

Es ist kaum realistisch, dass sich eine Mehrheit der Bürger auf ein ihnen so unbekanntes Modell einlassen wird. Was aber davon könnte man wenigstens teilweise übernehmen, um zumindest partielle Verbesserungen unseres bestehenden Systems zu erreichen, ohne gleich Staat und Demokratie ganz abzuschaffen?

Es gibt eine Zwischenlösung. Sie heißt Sezession und politische Dezentralisierung. Kleine Staaten *müssen* liberal sein, sonst laufen ihnen die produktiven Personen weg. Erstrebenswert ist darum eine Welt von Tausenden von Liechtensteins, Singapurs und Hongkongs. Dagegen ist eine europäische Zentralregierung – und noch mehr eine Weltregierung – mit einer »harmonisierten« Steuer- und Regulierungspolitik die größte Gefahr für die Freiheit.

Auch dafür werden Sie wohl keine Mehrheiten finden. Wie werden sich folglich Staat und Demokratie weiterentwickeln? Wo werden wir schließlich »landen«?

Das westliche »Wohlfahrtsstaatsmodell«, der »Sozialismus leicht«, wird genauso zusammenbrechen wie der »klassische« Sozialismus – ob in fünf, zehn oder erst in 15 Jahren weiß ich natürlich nicht. Stichworte:

Staatsbankrott, Hyperinflation, Währungsreform und gewalttätiger Verteilungskampf. Dann kommt es entweder zum Ruf nach dem »starken Mann« oder – hoffentlich – zu einer massiven Sezessionsbewegung.

Dieses Interview ist am 2.11.2012 in der Wochenzeitung Junge Freiheit erschienen – die Fragen stellte Moritz Schwarz.

Eine parasitäre Firma

Finanzkrise: Vom Wohl und Wehe des Staatsbankrotts/Eine Analyse aus Sicht der »Österreichischen Schule« der Nationalökonomie.

Glaubt man den »verantwortlichen Staatsmännern« und der Schar der von ihnen ausgehaltenen sogenannten Finanz-, Wirtschafts- und Bankexperten, dann sind wir es alle, die sich vor einem Staatsbankrott zu fürchten haben, so wie er sich gegenwärtig in einigen Euroländern anbahnt und wie er uns hierzulande noch bevorsteht – vor allem nachdem unsere Politiker Griechenland »erfolgreich gerettet« haben.

In gewisser perverser Weise ist diese Aussage sogar richtig – aber nicht, wenn es sich bei dem Staatsbankrott um einen echten Bankrott handeln würde. Der wäre keine volkswirtschaftliche Kalamität, sondern ein Segen. Wenn eine normale Firma zahlungsunfähig ist, dann gibt es für sie nur dies: Die Kosten müssen reduziert und die Einnahmen erhöht werden. Personal muss entlassen werden, Gehälter müssen gekürzt werden, und man muss von seinem Besitz verkaufen, bis man seine Schulden beglichen hat.

Nicht jedermann ist von der Pleite betroffen, sondern nur die Firmeneigner, die Angestellten, die Kreditgeber (falls es nicht genug zu verkaufen gibt, um die Schulden zu zahlen) und indirekt die Zulieferer und Abnehmer der betroffenen Firma, die nun nicht mehr zuliefern bzw. abnehmen können wie zuvor. Eine Firmenpleite ändert aber nichts am gesamten Volksvermögen. Es gibt genau soviel Güter und Geld wie zuvor. Nur: Die Bankrotteure und all jene, die mit ihnen verbandelt sind, besitzen nun weniger davon und andere Firmen und Personen entsprechend mehr.

Und so sollte es sein: Die, die für die Misswirtschaft verantwortlich sind, und jene, die sich auf sie eingelassen haben, zahlen die Zeche. Der Staat ist jedoch keine normale Firma. Im Gegensatz zu allen anderen Firmen erzielt der Staat in der Regel sein Einkommen nicht, indem er Güter oder Dienstleistungen herstellt, die freiwillig zahlende Kunden dann kaufen oder nicht kaufen können. Vielmehr stammt das Einkommen des Staates entweder aus Steuern, das heißt aus Zwangsabgaben, die die

»Kunden« des Staates zu staatlich festgesetzten »Preisen« zahlen müssen, gleichgültig ob sie sein »Angebot« für preiswert erachten oder nicht.

Oder der Staat lässt sich das nötige Kleingeld von seiner Zentralbank drucken (Stichwort: »Fiat-Money«) und verringert damit entsprechend die Kaufkraft aller privaten Geldvermögen. Kurzum: Der Staat ist keine produktive, sondern eine parasitäre Firma. Die Inhaber, Angestellten und anderweitig Abhängigen des Staates erarbeiten und produzieren selbst kein Einkommen und Vermögen, sondern sie konsumieren ein Einkommen und Vermögen, das zuvor von anderen, normalen Firmen und Angestellten produziert wurde.

Angesichts dessen gelangt man zu zwei Schlüssen. Erstens: Es wäre eine Wohltat, wenn der Staat so bankrott gehen würde wie eine normale Firma. Natürlich wäre dies keine Wohltat für die Inhaber der »Firma Staat«, die Angestellten und Abhängigen des Staates – aber für alle übrigen Firmen und Personen außerhalb.

Würden die Staatsinhaber wie die Inhaber normaler Firmen für ihre eigene Misswirtschaft und Zahlungsunfähigkeit verantwortlich gemacht, dann hieße dies: Staatsgehälter und Beamtenpensionen müssen sinken, Staatsangestellte müssen entlassen werden, Zahlungen an und Käufe von Dritten müssen reduziert oder eingestellt werden und die Einnahmen aus dem Verkauf von sogenanntem Staatsvermögen müssen erhöht werden.

Wie bei einem normalen Bankrott in der freien Wirtschaft würde das Volksvermögen insgesamt hiervon in keiner Weise betroffen, denn es gibt genau soviel Geld und Güter wie zuvor. Nur: Jeder Euro und Vermögenswert weniger in den Händen der Inhaber, Angestellten und Empfänger des Staates ist nun ein Euro und Vermögenswert mehr in den Händen derjenigen, die dieses es Einkommen und Vermögen produktiv erwirtschaftet haben.

Im Fall eines Totalbankrotts, wenn die Summe der staatlichen Verbindlichkeiten den Wert des Staatsvermögens übersteigt und es zu einer Liquidation der Firma Staat kommt, befindet sich das gesamte Volksvermögen dort, wo es erarbeitet wurde: in den Händen normaler, produktiver Firmen und Personen.

Nicht nur wären Millionen von Produzenten damit von der parasitären Bürde des Staates befreit und könnten endlich frei produzieren. Mehr noch, das riesige Heer von Personen, das bisher von einem Einkommen und Vermögen gezehrt hat, das von anderen, produktiven Personen und Firmen erarbeitet wurde, müsste sich nunmehr – in vielen Fällen zum ersten Mal im Leben – eine produktive Tätigkeit suchen und sich sein Einkommen und Vermögen auf eigenen Füßen stehend erarbeiten. Ein Wirtschaftswunder wäre die Folge.

Aber zweitens: Leider wird es dazu nicht kommen. Der Staat geht nicht so pleite, sondern anders. Um sich aus der Zahlungsunfähigkeit zu befreien, werden die Staatsinhaber stattdessen die Steuern weiter erhöhen und sich die zur Entschuldung nötigen Geldbeträge von der Europäischen Zentralbank (EZB) drucken lassen. Und sie werden vom Staatsvermögen nichts verkaufen, sondern noch zusätzliche private Vermögensbestände verstaatlichen.

Infolgedessen wird die produktive Wirtschaft noch mehr abgewürgt und sämtliche privaten Geldvermögen werden zunehmend entwertet. Es gibt immer weniger Produzenten und Produktion und immer mehr Schmarotzer und Schmarotzertum. Entsprechend stagniert oder fällt das Durchschnittseinkommen und -vermögen. Die Bevölkerung insgesamt verarmt. Und insbesondere die kommende Rentnergeneration wird betrogen werden. Denn ihre vermeintlichen, durch Zwangsabgaben in das staatliche »Sozialversicherungssystem« erworbenen Rentenansprüche werden durch die Inflationierung der Geldmenge zunehmend aufgezehrt oder lösen sich ins Nichts auf. Und am Ende kommen die Hyperinflation und eine Währungsreform.

Und wenn die Katastrophe da ist, werden die, die für sie verantwortlich sind – das heißt die ehemaligen und jetzigen Politiker, Zentralbankchefs und die mit ihnen verbandelten Großbanker –, abgetreten sein und ihr privates Schäfchen ins Trockene gebracht haben. Eine »neue« Generation »unverbrauchter« Politiker und Banker steht dann bereit, um sich als »Retter« aufzuspielen. Und unter ihrer Regie beginnt es wieder von vorn mit der staatlichen Misswirtschaft – es sei denn, es geschieht ein Wunder und man durchschaut und behandelt den Staat und seine Inhaber endlich als das, was sie sind: als eine Bande recht- und verantwortungsloser und noch dazu hochmütiger Räuber.

Der Beitrag ist im Dezember 2011 in der Wochenzeitung Junge Freiheit (Nr. 49) erschienen.

Interview »Produzenten gegen Parasiten: Aufruf zum Klassenkampf«

AM: Herr Hoppe, zunächst vielen Dank, dass Sie sich die Zeit für dieses Interview nehmen. Sie schreiben in Ihrem neuen Buch *Der Wettbewerb der Gauner*: »Wir brauchen keinen europäischen Gesamtstaat, wie ihn die EU schaffen will … wir brauchen vielmehr ein Europa und eine Welt, die aus Hunderten bzw. Tausenden kleiner Liechtensteins und Singapurs besteht.« Eine solche Tendenz ist derzeit nicht zu erkennen, eher das Gegenteil. Muss es – politisch und wirtschaftlich – erst noch schlimmer kommen, bevor es wieder besser wird?

HHH: Leider, ich fürchte so ist es. Wir werden wohl erst noch den Staatsbankrott Portugals, Spaniens, Italiens und letztlich auch den Deutschlands erleben müssen. Erst dann, fürchte ich, wird auch dem Letzten klar werden, was viele schon jetzt ahnen: dass die EU nichts ist als eine gigantische Maschinerie der Einkommens- und Vermögensumverteilung: von Deutschland und den Niederlanden nach Griechenland, Spanien, Portugal usw. Aber nicht nur das. Dass derselbe Irrsinn – dieselbe Sauerei – auch innerhalb eines jeden einzelnen Landes existiert: Umverteilung von Bayern und Baden-Württemberg nach Bremen und Berlin, von Großkleckersdorf nach Kleinkleckersdorf, von einer Firma oder Branche hin zu einer anderen, von Hinz zu Kunz usw. – und immer nach dem gleichen perversen Muster: Umverteilung von produktiveren Ländern, Regionen, Orten, Firmen und Personen, hin zu weniger oder gar nicht produktiven. Ein Bankrott bringt all dies drastisch zum Vorschein.

Und vielleicht setzt sich dann auch endlich die Einsicht durch, dass die Demokratie, in deren Namen all diese Sauereien geschehen sind, nichts anderes ist als eine speziell hinterlistige Form des Kommunismus; und dass die Politiker, die diesen moralischen und wirtschaftlichen Irrsinn angerichtet haben und sich an ihm persönlich bereichert haben (und doch nie für den von ihnen angerichteten Schaden haften mussten!), nichts sind als ein verachtungswürdiger Haufen kommunistischer Gauner.

AM: Dieser Tage haben wir hier auf misesinfo einen Auszug aus Ludwig v. Mises' Werk *Die Bürokratie* veröffentlicht, in der es heißt: »Eine repräsentative Demokratie kann nicht bestehen, wenn ein großer Teil der Wähler auf der öffentlichen Gehaltsliste steht.« Auch Sie sprechen diese Punkte an, fast 70 Jahre später. Wann werden diese Erkenntnisse endlich Früchte tragen?

HHH: Ich gehe mit meiner Aussage noch weiter als Mises. Ich behaupte und habe dies in meinen Werken auch vielfältig zu belegen versucht, dass die Demokratie für diesen fatalen Zustand sogar ursächlich verantwortlich ist. Die Zahl produktiver Personen nimmt ständig ab, und die Zahl derjenigen Personen, die von dem durch die ersteren erarbeiteten Einkommen und Vermögen parasitär zehrt, nimmt ständig zu. Das kann auf die Dauer nicht gutgehen.

Es spricht für die ungeheure schöpferische Kraft des Kapitalismus bzw. dessen, was von ihm angesichts ständig zunehmender staatlicher Strangulierung noch übrig geblieben ist, dass das ganze demokratische Kartenhaus noch immer nicht völlig zusammengebrochen ist. Und dieser Umstand lässt auch erahnen, zu welchen wahren wirtschaftlichen ›Wundern‹ ein unbehinderter, von allem Schmarotzertum *befreiter* Kapitalismus in der Lage wäre.Ob und wann diese Erkenntnis endlich Früchte tragen wird, hängt vom Klassenbewusstsein der Bevölkerung ab. Solange die von staatlicher Seite eifrig geförderte marxistische Legende in der öffentlichen Meinung vorherrscht, es gebe einen unüberbrückbaren Interessengegensatz zwischen Arbeitgebern (Kapitalisten) und Arbeitnehmern (Arbeitern) bzw. zwischen Reich und Arm, solange wird sich gar nichts ändern und eine Katastrophe ist unabwendbar.

Zu einer grundlegenden Änderung kann es nur kommen, wenn sich stattdessen die korrekte Einsicht durchsetzt, dass der einzige antagonistische Interessengegensatz derjenige zwischen Steuerzahlern als Ausgebeuteten und Steuerkonsumenten als Ausbeutern ist: zwischen der Klasse der Personen, die ihr Einkommen und Vermögen dadurch verdienen, dass sie etwas herstellen, was von anderen Personen freiwillig gekauft und entsprechend wertgeschätzt wird, und der Klasse derjenigen, die nichts als wertvoll erachtetes herstellen und verkaufen, sondern die stattdessen von dem Einkommen und Vermögen leben und sich an ihm bereichern, das man anderen, produktiven Personen zuvor zwangsweise – per Steuer – entzogen hat: also allen Staatsbediensteten sowie allen Empfängern staatlicher »Wohlfahrtsunterstützung,« Subventionen und monopolistischer Privilegien.

Nur wenn die Klasse der Produzenten dies klar erkennt und öffentlich ausspricht, wenn sie sich endlich selbstbewusst aufs hohe moralische Ross setzt und sich die dummdreisten Belehrungen seitens der Politikerklasse als eine moralische und wirtschaftliche Unverschämtheit verbittet und sie offensiv als die Schmarotzerbande bloßstellt und anklagt, die sie tatsächlich ist, kann es gelingen, das Parasitentum zurückzurollen und letztendlich zu beseitigen.

AM: Sie werfen den Menschen indirekt vor, dass sie sich »nur um ihr tägliches Leben kümmern«, aber »über nichts Philosophisches nachdenken«. Verlangen Sie hier nicht zuviel? Sind die Menschen denn nicht ausgelastet damit, in einem immer schlechter werdenden wirtschaftlichen und vor allem auch monetären Umfeld ihr »Auskommen« zu verdienen?

HHH: Meine Aussage war keineswegs als Kritik am ›Otto Normalverbraucher‹ gedacht, sondern als einfache Feststellung. So ist es, und ich halte es auch für völlig normal, dass sich die meisten Menschen nicht um philosophische Fragen scheren. Es sind stets nur ganz wenige Personen, die sich für derartige Fragen interessieren, und noch weniger Personen sind es, die das intellektuelle Vermögen besitzen, solche Fragen auch tatsächlich aufzuklären oder gar zu lösen.

Meine Äußerungen waren ganz im Gegenteil von der Absicht getragen, Otto Normalverbraucher systematisch zu bestärken. Ihm zu sagen – und zwar von einem, der selbst Intellektueller ist und den ganzen Laden von innen her kennt –, dass er mit dem populären Vorurteil gegenüber Intellektuellen – dass diese in aller Regel nichtsnutzige Schwätzer und Klugscheißer sind – durchaus Recht hat. Dass es viel zu viele Intellektuelle gibt, weil diese staatlich – mit Steuern – bezahlt und subventioniert werden. Dass dies den Gegenstand und das Ergebnis ihres Denkens in etatistischem Sinne verfärbt und verzerrt. Dass er es ist, der Otto Normalverbraucher, der für den ganzen verschwenderischen Quatsch die Rechnung zu zahlen hat. Und dass er darum allen Grund hat, aufzuschreien und sich entrüstet zu zeigen.

AM: Ihre These lautet: Der Staat ist der Monopolist der ultimativen Rechtsprechung und Rechtsdurchsetzung und jedes Monopol ist aus Sicht des Konsumenten – hier des Bürgers – schlecht. Ihre Alternativlösung ist die Privatrechtsgesellschaft. Wie muss sich ein »Laie« diese Gesellschaft vorstellen?

Die Grundidee ist ganz einfach. Das Monopol wird aufgehoben und Wettbewerb zugelassen.

Gegenwärtig ist es so, dass im Falle eines Konflikts eines Bürgers mit dem Staat immer der Staat entscheidet, wer Recht hat. Wenn der Staat z. B. entscheidet, dass ich ihm mehr Steuern schulde oder er mir verbietet, dass in meiner Gaststätte geraucht wird, und ich dem nicht zustimme, was kann ich dann tun? Dann kann ich nur zu einem staatlichen Gericht gehen, besetzt mit Richtern, die selbst aus Steuern bezahlt werden. Und was werden diese Richter dann aller Voraussicht nach bestimmen? Natürlich, dass dies alles rechtens ist! Staatlich inszenierter Raub, Körperverletzung, Totschlag, Mord, Krieg – alles wird auf diese Weise »rechtlich« sanktioniert. Man versuche doch nur mal, die Herren Bush oder Obama oder unsere *Tante Merkel* der Beihilfe zu Mord und Totschlag in Irak oder Afghanistan anzuklagen. Eine derartige Klage würde vermutlich nicht einmal angenommen werden und der Ausgang wäre in jedem Fall von vornherein klar: Freispruch!

In einer Privatrechtsgesellschaft wende ich mich bei derartigen Konflikten stattdessen an von beiden Streitparteien *unabhängige* und miteinander in Konkurrenz um freiwillig zahlende Kunden stehende Schlichter. Nicht an im staatlichen Sold stehende und darum von vornherein als parteiisch einzustufende Richter, sondern an eine *neutrale*, dritte Partei, die dem im normalen zwischenmenschlichen Verkehr geltenden und anerkannten Eigentums- und Vertragsrecht (Privatrecht) verpflichtet ist.

Wenn sich eine solche dritte Partei nun ihre Reputation als neutraler, unparteiischer Richter erhalten und nicht sofort mangels Kundschaft aus dem Schlichtermarkt verdrängt werden will, dann ist auch ihr Urteil voraussehbar und klar: Das von mir erarbeitete Einkommen ist *mein* Eigentum (nicht das des Staates) und die Gaststätte ist *mein* Eigentum (nicht das des Staates); und jede mir staatlicherseits auferlegte Steuer oder Nutzungsbeschränkung (Rauchverbot) ist deshalb unrechtmäßig:

Raub und Enteignung. Und natürlich sind Bush, Obama, Merkel (und viele mehr) der Beihilfe zu Mord und Totschlag (neben zahllosen anderen Delikten) schuldig.

Genau *darum* gibt es ein staatliches Rechtsprechungsmonopol: weil es bei konkurrierender – nicht monopolistischer – Rechtsprechung sofort offenbar würde, dass, um mit Augustinus zu sprechen, der Staat nichts ist als eine »große Räuberbande,« eine Mafia, nur viel größer, übermächtiger und gefährlicher.

AM: Hätte der Staat in Ihrem Modell überhaupt noch irgendwelche Aufgaben zu erfüllen?

HHH: Indirekt habe ich diese Frage bereits beantwortet. Welche Aufgaben sollte eine Räuberbande übernehmen? Sie sollte abdanken! Und sie sollte das von ihr geraubte Vermögen – das gesamte sogenannte Staatseigentum – an seine rechtmäßigen Eigentümer, d. h. die Steuerzahler, entsprechend der Höhe ihrer Steuerzahlungen zurückerstatten!

Nur: Diese Räuberbande denkt gar nicht daran, abzudanken! Und sie denkt auch nicht daran, ihre Opfer: die Unzahl der von ihnen Beraubten, Entrechteten, Getöteten und Ermordeten, im Geringsten zu entschädigen!

Und das wird sich auch nicht ändern – es sei denn angesichts eines immensen öffentlichen Meinungsdrucks. Und da bin ich wieder beim Thema Klassenbewusstsein. Hoffnung auf Abdankung und Entschädigung besteht nur dann, wenn die Opfer (aber auch eine zunehmende Zahl unschuldig-harmloser Staatsmitläufer) den Staat als die Räuberbande erkennen, die er tatsächlich ist, und ihm bzw. seinen Repräsentanten eine dementsprechende Behandlung zukommen lassen.

Ein Räuber, der als solcher erkannt und behandelt wird, kann sich nicht lange halten.

AM: Lassen Sie uns zum Abschluss über Geld – genauer über staatliches Zwangsgeld – sprechen, das Medium, mit dem die Menschen permanent zu tun haben und hinsichtlich dessen auch dem – in Ihren Worten – Otto Normalverbraucher mittlerweile im Klaren ist, dass hier etwas nicht stimmt. Bitte erklären Sie ihm, warum – ich zitiere Sie: »... es in jedem Fall keinerlei Grund gibt, warum der Staat irgendetwas mit der Herstellung von Geld zu tun haben sollte«.

HHH: Wieder: Weil der Staat ein *Monopolist* ist und Monopole für den Konsumenten immer schädlich sind (während sie für den Monopolisten umgekehrt immer nützlich sind). Das gilt auch für das Geld bzw. das staatliche Geldmonopol.

Nur die staatliche Zentralbank darf Geld produzieren – und entsprechend *schlecht* ist das Geld. Anstatt, wie anno dazumal, Gold oder Silber haben wir gegenwärtig weltweit nichts als Papiergelder (Dollars, Euros, Yens usw.). Das ist für den Monopolisten toll. Er kann sich praktisch kostenlos Geld drucken und sich dafür teure Güter wie Häuser und Autos kaufen. Ein regelrechter Zauberstab! Wer wünschte sich nicht, er verfügte über einen solchen Stab?! Doch für alle anderen Personen ist die Sache ganz und gar nicht toll. Mehr Papiergeld macht eine Gesellschaft insgesamt nicht reicher. Es ist nur mehr Papier. Aber jedes neue Stück bedruckten Papieres verringert die Kaufkraft aller bereits vorhandenen Papiergeldscheine. Und jeder neu gedruckte Geldschein führt zu einer *Umverteilung* des gesellschaftlichen Reichtums. Der Gelddrucker bereichert sich. Sein Anteil am gesellschaftlichen Reichtum vergrößert sich. Er besitzt jetzt Häuser und Autos, die er vorher nicht besessen hat. Und im gleichen Maß verringert er den Reichtum aller übrigen Personen, die nun dementsprechend weniger Häuser und Autos besitzen.

Ich bin zuversichtlich, dass der Otto Normalverbraucher zu erkennen vermag, dass es sich bei diesen Machenschaften, wie sie tagtäglich und in kaum vorstellbarem Umfang stattfinden, um nichts anderes handelt als um einen gigantischen Fall betrügerischen Diebstahls.

Nur: von unseren hochtrabend und unverständlich daherschwadronierenden sogenannten Wirtschafts- und Finanzexperten in Funk und Fernsehen und den Hauptstrommedien erfährt man zu diesem Thema nichts. Entweder, weil sie gegen Bezahlung und entgegen besserem Wissen die Tatsachen bewusst verschweigen oder verschleiern. Oder weil sie während ihres Universitätsstudiums so verblödet wurden, dass sie selbst einfachste Tatsachen und Zusammenhänge tatsächlich nicht mehr erkennen können.

Was würde passieren, wenn das staatliche Geldmonopol abgeschafft wird und es jedermann erlaubt ist, perfekte Kopien des staatlichen Geldes herzustellen (genauso wie es jedermann derzeit erlaubt ist, perfekte Kopien von Äpfeln, Birnen, Weizenkörnern, Nägeln, Häusern, Computern usw. herzustellen)? Dann würde Papiergeld sofort in solcher Menge produziert, dass der Wert (die Kaufkraft) eines Papiergeldscheins über Nacht auf den bloßen Papierwert fällt! Die Scheine wären nur noch Papier und damit als allgemeines Zahlungsmittel untauglich. Papiergeld würde als Geld verschwinden, und der Staat wäre auf einen Schlag seines Zauberstabs verlustig. (Genau aus diesem Grund beharrt der Staat so eifersüchtig auf seinem Gelddruckmonopol!)

Doch das bedeutet nicht, dass dann kein *Geld* mehr existiert. Unter Wettbewerbsbedingungen kommt es vielmehr zur Produktion eines *besseren* Geldes. Warum? Weil es immer eine Nachfrage nach *Tauschmitteln* gibt.

Warum halten Menschen Geld? Warum ist nicht ihr gesamtes Vermögen in Form von Konsumgütern und Produktionsgütern angelegt? Warum besteht ein Teil ihres Vermögens stattdessen üblicherweise aus Geld (das man *weder* konsumiert *noch* zu weiteren Produktionszwecken einsetzt, sondern einfach nur *qua* Geld *hält*, um es gelegentlich vielleicht für etwas Anderes einzutauschen)? Antwort: Weil es in unserer Welt *Unsicherheit* gibt. Weil es Ereignisse und ihnen entspringende menschliche Bedürfnisse gibt, auf die man sich weder durch Vorräte an Konsum- oder Investitionsgütern noch durch Versicherungen einstellen und vorbereiten kann. Auf derart unvorhersehbare und doch immer wieder auftretende Überraschungen und entsprechende Bedürfnislagen kann man sich nur dadurch vorbereiten, dass man einen Vorrat an Tauschmitteln anlegt. Einen Vorrat an Gütern, die sich durch ihre besondere Marktgängigkeit auszeichnen. Die man jederzeit, unmittelbar und unverzüglich gegen die größtmögliche Zahl beliebiger Konsum- oder Produktionsgüter eintauschen kann.

Historisch gesehen waren es Gold und Silber, die diese Funktion als Mittel zum Zweck der »Unsicherheitsversicherung« am besten erfüllt haben. Gold und Silber hatten sich als die Güter mit der höchsten Marktgängigkeit herauskristallisiert. Sie waren die am leichtesten verkäuflichen und weitestgehend akzeptierten aller Güter. Und Geld war darum entweder Gold oder Silber.

Wenn das staatliche Papiergeldmonopol verschwindet, würden Gold oder Silber diesen Status als Geld aller Voraussicht nach wiedererlangen (und Papier spielte im Geldwesen dann wieder nur die Rolle, die es auch anno dazumal hatte: nämlich als auf Gold oder Silber lautende papierne Eigentumstitel bzw. Zertifikate).

AM: Vielen Dank, Herr Hoppe.

Das vorstehende Interview wurde per E-Mail geführt.
Die Fragen stellte Andreas Marquart (misesde.org 2012).

Die Ethik des Unternehmertums und Profits

Wann sind Gewinne gerecht?

I.

Im grundlegendsten Sinne sind wir alle mit jeder unserer Handlungen immer und ausnahmslos gewinnorientierte Unternehmer. Immer, wenn wir handeln, setzen wir irgendwelche physischen Mittel (als Güter bewertete Dinge) ein – zumindest unseren Körper und seinen Standort, aber in den meisten Fällen auch verschiedene andere »externe« Dinge –, um damit den »natürlichen« Verlauf der Ereignisse umzulenken, nämlich den Verlauf der Ereignisse, den wir erwarten, wenn wir anders handeln würden. Und dies, damit wir zukünftig stattdessen einen etwas besser bewerteten Zustand erreichen. Mit jeder Handlung beabsichtigen wir, einen besseren zukünftigen Zustand gegen einen weniger guten zu tauschen, der zustande käme, wenn wir anders handelten. In diesem Sinne suchen wir mit jeder Handlung unsere Befriedigung zu erhöhen und einen psychischen Gewinn zu erzielen. »Gewinne zu machen ist ausnahmslos das jeder Handlung zugrundeliegende Ziel«, wie es Ludwig von Mises formulierte.

Aber jede Handlung birgt auch die Möglichkeit des Verlustes. Denn jede Handlung bezieht sich auf die Zukunft, und die Zukunft ist unsicher oder bestenfalls nur teilweise bekannt. Bei der Entscheidung über eine Handlungsoption vergleicht jeder Handelnde den Wert von zwei zu erwartenden Zuständen: den Zustand, der durch seine Handlung erreicht werden soll, aber noch nicht realisiert wurde. Und einen anderen Zustand, der erzielt würde, wenn er anders handelte, der aber, weil er so handelt, wie er es tut, nicht zustande kommen kann. Dies macht aus jeder Handlung eine riskante Unternehmung. Es kann immer vorkommen, dass ein Handelnder versagt und einen Verlust erleidet.

Er mag nicht dazu imstande sein, den zukünftig erwarteten Zustand herbeizuführen – das heißt, das technische Wissen, das »Know-how« des Handelnden könnte aufgrund einiger unvorhersehbarer externer Zufälle unzureichend oder vorübergehend »überholt« sein. Oder aber, selbst wenn er den gewünschten Zustand der physischen Verhältnisse erfolgreich produziert hat, könnte er seine Handlung dennoch als Misserfolg betrachten und einen Verlust erleiden, wenn dieser Zustand ihm weniger Befriedigung bereitet verglichen mit dem, was er hätte erzielen können, hätte er anders entschieden (eine zuvor verworfene alternative Handlungsoption). Das heißt, das spekulative Wissen des Handelnden – sein Wissen über zeitbedingte Veränderungen und das Schwanken von Werten und Bewertungen – könnte fehlerhaft sein.

Da sämtliche unserer Handlungen unternehmerisch sind und darauf abzielen, erfolgreich zu sein und dem Handelnden einen Gewinn einzubringen, kann an Unternehmertum und Gewinn nichts falsch sein. Falsch, in jedem aussagekräftigen Sinn des Wortes, sind nur Misserfolg und Verlust – und dementsprechend versuchen wir in allen unseren Handlungen, diese zu vermeiden.

Die Frage der Gerechtigkeit, das heißt, ob eine konkrete Handlung und der daraus resultierende Gewinn oder Verlust ethisch richtig oder falsch sind, stellt sich nur im Zusammenhang mit Konflikten.

Da jede Aktion die Verwendung bestimmter physischer Mittel erfordert – einen Körper, Standort, externe Gegenstände –, muss ein Konflikt zwischen verschiedenen Handelnden immer dann entstehen, wenn zwei Handelnde versuchen, dieselben physischen Mittel für die Erlangung unterschiedlicher Ziele einzusetzen. Die Quelle des Konflikts ist immer und ausnahmslos dieselbe: die Knappheit der physischen Mittel. Zwei Handelnde können nicht zur selben Zeit dieselben physischen Mittel – dieselben Körper, Räume und Objekte – für alternative Zwecke nutzen. Wenn sie dies versuchen, müssen sie in Konflikt geraten. Um Konflikte zu vermeiden oder diese bei Erscheinen zu beseitigen, ist deshalb ein einklagbares Prinzip der Gerechtigkeit nötig sowie ein Kriterium dafür. Das heißt ein Prinzip, das die Unterscheidung zwischen gerechtem oder »geeignetem« und ungerechtem oder »ungeeignetem« Gebrauch sowie die Kontrolle, also den Besitz von knappen physischen Mitteln, reguliert.

Logisch gesprochen ist klar, was nötig ist, um jeden Konflikt zu vermeiden: Es ist nur notwendig, dass sich jedes Gut immer und zu allen Zeiten in Privateigentum befindet, also ausschließlich von irgendeinem konkreten Individuum (oder einer individuellen Partnerschaft oder Vereinigung) kontrolliert wird, und dass immer erkennbar ist, wer Eigentümer welchen Gutes ist und welchen nicht. Die Pläne und Ziele verschiedener gewinnsuchender handelnder Unternehmer können dann so verschieden sein wie nur möglich, und dennoch wird kein Konflikt entstehen, solange ihre entsprechenden Handlungen nur und ausschließlich den Gebrauch ihres eigenen, privaten Eigentums beinhalten.

Doch wie kann dieser Zustand, die vollständige und eindeutige klare Privatisierung sämtlicher Güter, praktisch erreicht werden? Wie wird aus physischen Sachen überhaupt Privateigentum? Und wie kann seit Beginn der Menschheit ein Konflikt vermieden werden?

Eine einfache – praxeologische – Lösung für dieses Problem existiert. Und sie ist der Menschheit seit ihrem Ursprung im Grunde bekannt – auch wenn sie nur langsam und allmählich ausgearbeitet und logisch nachvollzogen wurde. Um vom Anfang an Konflikte zu vermeiden, ist es notwendig, dass Privateigentum durch den Vorgang der ursprünglichen Aneignung (anstelle bloßer Worte oder Bekanntmachungen) entsteht, weil nur durch Taten, die in Zeit und Raum stattfinden, eine objektive – intersubjektiv ermittelbare – Verbindung zwischen einer einzelnen Person und einer einzelnen Sache hergestellt werden kann. Und nur der erste Aneigner einer zuvor nicht angeeigneten Sache kann diese Sache ohne Konflikt als sein Eigentum erwerben. Denn per Definition konnte er als der erste An- eigner bei der Aneignung des infrage kommenden Gutes mit niemandem in Konflikt geraten, weil jeder andere erst später erschien.

Dies bedeutet vor allem, dass, obwohl jeder Mensch der alleinige Eigentümer seines eigenen physischen Körpers als seines primären Instruments des Handelns ist, kein Mensch jemals der Eigentümer des Körpers einer anderen Person sein kann. Denn wir können den Körper einer anderen Person nur indirekt verwenden, das heißt, indem wir zuerst unseren eigenen, von uns direkt angeeigneten und gesteuerten Körper einsetzen. Somit geht direkte Aneignung zeitlich und logisch indirekter Aneignung voraus; und dementsprechend ist jede nicht einvernehmliche Nutzung des Körpers einer anderen Person eine ungerechte, widerrechtliche Verwendung einer von jemand anderem bereits direkt angeeigneten Sache.

Alles rechtlich einwandfreie Eigentum geht daher direkt oder indirekt, durch eine Kette gegenseitig vorteilhafter – und damit gleichzeitig konfliktfreier – Eigentumstiteltransfers, auf ursprüngliche Aneigner und Handlungen ursprünglicher Aneignung zurück. Entsprechend ungerecht sind alle Ansprüche an und Verwendungen von Dingen, die von einer Person ausgehen, die diese Dinge weder angeeignet oder produziert noch durch einen konfliktfreien Austausch von einem vorhergehenden Eigentümer erworben hat.

Und im Umkehrschluss: Alle von einem handelnden Unternehmer mit rechtlich einwandfrei erworbenen Mitteln erzielten Gewinne oder Verluste sind gerechte Gewinne oder Verluste; und alle Gewinne und Verluste, die ihm durch die Verwendung von zu Unrecht erworbenen Mitteln zufließen, sind ungerecht.

II.

Diese Analyse gilt in vollem Umfang auch für den Fall des Unternehmers im engeren Sinn des Begriffs, also des Unternehmerkapitalisten.

Der Unternehmerkapitalist handelt mit einem bestimmten Ziel vor Augen: Geldgewinn zu erreichen. Er spart oder leiht sich Geld, stellt Arbeitskräfte ein und kauft oder mietet Rohstoffe, Kapitalgüter und Land. Er beginnt dann mit der Herstellung seiner Produkte oder Dienstleistungen, was immer sie auch sein mögen, und er hofft, diese für einen Geldgewinn zu verkaufen. Dem Kapitalisten, schreibt Ludwig von Mises, »erscheint Gewinn als ein Überschuss von Geldeinnahmen über Geldausgaben und Verlust als ein Überschuss von Geldausgaben über Geldeinnahmen. Gewinne und Verluste können in konkreten Geldmengen zum Ausdruck gebracht werden.«

Wie jede Handlung ist ein kapitalistisches Unternehmen riskant. Die Produktionskosten – die Geldausgaben – bestimmen nicht die erzielten Einnahmen. Wenn die Produktionskosten Preis und Umsatz bestimmten, würde kein Kapitalist jemals scheitern. Stattdessen sind es erwartete Preise und Umsätze, die bestimmen, welche Produktionskosten der Kapitalist sich möglicherweise leisten kann.

Doch der Kapitalist weiß nicht, welche künftigen Preise bezahlt werden oder welche Menge seines Produkts zu solchen Preisen gekauft werden wird. Dies hängt ausschließlich von den Käufern seiner Produkte ab, und der Kapitalist hat keine Kontrolle über sie. Der Kapitalist muss spekulieren, was die künftige Nachfrage sein wird. Wenn er recht hat und die erwarteten künftigen Preise entsprechen den später festgelegten Marktpreisen, wird er einen Gewinn erzielen. Andererseits zielt kein Kapitalist darauf ab, Verluste zu erleiden – denn Verluste bedeuten, dass er letztlich seine Funktion als Kapitalist aufgeben und entweder ein

Angestellter eines anderen Kapitalisten oder ein autarker Erzeugerverbraucher werden muss. Jeder Kapitalist kann sich verspekulieren und die tatsächlich realisierten Preise fallen niedriger aus, als von ihm erwartet und als seine entsprechend übernommenen Produktionskosten. Dann erzielt er keinen Gewinn, sondern erleidet einen Verlust.

Während es möglich ist, genau zu bestimmen, wie viel Geld ein Kapitalist im Laufe der Zeit erworben oder verloren hat, sagt sein Geldgewinn oder -verlust kaum, wenn überhaupt etwas, über den Glückszustand des Kapitalisten aus, das heißt über seinen psychischen Gewinn oder Verlust. Für den Kapitalisten ist Geld selten, wenn überhaupt, das ultimative Ziel (ausgenommen vielleicht für Dagobert Duck, und das auch nur unter einem Goldstandard). In praktisch allen Fällen ist Geld ein Mittel für weitere Handlungen, die der Erreichung noch entfernterer und höherer Ziele dienen. Der Kapitalist könnte es verwenden, um seine Rolle als gewinnorientierter Kapitalist fortzusetzen oder auszubauen. Er könnte es in bar oder als Sichtguthaben für noch unbestimmte zukünftige Verwendungen halten. Er könnte es für Konsumgüter und den persönlichen Verbrauch ausgeben. Oder vielleicht möchte er es für philanthropische oder wohltätige Zwecke bereitstellen und so weiter.

Was eindeutig über den Gewinn oder Verlust eines Kapitalisten festgestellt werden kann, ist dies: Sein Gewinn oder Verlust ist der quantitative Ausdruck des Umfangs seines Beitrags zum Wohl seiner Mitmenschen, das heißt der Käufer und Verbraucher seines Produkts, die ihm ihr Geld im Austausch für seine (von den Käufern) höher bewerteten Produkte übergaben. Der Gewinn des Kapitalisten zeigt an, dass er gesellschaftlich weniger hoch bewertete Handlungsmittel erfolgreich in gesellschaftlich höher bewertete und beurteilte umgewandelt hat und somit die gesellschaftliche Wohlfahrt erhöht und verbessert hat. Entsprechend zeigt der Verlust des Kapitalisten an, dass er einige wertvollere Inputs für die Produktion weniger wertvollerer Outputs verwendet hat und somit knappe physische Mittel verschwendet und die Gesellschaft ärmer gemacht hat.

Geldgewinne sind somit nicht nur gut für den Kapitalisten, sie sind außerdem gut für seine Mitmenschen. Je höher der Gewinn eines Kapitalisten, desto größer sein Beitrag zur gesellschaftlichen Wohlfahrt. Ebenso sind Geldverluste nicht nur schlecht für den Kapitalisten, sondern auch schlecht für seine Mitmenschen, deren Wohlfahrt durch seinen Fehler beeinträchtigt worden ist.

Die Frage nach der Gerechtigkeit, nämlich der ethischen »Richtigkeit« oder »Falschheit« der Handlungen eines Unternehmerkapitalisten, tritt wie im Falle aller Handlungen nur im Zusammenhang mit Konflikten auf, das heißt mit rivalisierenden Eigentumsansprüchen und Streitigkeiten hinsichtlich spezifischer physischer Handlungsmittel. Und die Antwort an den Kapitalisten ist in allen seinen Handlungen die gleiche wie an alle anderen.

Die Handlungen und Gewinne des Kapitalisten sind gerecht, wenn er seine Produktionsfaktoren selber ursprünglich angeeignet oder produziert oder sie von einem vorherigen Eigentümer in einem beiderseitig vorteilhaften Austausch erworben – entweder gekauft oder gemietet – hat, wenn alle seine Mitarbeiter frei zu beiderseitig zufriedenstellenden Bedingungen eingestellt wurden und wenn sein Produktionsprozess das Eigentum anderer nicht physisch beschädigt. Andernfalls, wenn einige oder alle Produktionsfaktoren des Kapitalisten weder von ihm angeeignet oder produziert noch von einem vorherigen Eigentümer gekauft oder gemietet wurden (sondern aufgrund von Enteignung einer anderen Person erlangt wurden), wenn er in seiner Produktion unfreiwillige »Zwangs«-Arbeit zulässt oder wenn sein Produktionsprozess physischen Schaden am Eigentum anderer verursacht, sind seine Handlungen und die daraus resultierenden Gewinne ungerecht.

In diesem Fall hat die zu Unrecht geschädigte Person, der Sklave oder jede Person, die einen nicht entäußerten älteren Titel auf einige oder alle Produktionsmittel des Kapitalisten nachweisen kann, einen rechtmäßigen Anspruch gegen ihn und kann auf Wiedergutmachung bestehen – genau so, wie die Angelegenheit außerhalb der Geschäftswelt in allen zivilen Angelegenheiten beurteilt und behandelt werden würde.

III.

Komplikationen in dieser grundlegend klaren ethischen Struktur ergeben sich nur aus der Anwesenheit eines Staates. Die übliche Definition eines Staates ist, dass er eine Agentur ist, die in allen Konfliktfällen ein territoriales Monopol der höchsten Entscheidungsfindung besitzt, auch in Konfliktfällen, an denen sie selbst und ihre Agenten beteiligt sind. Das heißt, der Staat kann Gesetze erlassen, kann einseitig das Recht setzen und brechen; und folglich hat der Staat das ausschließliche Privileg, Steuern zu erheben, also einseitig den Preis zu bestimmen, den ihm seine Untertanen dafür zahlen müssen, dass er die Aufgabe der höchsten Entscheidungsfindung ausführt.

Die Wirkung der Institution eines Staates ist logischerweise eine zweifache. Erstens wandelt die Existenz eines Staates sämtliches privates Eigentum im wesentlichen in Fiateigentum um, das heißt Eigentum, das durch den Staat gewährt wird, sowie Eigentum, das durch Gesetze oder Steuern weggenommen werden kann. Letztlich wird aus allem Privateigentum Staatseigentum. Zweitens, kein staats-»eigenes« Land und Eigentum – welches irreführend »öffentliches Eigentum« genannt wird – und keines seiner Geldeinkommen entstand aus ursprünglicher Aneignung, Produktion oder freiwilligem Austausch. Vielmehr ist sämtliches Staatsvermögen und -einkommen das Ergebnis vorhergehender Enteignungen von Privateigentümern.

Der Staat ist somit, im Gegensatz zu seinen eigenen eigennützigen Verlautbarungen, nicht der Urheber oder Garant des Privateigentums. Vielmehr ist er der Eroberer des Privateigentums. Ebenso wenig ist der Staat der Urheber oder Garant der Gerechtigkeit. Im Gegenteil: Er ist der Zerstörer der Gerechtigkeit und die Verkörperung der Ungerechtigkeit.

Wie soll ein Unternehmer-Kapitalist (oder eigentlich jeder) gerecht handeln in einer grundlegend ungerechten, etatistischen Welt, das heißt, wenn ihn eine ethisch nicht vertretbare Institution – der Staat – konfrontiert und einkreist, deren Agenten nicht von der Produktion und dem Austausch leben und sich ernähren, sondern von Enteignungen: von der Einnahme, der Umverteilung und der Regulierung des Privateigentums von Kapitalisten und anderen?

Da Privateigentum gerecht ist, ist jede Handlung, die der Verteidigung des eigenen Privateigentums dient, ebenso gerecht – vorausgesetzt nur, dass der Verteidiger mit seiner Verteidigung nicht die Privateigentumsrechte anderer verletzt. Der Kapitalist ist ethisch berechtigt, alle ihm zur Verfügung stehenden Mittel zu nutzen, um sich gegen jeden Enteignungsversuch und Angriff auf sein Eigentum durch den Staat zu verteidigen, genauso, wie er berechtigt ist, das jedem gemeinen Verbrecher gegenüber zu tun. Auf der anderen Seite, und wieder ebenso wie im Falle eines gewöhnlichen Kriminellen, sind defensive Handlungen des Kapitalisten ungerecht, wenn sie einen Angriff auf das Eigentum Dritter beinhalten, das heißt, sobald der Kapitalist seine Mittel verwendet, um eine teilnehmende Rolle bei staatlichen Enteignungen zu spielen.

Genauer gesagt: Zur Verteidigung und im Interesse seines Eigentums ist es für den Kapitalisten (oder jeden) möglicherweise nicht klug oder sogar gefährlich, dies zu tun, aber es ist sicherlich gerecht, dass er jegliche seinem Eigentum vom Staat auferlegten Beschränkungen so gut es geht vermeidet oder umgeht. Somit ist es gerecht vom Kapitalisten, den Vertreter des Staates über sein Eigentum und Einkommen zu täuschen und zu belügen. Es ist gerecht von ihm, Steuern auf sein Eigentum und Einkommen zu hinterziehen und alle seinen Produktionsfaktoren (Land, Arbeit und Kapital) auferlegten gesetzlichen und behördlichen Beschränkungen zu ignorieren oder zu umgehen. Entsprechend handelt ein Kapitalist auch gerecht, wenn er Agenten des Staates besticht oder auf andere Weise zu beeinflussen versucht, damit sie ihm dabei helfen, die ihm auferlegten Steuern und Regulierungen zu ignorieren, abzuschaffen oder zu umgehen. Er handelt gerecht und wird darüber hinaus ein Förderer der Gerechtigkeit, wenn er seine Mittel dazu verwendet, staatliche Agenten zu beeinflussen oder zu bestechen, die Steuern und Eigentumsvorschriften allgemein zu reduzieren, nicht nur für ihn. Und er handelt gerecht und wird sogar zu einem Helden der Gerechtigkeit, wenn er aktiv Einfluss dahingehend ausübt, jede Enteignung und somit sämtliche Steuern auf Eigentum und Einkommen und sämtliche gesetzlichen Beschränkungen auf die Verwendung von Eigentum als ungerecht zu ächten (abgesehen von der Pflicht, durch den Produktionsprozess Dritten keinen physischen Schaden zuzufügen).

Außerdem ist es gerecht, wenn der Kapitalist Staatseigentum zum möglichst niedrigen Preis kauft – vorausgesetzt nur, dass das infrage stehende Eigentum nicht auf die Enteignung einer konkreten dritten Partei zurückgeführt werden kann, die noch immer einen Anspruch darauf erhebt. Und ebenso ist es gerecht, wenn der Kapitalist seine Produkte dem Staat zu den höchstmöglichen Preisen verkauft – vorausgesetzt nur, dass diese Produkte nicht unmittelbar und ursächlich mit einer künftigen Aggression des Staates gegen irgendeine konkrete dritte Partei in Zusammenhang gebracht werden können (wie es bei bestimmten Waffenverkäufen der Fall sein kann).

Andererseits, abgesehen von Verletzungen der eben erwähnten zwei Maßgaben, handelt ein Kapitalist unrechtmäßig und wird zum Förderer der Ungerechtigkeit, wenn und insofern er seine Mittel zum Zweck der Aufrechterhaltung oder weiteren Erhöhung des aktuellen Standes der staatlichen Beschlagnahme oder gesetzlichen Enteignung von Eigentum oder Einkommen anderer einsetzt.

So sind zum Beispiel der Kauf von Staatsanleihen und der daraus abgeleitete monetäre Gewinn ungerecht, weil ein solcher Kauf eine Lobbyarbeit für die Fortsetzung des Staates und der gegenwärtigen Ungerechtigkeit darstellt, da Zinszahlungen und die Auszahlung der Anleihe zukünftige Steuern nötig machen. Ebenso und noch wichtiger sind alle Mittel, die von einem Kapitalisten für Lobbyarbeit ausgegeben werden, um das gegenwärtige Niveau der Besteuerung – und damit der staatlichen Einnahmen und Ausgaben – oder behördliche Eigentumsbeschränkungen zu erhalten oder aufzustocken, ungerecht, und sämtliche aus dieser Arbeit resultierenden Gewinne sind korrumpiert.

Für einen Kapitalisten, der mit einer ungerechten Institution konfrontiert ist, ist die Versuchung systematisch erhöht, ebenfalls ungerecht zu handeln. Wenn er zum Komplizen der staatlichen Aktivitäten der Besteuerung, der Umverteilung und der Gesetzgebung wird, eröffnen sich ihm neue Gewinnchancen. Korruption wird attraktiv, weil sie große finanzielle Belohnungen bieten kann.

Mit den Aufwendungen von Geld und anderen Mitteln für politische Parteien, Politiker oder andere staatliche Agenten kann ein Kapitalist den Staat dahingehend beeinflussen, sein Verluste machendes Unternehmen zu subventionieren oder es vor Zahlungsunfähigkeit oder Konkurs zu bewahren – und sich so auf Kosten anderer zu bereichern oder zu retten. Durch seine Lobbyarbeit und Zahlungen kann einem Kapitalisten ein rechtliches Privileg für oder Monopol auf die Herstellung, den Verkauf oder Kauf bestimmter Produkte oder Dienstleistungen gewährt werden – und so sind Monopolgewinne auf Kosten anderer geldgewinnstrebender Kapitalisten zu erzielen. Oder er kann den Staat dazu veranlassen, Gesetze zu verabschieden, die die Produktionskosten seiner Konkurrenten im Verhältnis zu seinen eigenen erhöhen – und ihm somit auf Kosten anderer einen Wettbewerbsvorteil gewähren.

Doch so verlockend all solche Lobbyaktivitäten und die daraus resultierenden Gewinne sind, sie sind ungerecht. Sie beinhalten alle, dass ein Kapitalist in Erwartung eines höheren persönlichen Gewinns Staatsagenten dafür bezahlt, dass sie Drittparteien enteignen. Der Kapitalist setzt seine Produktionsmittel nicht ausschließlich für die Herstellung von Gütern ein, die an freiwillig zahlende Verbraucher verkauft werden. Vielmehr setzt der Kapitalist einen Teil seiner Mittel für die Herstellung von Übel ein: für die unfreiwillige Enteignung anderer. Und dementsprechend ist der mit seinem Unternehmen verdiente Gewinn, wie hoch er auch immer sein mag, nicht mehr ein zutreffendes Maß für die Größe seines Beitrags zur gesellschaftlichen Wohlfahrt. Seine Gewinne sind korrumpiert und moralisch unsauber. Einige Dritte würden einen gerechten Anspruch gegen sein Unternehmen und seinen Gewinn haben – einen Anspruch, der gegen den Staat nicht durchsetzbar sein mag, der aber dennoch ein gerechter Anspruch wäre.

Veröffentlicht 2014
Übersetzung von Robert Grözinger

Vom moralischen und wirtschaftlichen Wohl der Steuerhinterziehung

Das Thema Steuern und Steuerhinterziehung ist wieder in aller Munde, nicht zuletzt dank Uli Hoeneß.

Lassen Sie mich dazu mit einem Zitat von dem von mir hoch geschätzten H. L. Mencken beginnen, der einst, in den 1920er- und 1930er-Jahren des letzten Jahrhunderts, einer der berühmtesten amerikanischen Journalisten und Kultur- und Gesellschaftskritiker war.

Mencken schrieb zum Thema Folgendes (meine Übersetzung): »Der Mann auf der Straße, Otto Normalverbraucher, was immer auch sonst seine Fehler oder Irrtümer sein mögen, erkennt doch zumindest klar, dass die Regierung etwas ist, was außerhalb des normalen menschlichen Zusammenlebens liegt – dass es eine separate, unabhängige und oft feindliche Macht ist, allenfalls teilweise unter seiner Kontrolle und in der Lage, ihm großen Schaden zuzufügen. [...] Ist es ein bedeutungsloser Zufall, dass überall die Beraubung des Staates durch Steuerhinterziehung als ein geringeres Übel angesehen wird als der Raub an einem Individuum oder auch einem Unternehmen? [...] Wenn eine Privatperson beraubt wird, dann wird ein verdienstvoller Mensch um die Früchte seines Fleisses und seiner Sparsamkeit gebracht. Wenn dagegen eine Regierung beraubt wird, ist es das Schlimmste was passieren kann, dass gewisse Schurken und Faullenzer weniger Geld zu verprassen haben als zuvor. Die Vorstellung, dass sie dieses Geld verdient haben, unterhält niemand; für die meisten Personen die bei Sinnen sind erscheint sie geradezu lächerlich. Es sind einfach Gauner, die aufgrund von Rechtsunfällen den zweifelhaften Anspruch auf einen Anteil an den Erträgen ihrer Mitmenschen erheben. Wenn dieser Anteil durch private Initiative verringert wird, ist das Resultat insgesamt im Großen und Ganzen weit lobenswerter als andernfalls.« (A Mencken Chrestomathy [New York: Vintage Books, 1949], S. 146 f.)

Wenn ich mir die im Internet veröffentlichten Leserbriefe zum Fall Hoeneß anschaue, frage ich mich, ob Mencken bei seiner Einschätzung des gesunden Menschenverstandes bei Otto Normalverbraucher nicht doch zu zuversichtlich und optimistisch ist. Dass die Politiker aller Parteien hasserfüllt über Herrn Hoeneß herfallen würden, hatte ich nicht anders erwartet. Schließlich sind sie es ja, die sich ihre Gehälter, ihr Gutmenschentum, ihre Spielchen und ihre Gespielinnen von Herren wie Hoeneß finanzieren lassen und die barmen müssten, wenn diese Finanzierung ausbliebe. Doch auch Otto Normalverbraucher scheint entrüstet über das Vergehen der Steuerhinterziehung. Aber vielleicht ist das alles auch nur eine Täuschung, und es ist gar nicht Otto Normalverbraucher, der Leserbriefe im Internet schreibt. Ich kann nur hoffen, dass es so ist. Oder, und ich fürchte dies ist der Fall, Otto Normalverbraucher ist seit den Tagen Menckens schlicht und einfach einfältiger geworden oder gemacht worden und intellektuell und moralisch degeneriert.

Wie dem auch sei, ich will im Folgenden zeigen, warum die von Mencken beschriebenen Normalbürger nicht nur recht haben, sondern, darüberhinausgehend, warum es nicht die sogenannten Steuerhinterzieher wie Uli Hoeneß sind, die verurteilt und eingesperrt werden sollten, sondern umgekehrt diejenigen, die diese Steuern beschließen und eintreiben, also unsere »hochverehrten« Politiker: Merkel, Schäuble, Steinbrück, Steinmeier, Rösler, Trittin, Lafontaine, und wie sie alle heißen mögen. Und ich will zeigen, dass Steuern nicht nur Diebstahl sind und Politiker darum eine Bande von Dieben, sondern dass Steuern vielmehr auch wirtschaftlicher Unsinn sind und den Volkswohlstand systematisch verringern.

Naturgemäß werden Politiker, die ja mit und aus Steuern bezahlt werden, diese als gerechtfertigt und legitim erklären und Steuerhinterzieher als kriminell hinstellen. Und sie werden bei diesem Unterfangen eifrig von einer ganzen Meute ebenfalls steuerfinanzierter »Intellektueller« unterstützt. Aber auch der größte Eifer und die größten intellektuellen Verrenkungen können die Tatsachen nicht aus dem Wege schaffen.

Zunächst – wer wollte das bestreiten: Offensichtlich sind Steuern keine normale, freiwillige Zahlung für Güter und Dienstleistungen, da es nicht gestattet ist, diese Zahlungen einzustellen, falls man mit dem Produkt unzufrieden ist. Man wird nicht bestraft, wenn man aufhört, VW-Autos zu kaufen – und damit das Gehalt von Herrn Winterkorn und sämtlichen VW-Arbeitern zu zahlen. Aber man wird ins Gefängnis geworfen, wenn man sich weigert, für den Berliner Regierungspomp und -protz aufzukommen – und damit das Gehalt von Frau Merkel, ihren Konsorten und sämtlichen Staatsbediensteten zu zahlen.

Wenn man Steuern dennoch als gerecht und eine Zahlungsverweigerung als ungerecht hinstellen will, dann gibt es dafür nur einen argumentativen Ausweg. Man muss versuchen zu argumentieren, dass Steuern irgendwie irgendeine vertragliche Grundlage haben und Steuerhinterzieher deshalb irgendwie eines Vertragsbruchs schuldig sind. Aber auch diese Versuche, Steuern zu rechtfertigen, sind allesamt zum Scheitern verurteilt.

So hat man zum Beispiel versucht, Steuern als so etwas wie Mietzahlungen hinzustellen, als Nutzungsgebühren, so wie sie ein Mieter an seinen Vermieter entrichtet. Doch dann müsste z. B. der deutsche Staat der Eigentümer ganz Deutschlands und der Hausherr aller Deutschen sein. Und um das zu sein, müsste er zwei Dinge nachweisen können: erstens, dass der Staat, und niemand sonst, Eigentümer jeden Quadratzentimeters deutschen Bodens ist, und zweitens, dass er mit jedem einzelnen Deutschen einen Mietvertrag betreffend der Nutzung und des Preises dieses Eigentums geschlossen hat. Kein Staat – weder der deutsche, der US-amerikanische oder irgendein anderer – kann diesen Nachweis führen. Es gibt schlicht und einfach keine entsprechenden Grundpapiere, und es gibt keine entsprechenden Mietverträge. Das Argument vom Steuerzahler *qua* Mietzahler scheitert also eklatant an den Tatsachen.

Darum hat man versucht, sich ein anderes Rechtfertigungsargument auszudenken, das etwa so läuft: Zugegeben, Steuerzahler haben gegenüber dem Staat keine vertragliche Zahlungsverpflichtung, so wie sie ein Mieter gegenüber seinem Vermieter hat, aber dennoch machen sie sich eines Vertragsbruchs schuldig, sollten sie ihre Steuern nicht zahlen. Wie? Warum? Weil sie angeblich auf einer höheren Ebene – hochtrabend heißt das dann auf der Metaebene – ihre Zustimmung zur Besteuerung gegeben haben, indem sie einem »höheren« Gesetz, nämlich der Verfassung, ihre Zustimmung gegeben haben und diese Verfassung ihrerseits die Besteuerung erlaube. Es sei also gar nicht erforderlich, dass man jeder steuerlichen Einzelmaßnahme zustimmt, denn man habe dem Staat durch seine Zustimmung zur Verfassung gewissermaßen eine Generalvollmacht ausgestellt. Aber auch dieses Argument scheitert an den Tatsachen. Denn wo, ach wo, ist die vertragliche Zustimmung zur Verfassung? Wo sind die Unterschriften aller der Verfassung angeblich unterworfenen Personen? Ein paar Politiker haben die Verfassung einst unterschrieben und ein paar Politiker beschwören sie heutzutage. Aber ich habe sie nicht unterschrieben, und so gut wie niemand sonst hat sie unterschrieben. Wie sollte man sich da einer Vertragsverletzung schuldig gemacht haben, wenn man sich weigert, Steuern zu zahlen?

Also muss ein weiteres Argument her. Dies Argument ist in jüngster Zeit von Großintellektuellen wie John Rawls und James Buchanan wieder aufgewärmt worden. Rawls gilt gemeinhin als »Linker« und wird uns von den sogenannten Autoritäten in den üblichen verdächtigen Hauptstrommedien regelmäßig als »größter praktischer Philosoph des 20ten Jahrhunderts« aufgetischt, und der Wirtschaftsnobelpreisträger Buchanan gilt gemeinhin als »Rechter« und wird von denselben »Autoritäten« regelmäßig als »großer, radikaler Freimarktwirtschaftler« angepriesen. In der Sache jedoch unterscheidet sich ihr beider Argument in keiner Weise, und wie von offiziell approbierten Großintellektuellen kaum anders zu erwarten, ist ihr Argument gleichermaßen hirnrissig.

Ihrem Argument zufolge ist es gar nicht notwendig, einen Vertrag unterschrieben zu haben, um dennoch einen Vertrag abgeschlossen zu haben. Frei nach dem Motto: Kein Vertrag ist doch ein Vertrag. Wie das? Dazu ist es angeblich ausreichend, einen fiktiven Vertrag zwischen fingierten, vermeintlich vernünftigen Menschen geschlossen zu haben. Bei Rawls ist das ein hinter einem »Schleier der Unwissenheit« abgeschlossener Vertrag, und bei Buchanan heißt derselbe fiktive Vertrag ein »konzeptueller Vertrag«. Und mit diesem Trick, mittels fiktiver oder gedanklicher statt wirklicher Verträge, beanspruchen Rawls und Buchanan dann sogar noch ein weiteres Problem »gelöst« zu haben. Mit echten Verträgen ist es offensichtlich unmöglich, auch zukünftige Generationen zu binden – wie sollten diese einem Vertrag zugestimmt haben und durch ihn gebunden sein. Mit nur gedanklichen Verträgen zwischen fingierten vernünftigen Menschen ist das dagegen keine Schwierigkeit mehr. Mittels fiktiver Verträge ist es eine Leichtigkeit, alle Personen für alle Zeiten als gebunden darzustellen.

Die Lächerlichkeit dieser Konstruktion fiktiver Verträge sollte eigentlich offensichtlich sein, aber vielleicht lohnt es sich, doch kurz der Frage nachzugehen, ob es tatsächlich denkbar ist, dass vernünftige Personen einen Vertrag à la Rawls oder Buchanan abschließen könnten. Man stelle sich also vor, eine vermeintlich vernünftige Person mache folgenden Vorschlag: Angesichts der Realität und Möglichkeit zwischenmenschlicher Konflikte schlage ich als dauerhafte und unauflösliche Vereinbarung die Einrichtung eines Staates vor. Wir gründen eine Institution, die die Befugnis hat, auf einem gegebenen Territorium als Letztrichter tätig zu sein. Der Staat oder, konkreter gesagt, der oder die Inhaber und Verwalter des Staates haben bei jedem Konfliktfall, einschließlich aller Konfliktfälle in die sie, die Agenten des Staates, selbst verwickelt sind, das letzte Wort darüber, wer in einem Streitfall recht hat und wer unrecht.

Es ist klar, dass Personen, die sich als Inhaber des Staates sehen oder vorstellen, diese Vereinbarung enthusiastisch begrüßen würden. Was man als Inhaber dieser Einrichtung doch nicht alles anstellen könnte! Das wäre geradezu toll! Aber ist es denkbar, dass alle vernünftigen Personen einer solchen Einrichtung zustimmen könnten? Ich glaube nicht, dass ich sehr wagemutig bin, wenn ich behaupte, dass das völlig ausgeschlossen ist. Eher würde man den Proponenten eines solchen Vorschlags als irre und reif für die Klappsmühle betrachten, als ihm zuzustimmen. Denn jede Person, die auch nur halbwegs bei Sinnen ist, würde sofort erkennen, was dieser Vertrag in seiner Konsequenz bedeutet. Der Staat bzw. seine Agenten könnten auf seiner Grundlage Konflikte selbst verursachen und diese dann immer zu ihren eigenen Gunsten entscheiden. Man könnte angesichts dessen buchstäblich nicht mehr seines Lebens und seines Eigentums sicher sein. Man hat kein Recht auf Leben mehr, sondern der Staat lässt uns am Leben – solange er nicht befiehlt, dass wir für seine Inhaber töten und sterben müssen. Und man hat kein Recht auf sein Eigentum mehr, sondern der Staat *belässt* uns unser Eigentum – solange er nicht beschließt, es uns wegzunehmen und zu enteignen. Das heißt, alles private Eigentum wird zu »Fiat«-Eigentum, zu Eigentum von Staates Gnaden.

Nur mit einer ganz realen Pistole am Kopf würde man diesem Unsinn zustimmen können, sei es faktisch oder auch nur fiktiv.

Wie man es also auch dreht und wendet, man gelangt immer wieder zu demselben Schluss: Steuern sind Diebstahl und Räuberei. Es gibt für sie keinerlei vertragliche Grundlage, und Steuerhinterziehung ist darum nichts Anderes als Selbstverteidigung gegenüber einer Räuberbande. Es ist kein Unrecht, sich zu weigern, an Diebe zu zahlen oder sie hinsichtlich seines Einkommens oder Vermögens zu belügen. Das bedeutet natürlich nicht, dass es klug und weise ist, dies zu tun und seine Steuern nicht zu bezahlen – immerhin ist der Staat, wie Nietzsche es ausgedrückt hat, das kälteste aller kalten Ungeheuer. Er kann dein Leben ruinieren und dich zerstören, wenn du dich seinen Befehlen widersetzt. Aber es kann keinen Zweifel daran geben, dass es *gerecht* ist, seine Steuern nicht zu zahlen. Uli Hoeneß hatte also keinen Grund, sich für sein Verhalten zu entschuldigen. Aber es ist verständlich, dass er es angesichts der Übermacht der ihm gegenüberstehenden Räuberbande und dem von ihr aufgehetzten Pöbel dennoch getan hat (zumal ihm wohl auch die Argumente gefehlt haben, um sein Verhalten argumentativ stringent zu verteidigen und zum Gegenangriff überzugehen).

Damit komme ich zur wirtschaftlichen Beurteilung der Besteuerung. Und gewissermaßen als Übergang zu diesem Thema möchte ich schnell noch ein besonders beliebtes Pro-Steuerargument vom Tisch fegen. Sie alle kennen das Argument. Es ist eine weitere intellektuelle Verrenkung, um aus einem Nein, einer Ablehnung, ein Ja, eine Zustimmung, zu machen. In der einfachsten Fassung lautet das Argument so: Ja, Steuern sind Zwangsabgaben, aber dafür erhält man immerhin etwas Wertvolles. Der Staat nimmt mir Steuern, aber er finanziert damit, sagen wir, die Asphaltierung des Weges vor meinem Haus, und er tut mir somit eine Wohltat. Darauf ist ganz kurz Folgendes zu erwidern. Erstens, es ist nicht sicher, dass es sich tatsächlich um eine Wohltat handelt. Vielleicht hasse ich asphaltierte Wege. Zweitens, selbst wenn es eine Wohltat sein sollte, so ist es doch eine teure Wohltat, denn die Staatsinhaber verlangen doch eine von ihnen festgelegte Kostenerstattung bzw. Aufwandsentschädigung für ihre Wohltuerei, und wenn man das Geld anderer Leute ausgibt, dann ist man mit den Kosten und den Aufwandsentschädigungen bekanntlich sehr viel »großzügiger« – sprich: nachlässiger und verschwenderischer –, als wenn man sein eigenes Geld ausgibt. Drittens, selbst wenn die Aufwandsentschädigung Null und die Kosten einer Wohltat tatsächlich Minimalkosten wären, so ist sie dennoch in jedem Fall eine wirtschaftliche Verschwendung; denn die Steuerzahler hätten ihr Geld für etwas Anderes, aus ihrer Sicht Wertvolleres ausgegeben (sonst hätte man sie ja nicht zwingen müssen!) – was beweist, dass staatliche Wohltaten, worin sie auch immer bestehen mögen, im besten Fall immer nur zweit- bzw. nachrangige Bedürfnisse befriedigen. Ihre Befriedigung erfolgt immer auf Kosten der Befriedigung erst- und vorrangiger Bedürfnisse und stellt insofern immer eine Vergeudung knapper Ressourcen dar. Und viertens ist es bei Steuern mit einer Einmalzahlung in aller Regel nicht getan. Nachdem ich gezwungenermaßen zur Asphaltierung des Weges vor meinem Haus beigetragen habe, muss ich anschließend auch für die weitere Aufrechterhaltung des asphaltierten Wegs aufkommen und eine Wegnutzungsgebühr entrichten. Zur ersten Vergeudung knapper Ressourcen kommt eine weitere hinzu. Vergeudung wird institutionalisiert und perpetuiert.

Mit dem Stichwort »perpetuierte Vergeudung« komme ich zum Kernpunkt meiner Analyse der wirtschaftlichen und sozialen Auswirkungen der Besteuerung. Mit der andauernden Verschwendung knapper Ressourcen ist es bei Steuern nicht getan. Die Existenz eines Steuerstaates und insbesondere die Existenz eines demokratischen Steuerstaates, bei dem die Regierungsinhaber aus Mehrheitswahlen hervorgehen, hat grundlegende Auswirkungen auf die Sozial- und Persönlichkeitsstruktur, deren wirtschaftlicher Schaden noch unermesslich viel größer ist.

Zunächst: Jede Steuer bedeutet eine Umverteilung von Vermögen und Einkommen. Vermögen und Einkommen werden ihren Eignern und Produzenten zwangsweise genommen und an Personen umverteilt, die dies Vermögen nicht besessen und dies Einkommen nicht produziert haben. Jede zukünftige Akkumulation von Vermögen und jede zukünftige Produktion von Einkommen wird damit *ent*mutigt, und umgekehrt wird die Konfiskation und der Konsum bestehender, von anderen Personen verwalteter Vermögenswerte und produzierter Einkommen *er*mutigt. Es kommt zur Spaltung der Gesellschaft in zwei antagonistische Klassen.

Auf der einen Seite gibt es die Produzenten, die sich ihr Vermögen und Einkommen auf eigenen Beinen stehend erarbeiten, indem sie etwas leisten und produzieren, was von freiwillig zahlenden Kunden nachgefragt und für preiswert erachtet wird. Der Druck auf diese Produzenten wird umso höher und unerträglicher, je höher die ihnen auferlegte steuerliche Belastung. Je höher die Steuern, umso geringer wird darum die Zahl von Produzenten und der Andrang auf produktive Tätigkeiten. Auf der anderen Seite gibt es die Steuerkonsumenten, die sich ihr Vermögen und Einkommen nicht durch Produktion und Verkauf ihrer Produkte im freien Markt verschaffen, sondern parasitär, dadurch, dass sie von den Produzenten auferlegten und abgeknöpften Vermögens- und Einkommenssteuern leben. Je höher das Steueraufkommen, umso größer wird die Zahl derartiger Parasiten und der Andrang auf unproduktive, parasitäre Tätigkeiten und Beschäftigungen. Dass eine Gesellschaft dadurch nicht reicher, sondern insgesamt ärmer wird, sollte sich eigentlich von selbst verstehen. Aber das Bild wird noch trüber, wenn man sich die Parasitenklasse, so wie sie sich insbesondere unter demokratischen Bedingungen herausbildet, noch etwas genauer unter die Lupe nimmt.

Da gibt es zum einen die Unterklasse der sogenannten Sozialhilfeempfänger. Stichwort Hartz IV. Sie bezahlen keine Steuern, sondern ihr Einkommen wird vollständig aus den Steuerzahlungen produktiver Personen bestritten. Sie werden dafür belohnt, dass sie arme Habenichtse sind und nichts tun. Und folglich, je größer die Belohnung, umso mehr Habenichtse und Nichtstuer gibt es. Armut und Arbeitslosigkeit werden nicht vermindert oder gemildert, sondern, ganz im Gegenteil, der Anreiz, sich aus der Armut zu befreien und einer produktiven Tätigkeit nachzugehen, wird reduziert und Armut und Arbeitslosigkeit werden vergrößert. Die Unterklasse wächst und sie wird zu einer permanenten hässlichen Plage. Aber die Unterklasse hat nur wenig Einfluss auf die staatliche Politik. Gewiss, ihre Zahl ist groß, auch Unterklassler wählen, und als Politiker, der um Stimmen buhlt, muss man darum auch sie irgendwie befriedigen. Aber es wäre naiv, anzunehmen, dass sie einen bestimmenden Einfluss auf die Politik haben und zu den Hauptprofiteuren staatlicher Umverteilung gehören. Denn schließlich gibt es in aller Regel einen guten Grund, warum manche Personen arme Habenichtse sind und andere Personen es zu Wohlstand gebracht haben. Um es diplomatisch zu formulieren: Bei den Unterklasslern handelt es sich in der Regel nicht gerade um die hellsten Köpfe der Gesellschaft, und es ist kaum denkbar, dass ausgerechnet sie sich bei der Aufteilung der Steuerbeute, im demokratischen Umverteilungskampf, gegenüber ihren helleren Mitmenschen dauerhaft durchsetzen können.

Das bringt mich unmittelbar zur zweiten Gruppe der Klasse wirtschaftlicher Parasiten. Dies ist die Gruppe aller Staatsbediensteten, Angestellten und Beamten, von der Gemeindeebene an aufwärts bis zum Zentralstaat, einschließlich insbesondere aller Politiker. Auch sie bezahlen keine Steuern. Zwar erscheint auf ihrer Gehaltsabrechnung ein

Steuerabzug und sie behaupten deshalb regelmäßig dummdreist, auch selbst Steuerzahler zu sein. Aber dabei handelt es sich lediglich um eine buchungstechnische Fiktion, einen Trick, um die Gleichheit aller Personen vor dem Steuergesetz vorzugaukeln. In Wirklichkeit stammt ihr gesamtes Nettoeinkommen und alles aus ihm aufgebaute Vermögen aus Steuern. Ihr Einkommen würde nicht von Netto auf Brutto heraufgehen, wenn es keine Steuern mehr gäbe, sondern es würde stattdessen auf null fallen. Und Steuererhöhungen bedeuten für sie nicht, wie für Produzenten, einen Einkommensverlust, sondern umgekehrt eine Gehaltserhöhung. Sie sind also allesamt genauso wirtschaftliche Parasiten wie Hartz-IV-Empfänger, nur auf sehr viel höherem, teurerem bzw. kostspieligerem Niveau. Im besten Fall werden sie dafür bezahlt, Dinge zu tun, die sehr viel billiger und besser vom Markt erledigt werden können. In manchen Fällen werden sie einfach nur fürs Faullenzen bezahlt. In aller Regel aber sind sie, darin angeführt und angeleitet von den Politikern an der Spitze des Staatsapparates, damit beschäftigt, wirtschaftliches Unheil anzurichten.

Auch die Politiker sind nicht die Hellsten im Lande. Aber sie müssen immerhin von den Massen gewählt werden, um in maßgebliche staatliche Positionen aufzusteigen, um Kanzler, Minister, Parlaments- oder Parteiführer zu werden. Und einmal gewählt, müssen sie einen riesigen Betrieb führen und verwalten, um anschließend wiedergewählt zu werden. Dazu gehört zweifellos eine gewisse Intelligenz. Nur: Es ist eben ein ganz besonderer Betrieb, den sie leiten. Das Ziel des Betriebs Staat ist es nicht, einen wirtschaftlichen Gewinn aus dem Verkauf als preiswert erachteter Produkte oder Dienstleistungen zu erzielen. Vielmehr ist es das Ziel, die Steuereinnahmen, über deren Verwendung man als Betriebsleiter bestimmen kann, zu maximieren und seine Ausgaben zusätzlich möglichst noch durch die Aufnahme von Krediten zu steigern, die erst später, mittels zukünftiger Steuern bedient werden müssen. Kurz: Der Staat ist eine gigantische Räuberbande, erpicht auf die Maximierung seiner Beute. Und die Intelligenz der Politiker besteht darin, diese Tatsache ideologisch zu verschleiern – wobei man sich der Hilfe der »Intellektuellen« versichert – und ihre Räuberei als »soziale« Wohltat zu verbrämen, indem man an das scheinbar unausrottbare Neidgefühl der Wählermassen appelliert und verspricht, diese an der Beute zu beteiligen; und darin, diese Beute dann, nach der Wahl (die Mencken treffend als Vorausaktion gestohlener Güter bezeichnet hat) tatsächlich so geschickt zu verteilen, dass die Wähler auch zukünftig bei der Stange bleiben. Die Intelligenz von Politikern ist also die Intelligenz von moralisch skrupellosen Demagogen und gerissenen Gaunern, und deshalb geht von ihnen und ihrem Schmarotzertum eine unvergleichlich viel größere Gefahr für alle Produzenten aus als von der intellektuell unterprivilegierten schmarotzenden Unterklasse.

Doch auch die Staatsbediensteten und selbst die hochrangigsten Politiker können nur schwerlich als Hauptprofiteure staatlicher Abzocke angesprochen werden – und damit komme ich zur letzten, sehr viel kleineren, aber umso einflussreicheren Gruppe der Klasse wirtschaftlicher Parasiten, den Plutokraten.

Unter demokratischen Bedingungen kommt es zum Aufstieg einer neuartigen Machtelite und herrschenden Klasse. Präsidenten, Kanzler, Minister, Parlaments- und Parteiführer gehören zu dieser Klasse, aber es wäre naiv, anzunehmen, dass sie selbst die mächtigsten und einflussreichsten aller Personen sind. Sie sind häufiger nur Agenten oder Delegierte anderer Personen, die selbst im Hintergrund bleiben und außerhalb des Rampenlichts stehen. Die eigentliche Machtelite, die bestimmt und kontrolliert, wer es überhaupt zum Präsidenten, Kanzler, Parteiführer usw. bringt, sind die Plutokraten. Das sind nicht einfach die Superreichen – Großbankiers und Großindustrielle. Vielmehr handelt es sich bei Plutokraten nur um eine Untergruppe Superreicher. Die Plutokraten sind diejenigen Großbankiers und Großindustriellen, die das ungeheure Potenzial erkannt haben, das der Staat als Institution mit dem Recht zur Besteuerung und zur Gesetzgebung zum Zweck der eigenen Bereicherung bietet; und die sich aufgrund dieser Einsicht in die Politik einschalten. Sie haben erkannt, dass man mittels des Staates, durch politische Mittel, noch schneller noch viel reicher werden kann, als man es schon ist: sei es durch den Empfang staatlicher Subventionen, sei es durch staatliche Großaufträge oder sei es durch Gesetze, die sie vor unliebsamer Konkurrenz schützen oder gar vor dem Bankrott bewahren, wie wir es erst jüngstens während der sogenannten Bankenkrise in großem Stil erlebt haben. Und sie haben daraufhin entschieden, ihren Reichtum zur Eroberung des Staatsapparates einzusetzen. Dabei ist es gar nicht erforderlich, selbst Politiker zu werden. Plutokraten haben wichtigere und lukrativere Dinge zu tun, als ihre Zeit im politischen Alltagsgeschäft zu vergeuden. Aber sie haben das Geld und die gesellschaftliche Position, um die in aller Regel weit weniger wohlhabenden und weniger hellen Spitzenpolitiker zu kaufen, sei es direkt durch Schmier- und Bestechungsgelder oder indirekt, indem man ihnen nach Ablauf ihrer politischen Karriere hochdotierte Positionen als Firmenmanager, Berater und Lobbyisten zusichert, um auf diese Weise den Verlauf der Politik entscheidend zum eigenen Vorteil zu beeinflussen. Und sie sind es dann, die mit dem Staat aufs Engste »wirtschaftlich verbundenen« Großbankiers und Großindustriellen, die am meisten von der gigantischen Maschinerie der Einkommens- und Vermögensumverteilung, die die Demokratie ist, profitieren. Und zwischen ihnen, der wirklichen Machtelite, den Beschäftigten des scheinbar unaufhaltsam wachsenden und aufblähenden Staatsapparats und der Unterklasse, wird die vielzitierte »Mittelschicht« der Gesellschaft oder genauer: die noch verbliebene Klasse wirtschaftlich produktiver Personen zunehmend ausgepresst und plattgedrückt.

Ich muss zum Schluss kommen. Steuern sind ungerecht, eine moralische Sauerei. Und der ganze demokratische Steuerstaat ist nichts anderes als eine unermessliche Verschwendung knapper sachlicher und menschlicher Ressourcen und eine Brutstätte wirtschaftlichen Parasitentums. Steuerhinterziehung ist darum nicht »asozial«, wie ein Herr Gauck uns vorzugaukeln versucht, sondern ein positiver, sozialer Beitrag zur Trockenlegung eines riesigen moralischen und wirtschaftlichen Sumpfes. Es sind nicht »Steuersünder« wie Uli Hoeneß, sondern Herrschaften wie Joachim Gauck und Konsorten, die asozial sind.

Veröffentlicht 16.10.2013

Interview: Die EU: ökonomisch und moralisch pervers

Herr Hoppe, wie beurteilen Sie die derzeitige Lage in Westeuropa und speziell die Lage in der EU?

Alle politischen Großparteien in Westeuropa, egal, wie sie sich nennen und welches Parteiprogramm sie im Einzelnen haben, bekennen sich heutzutage zu derselben fundamentalen Idee eines demokratischen Sozialismus. Sie benutzen demokratische Wahlen, um die Besteuerung produktiver Menschen zugunsten unproduktiver Menschen zu legitimieren. Sie besteuern Menschen, die sich ihr Einkommen verdient und ihr Vermögen aufgebaut haben, indem sie Güter und Dienstleistungen produzierten, welche anschließend von Konsumenten freiwillig erworben wurden (und natürlich speziell die »Reichen« unter ihnen), und verteilen dann ihre konfiszierte Beute zu sich selbst um, d. h. hin zum demokratischen Staat, den sie kontrollieren oder hoffen zu kontrollieren, sowie zu ihren zahlreichen Freunden in der Politik, zu ihren Unterstützern und potenziellen Wählern.

Sie benennen diese Art von Politik natürlich nicht mit ihrem tatsächlichen Namen, nämlich: Bestrafung der Produktiven und Belohnung der Unproduktiven. Das klingt nicht gerade attraktiv. Stattdessen bedient man sich der weitverbreiteten Neidstimmung und behauptet, dass man lediglich die wenigen »Reichen« besteuert, um die vielen »Armen« zu unterstützen. In Wahrheit jedoch macht man dadurch immer nur mehr produktive Menschen arm und erhöht umgekehrt ständig die Anzahl unproduktiver Reicher.

Und wie ist die Lage in der EU?

Schaut man sich die EU an, ist die Lage sogar noch düsterer. Die EU ist der erste Schritt hin zur Errichtung eines europäischen Superstaates, der schließlich in einer Eine-Welt-Regierung, dominiert von den USA und ihrer Zentralbank, der FED, aufgehen soll. Von Anbeginn und im Gegensatz zu all den wohlklingenden politischen Versprechungen ging es in der EU nie um freien Handel und freien Wettbewerb. Dafür benötigt man keine abertausenden Seiten Papier, voll mit Verordnungen und Regulierungen! Vielmehr war der zentrale Zweck der EU, welcher immer schon von den USA unterstützt wurde, die Schwächung Deutschlands, des Zugpferds der europäischen Wirtschaft. Um das zu bewerkstelligen, redete man Deutschland unermüdlich historische Schuldgefühle ein und übte gleichzeitig Druck aus, um immer größere Teile seiner bereits limitierten (vis-à-vis den USA) Souveränität an die EU in Brüssel abzutreten. Höchst bezeichnend: Deutschland gab seine monetäre Souveränität auf und schaffte seine traditionell »harte« Währung, die DM, ab, um stattdessen einen »weichen« Euro einzuführen, der von der Europäischen Zentralbank (EZB) herausgegeben wird, die überwiegend von politisch vernetzten Zentralbankern aus Ländern mit traditionell »weichen« Währungen beherrscht wird.

Die EU lässt sich anhand dreier Haupteigenschaften charakterisieren. Erstens: Harmonisierung sämtlicher Steuer- und Gesetzgebungsstrukturen aller Mitgliedsstaaten, um den ökonomischen Wettbewerb, speziell den Steuerwettbewerb, zwischen den verschiedenen Staaten zu reduzieren und dadurch alle Staaten gleichermaßen wettbewerbsunfähig zu machen.

Zweitens: Um der ökonomischen und moralischen Perversität innerhalb eines jeden Staates, d. h. der Bestrafung der Produktiven und Belohnung der Unproduktiven, die Krone aufzusetzen, führt man eine weitere Ebene der inter-nationalen Einkommens- und Vermögensumverteilung ein: Man bestraft die ökonomisch leistungsstärkeren Staaten, wie Deutschland und die Länder Nordeuropas, und belohnt ökonomisch schwächelnde Staaten (meist im Süden Europas) und verschlechtert dadurch die ökonomische Performance aller Staaten.

Und drittens, von stetig zunehmender Bedeutung, speziell während der letzten Dekade: um den steigenden Widerstand in mehr und mehr Ländern gegen den weiteren Transfer nationaler Souveränität an Brüssel zu brechen, befindet sich die EU auf einem Kreuzzug, um die nationalen Identitäten und damit den sozialen und kulturellen Zusammenhalt zu schwächen und letztlich zu überwinden. Die Idee einer Nation bzw. verschiedener Nationen und regionalen Identitäten wird ins Lächerliche gezogen und der Multikulturalismus wird als ein nicht zu hinterfragendes »Gut« angehimmelt. Gleichzeitig praktiziert man eine systematische Politik der euphemistisch sogenannten Nichtdiskriminierung oder affirmativen Aktion, der zufolge alle Personen bzw. Personengruppen, *außer* weißen heterosexuellen Männern und ganz besonders verheirateten

Familienvätern, als historische »Opfer« zu gelten haben, denen gegenüber die vorgenannte »Tätergruppe« Kompensation in Form von gesetzlichen Privilegien bzw. Sondergesetzen zugunsten all ihrer »Opfer« zu erbringen hat, um auf diese Weise die natürliche Sozialordnung systematisch zu unterminieren. Normalität wird bestraft, während Devianz belohnt wird.

Kann man also behaupten, dass die führenden Politiker der EU sogar noch schlimmer sind als die Politiker, die die nationalen Regierungen anführen?

Ja und nein. Einerseits sind alle demokratischen Politiker, mit sehr wenigen Ausnahmen, moralisch ungehemmte Demagogen. Eines meiner Bücher trägt den Titel *Der Wettbewerb der Gauner*, der andeutet, worum es in der Demokratie und den demokratischen Parteien in Wirklichkeit geht. Es gibt in dieser Hinsicht kaum Differenzen zwischen den politischen Eliten in Berlin, Paris, Rom etc. und denjenigen in Brüssel. Tatsächlich sind die Eliten der EU typischerweise ehemalige, abgehalfterte Politiker, mit derselben Mentalität wie ihre nationalen Pendants, auf der Suche nach den ganz besonders luxuriösen EU-Gehältern, Privilegien und Pensionen.

Andererseits sind die EU Eliten natürlich übler und gefährlicher als ihre nationalen Kollegen, da ihre Entscheidungen und Regulierungen stets eine weitaus größere Anzahl an Menschen betreffen.

Wie würden Sie die Zukunft der EU prognostizieren?

Die EU und die EZB sind moralische und ökonomische Monstren, im Widerspruch zu Naturrecht und ökonomischen Gesetzen. Man kann nicht kontinuierlich Produktivität und Erfolg bestrafen, während man Faulheit und Versagen belohnt, ohne dadurch ein Desaster hervorzurufen. Die EU wird von einer ökonomischen Krise in die nächste taumeln und schlussendlich auseinanderbrechen. Der Brexit, den wir gerade erleben durften, ist dabei nur der erste Schritt eines unausweichlichen Prozesses der Devolution und politischen Dezentralisierung.

Was kann ein gewöhnlicher Bürger in dieser Situation tun?

Zuerst müssen die Menschen aufhören, den politischen Phrasen von »Freiheit«, »Wohlstand«, »sozialer Gerechtigkeit« etc. auf den Leim zu gehen und die EU stattdessen als das zu begreifen, was sie in Wirklichkeit ist: eine Bande dreister, anmaßender Gauner, die sich auf Kosten anderer, produktiver Personen ermächtigen und persönlich bereichern. Zweitens müssen die Bürger eine klare Vision von einer Alternative zu diesem derzeitigen Schlamassel entwickeln: Statt eines europäischen Superstaats oder einer Föderation nationaler Staaten sollte man sich ein Europa vorstellen, welches aus Tausenden Liechtensteins oder schweizerischen Kantonen besteht, welche miteinander durch freien Handel verbunden sind und im gegenseitigen Wettbewerb stehen, um mit attraktiven Konditionen produktive Menschen anzulocken.

Wagen Sie für uns einen Vergleich der Lage in den USA mit der derzeitigen Lage in Europa?

Der Unterschied zwischen der Situation in den USA und der in Westeuropa ist bedeutend geringer, als man sich das auf beiden Seiten des Atlantiks gewöhnlich vorstellt. Erstens werden die Entwicklungen in Europa seit dem Zweiten Weltkrieg sehr genau von den Eliten in Washington beobachtet, gelenkt und beeinflusst, sei es durch Drohungen oder Bestechungen. Tatsächlich ist Europa im Grunde genommen zu einer US-amerikanischen Außenstelle, einem Satelliten oder Vasall geworden. Diesen Schluss lassen einmal die quer über Europa bis hin zur russischen Grenze stationierten US-Truppen zu. Und ein weiteres Indiz sind die ständigen Pilgerfahrten der politischen Elite Europas und ihrer intellektuellen Leibwächter nach Washington – pflichtbewusster und regelmäßiger als die Pilgerfahrten eines Muslims nach Mekka –, um dort den Segen ihrer Herren und Meister entgegenzunehmen. Speziell die deutsche politische Elite, deren historischer Schuldkomplex mittlerweile das Ausmaß einer Geisteskrankheit erreicht hat, ragt dabei mit ihrer Feigheit, Ergebenheit und Unterwürfigkeit hervor.

Was die innere Lage der USA angeht, liegen typischerweise beide, Europäer und Amerikaner, falsch. Europäer sehen die USA nach wie vor oft als das Land der Freiheit, des schroffen Individualismus und eines ungehemmten Kapitalismus. Umgekehrt sehen Amerikaner, insofern sie die Welt außerhalb der USA überhaupt kennen oder zu kennen glauben, Europa oft als einen Ort des hemmungslosen Sozialismus und Kollektivismus, der ihrem American way of life ganz und gar fremd ist. Tatsächlich jedoch gibt es im Grunde kaum einen wesentlichen Unterschied zwischen dem sogenannten demokratischen Kapitalismus in den USA und dem demokratischen Sozialismus Europas.

Zwar hatte Amerika immer mehr ausgesprochene Befürworter eines marktwirtschaftlichen Kapitalismus vorzuweisen, nach wie vor vermögen es die USA, die Besten und Klügsten dieser Welt anzuziehen, und in der Tat ist der amerikanische Steueranteil in Prozent des BIPs geringer als in den meisten europäischen Staaten, wenn auch nicht viel geringer, und im Vergleich zur Schweiz, einem Nichtmitglied der EU, sogar höher. Und was die US-amerikanische Staatsverschuldung angeht, so ist diese sogar höher als in den meisten Staaten Europas und befindet sich etwa auf Augenhöhe mit der eines notorischen wirtschaftlichen »Sorgenkinds« wie Griechenland. Wahr ist auch: In den USA kann man so gut wie alles sagen, was man will, ohne irgendwelche Strafverfolgungsprozesse fürchten zu müssen, während dieselbe Wortwahl in Europa unter Umständen ins Gefängnis führt. Doch auch: Die Geisteskrankheit der »politischen Korrektheit«, die sich derzeit in der westlichen Welt wie eine Epidemie ausbreitet, hat ihren Ursprung in den USA, beginnend mit der in den 1960er-Jahren auf den Weg gebrachten sogenannten Zivilrechtsgesetzgebung, und es sind die USA, wo sie inzwischen die seltsamsten Blüten getrieben und den Gipfel der Absurdität erreicht hat. Während man so in den USA nicht gleich im Gefängnis landet, falls man etwas Falsches sagt, so wird einem dort doch mit gleicher, wenn nicht gar höherer Wahrscheinlichkeit die Karriere zerstört als in einem europäischen Land.

Und bezüglich der US-amerikanischen Außenpolitik: Während die politische Elite der USA die Dritte Welt zu sich nach Hause »einlud«, lang ehe dies auch in Europa üblich wurde, verfolgte dieselbe Elite gleichzeitig eine aggressive, »Marschier-in-die-Welt«-Außenpolitik und überzog, allein in den letzten paar Jahrzehnten, Afghanistan, Pakistan, Irak, Libyen, Syrien, Sudan, Somalia und Jemen mit Krieg, verursachte dabei den Tod Hunderttausender unschuldiger Zivilisten und förderte damit einen internationalen islamistischen Terrorismus, der überwiegend von Saudi-Arabien finanziert wird, mit dessen politischen Eliten man nach wie vor äußerst freundschaftliche Beziehungen unterhält.

Eine letzte Frage: Wie beurteilen Sie den ökonomischen Erfolg ehemaliger kommunistischer Staaten wie China, welche ein Einparteiensystem mit zum Teil freien Märkten kombinieren?

Der ökonomische Erfolg eines Landes hängt von drei miteinander verflochtenen Faktoren ab: der Achtung von privatem Eigentum und Eigentumsrechten, der Handels- und Vertragsfreiheit und der Vereinigungsfreiheit – und natürlich von der Arbeitsamkeit, Intelligenz und dem Erfindungsreichtum eines Volkes. Jeder Staat, insofern seine eigene Finanzierung auf Besteuerung beruht, verletzt diese Voraussetzungen. Diese Verletzungen können aber mehr oder weniger exzessiv und weitreichend ausfallen, was den relativen Erfolg mancher Länder und das Versagen anderer erklärt. Die interne Organisation des Staates, sei es eine Einparteiendiktatur oder eine Vielparteiendemokratie, ist dabei so gut wie irrelevant. Ein tragisches Beispiel liefert uns gerade Venezuela, welches anschaulich demonstriert, dass auch Demokratie und demokratische Wahlen zur fast kompletten Abschaffung von privaten Eigentumsrechten und der Handels- und Vertragsfreiheit führen können – und in deren Folge dann zu einem spektakulären ökonomischen Kollaps.

Aufschlussreich in diesem Zusammenhang ist auch der Vergleich zwischen der ökonomischen Entwicklung in Indien und China. Während das moderne Indien seit nunmehr fast sieben Jahrzehnten von demokratischen Regierungen beherrscht wurde, unterlag das moderne China in der gleichen Zeit der Diktatur der kommunistischen Partei: In der ersten Hälfte dieser Zeit, der Maoära, herrschte eine orthodoxe und fundamentalkommunistische Parteiführung und in der zweiten Hälfte ein Regime von »liberalen« Reformkommunisten. Das Ergebnis? Beide Länder sind nach wie vor erbärmlich arm verglichen mit westlichen Standards, was wohl bedeutet, dass beide Regierungen private Eigentumsrechte kaum oder gar nicht respektierten. Aber: Während die ökonomische Situation in beiden Ländern bis in die frühen 1980er-Jahre gleich verzweifelt erschien, begann das chinesische BIP pro Kopf zu steigen, als die Reformkommunisten das Ruder in China übernahmen und es hat seitdem das indische BIP pro Kopf überholt und bei Weitem überstiegen, was auf ein relativ höheres Maß an ökonomischer Freiheit in China hinweist und/oder auf eine im Durchschnitt intelligentere und arbeitsamere chinesische Bevölkerung.

Zum Abschluss lässt sich sagen: Vertrauen Sie nicht der Demokratie, aber auch nicht der Diktatur. Setzen Sie stattdessen auf radikale politische Dezentralisierung, nicht nur in Indien und China, sondern überall.

Das Interview erschien 2016 in der polnischen Wochenzeitschrift Najwyzsy Czas!